Ein neues Unternehmenssteuerrecht für Deutschland?

Europäische Hochschulschriften
Publications Universitaires Européennes
European University Studies

Reihe II
Rechtswissenschaft

Série II Series II
Droit
Law

Bd./Vol. 4738

PETER LANG
Frankfurt am Main · Berlin · Bern · Bruxelles · New York · Oxford · Wien

Frank Lauterbach

Ein neues Unternehmenssteuerrecht für Deutschland?

Fehlende Rechtsformneutralität der Unternehmensbesteuerung und allgemeiner Gleichheitssatz

Bibliografische Information der Deutschen Nationalbibliothek
Die Deutsche Nationalbibliothek verzeichnet diese Publikation in der Deutschen Nationalbibliografie; detaillierte bibliografische Daten sind im Internet über <http://www.d-nb.de> abrufbar.

Zugl.: Saarbrücken, Univ., Diss., 2008

Gedruckt auf alterungsbeständigem,
säurefreiem Papier.

D 291
ISSN 0531-7312
ISBN 978-3-631-58172-8

Printed in Germany 1 2 3 4 5 7

www.peterlang.de

Vorwort

Die vorliegende Arbeit wurde im Wintersemester 2007/2008 vom Fachbereich Rechtswissenschaften der Universität des Saarlandes als Dissertation angenommen.

An dieser Stelle geht mein besonderer Dank an Herrn Prof. Dr. Rudolf Wendt, der mir die Anregung zu dieser Arbeit gegeben, ihren Fortgang mit großem Interesse begleitet und mich über die Betreuung der Dissertation hinaus in vielfältiger Weise gefördert hat.

Herrn Prof. Dr. Gerhard Laule danke ich für die zügige Erstellung des Zweitgutachtens.

Mein herzlicher Dank geht weiterhin an die Lehrstuhlkollegen sowie die Sekretärin des Lehrstuhls, Frau Gudrun Brückmann, für ihre tatkräftige Unterstützung und ihre ermutigenden Worte.

Ganz besonderer Dank gebührt außerdem meiner ganzen Familie, die den Fortgang der Arbeit stets begleitet und gefördert haben.

Die Veröffentlichung wurde von der Vereinigung der Freunde der Universität des Saarlandes großzügig unterstützt. Allen Mitgliedern der Vereinigung und insbesondere Herrn Prof. Dr. Torsten Stein danke ich für die Förderung sehr herzlich.

Frank Lauterbach

Inhaltsverzeichnis

A. Einleitung

Über kaum ein wirtschafts- und finanzpolitisches Thema wurde in den vergangenen Monaten und Jahren so viel diskutiert wie über das „richtige" Steuersystem für Deutschland und damit auch über das richtige System zur Besteuerung von Unternehmen. Daß das geltende Steuerrecht „ein Steuerchaos, ein Steuerdschungel, ein Steuerdickicht ... sei, daß nur von einem Konglomerat ... gesprochen werden, daß das geltende Steuerrecht jedoch nicht als ein ...theoretisches und wissenschaftliches System, als planvolle Ordnung bezeichnet werden könne, ist eine Klage, die dem, der regelmäßig die ... (steuerwissenschaftliche) Literatur studiert, ständig begegnet".[1] Seit Jahrzehnten wird die Idee einer „großen Steuerreform" im Bereich des Unternehmenssteuerrechts immer wieder aufgebracht und die Reform als dringend erforderlich bezeichnet.[2] Die tatsächliche Notwendigkeit einer umfassenden Reform wird belegt durch die zahlreichen Reformentwürfe und Steuerreformmaßnahmen der Politik. Insbesondere in den letzten Jahren werden die Abstände zwischen den verschiedensten Reformgesetzen immer kürzer.[3] Wirkliche Neuordnungen des Rechts der Unternehmensbesteuerung sind demgegenüber selten. So erfuhr etwa das Körperschaftsteuerrecht seit Einführung der eigenständigen Besteuerung von Körperschaften im Jahr 1920 erstmals eine grundlegende Reform durch die Körperschaftsteuerreform im Jahre 1976[4] Diese brachte bekanntlich die Abkehr vom klassischen System der Doppelbelastung ausgeschütteter Gewinne von Körperschaften und die Einführung des Vollanrechnungsverfahrens.

Nach dieser Reform ist das Unternehmenssteuerrecht bis zum Jahre 2000 in seinen Grundzügen unverändert geblieben. In der Zwischenzeit kam es lediglich zu nicht das System berührenden Änderungen durch den Gesetzgeber in Gestalt des Steuerreformgesetzes 1990, des Steueränderungsgesetzes 1992 und des Standortgesetzes 1993. Bedeutend im Rahmen dieser Maßnahmen war insbesondere die

---

1 So schon *Klaus Tipke*, Steuerrecht - Chaos, Konglomerat oder Steuersystem?, StuW 1971, S. 2 (2).

2 *Carl Boettcher*, Vorschlag eines Betriebsteuerrechts, StuW 1947, Sp. 67 ff.; Entwurf I des *Betriebsteuerausschuss der Verwaltung für Finanzen*, Berichte und Gesetzesentwürfe zur Betriebsteuer, StuW 1949, Sp. 929 (1021 ff.); *Werner Flume*, Die Betriebsertragsteuer als Möglichkeit der Steuerreform, DB 1971, S 692 ff.; *Arno Graß*, Unternehmensformneutrale Besteuerung, Schriften zum Steuerrecht, Band 42, 1992, S. 88 ff.; *Brigitte Knobbe-Keuk*, Referat zum Thema „ Empfiehlt sich eine rechtsformunabhängige Besteuerung der Unternehmen", Sitzungsbericht O zum 53. Deutschen Juristentag (17./18. 9. 1980 in Berlin), 1980, S. 9 ff.; *Joachim Lang*, Reform der Unternehmensbesteuerung, StuW 1989, S. 3 (13 ff.); *ders.*, Reform der Unternehmensbesteuerung auf dem Weg zum europäischen Binnenmarkt und zur deutschen Einheit, StuW 1990, S. 107 (118 ff.); *Wolfgang Ritter*, Reform der Unternehmensbesteuerung aus Sicht der Wirtschaft, StuW 1989, S. 319 ff.; *Erhard Schipporeit*, Grundsätze und Möglichkeiten einer Unternehmungsteuer, 1979; *Dieter Schneider*, Zwei Gutachten zur Reform der Unternehmensbesteuerung, StuW 1991, S. 354 ff.; *Rudolf Wendt,* Reform der Unternehmensbesteuerung aus europäischer Sicht, StuW 1992, S. 66 ff.; vgl. auch Jahresgutachten 1989/ 1990 des *Sachverständigenrates zur Begutachtung der gesamtwirtschaftlichen Entwicklung*, BR-Drucksache 658/89, Tz. 330 ff.; Gutachten zur Reform der Unternehmensbesteuerung, erstattet vom *Wissenschaftlichen Beirat* zum Bundesministerium der Finanzen, BMF- Schriftenreihe, Heft 43, S. 14 ff.

3 Vgl. *Rudi Märkle*, Von Reform zu Reform, in: Harzburger Steuerprotokoll 1997, hrsg. von Steuerberaterverband Niedersachsen, 1998, S. 58 (61).

4 Körperschaftsteuerreformgesetz vom 31. 8. 1976, BGBl. I 1976, S. 2597; BStBl. I, 1976, S. 445.

Absenkung des Körperschaftsteuertarifs. die zur Auflösung der bisherigen Koppelung von Körperschaftsteuersatz und Einkommensteuerspitzensatz führte.

Im Jahre 1996 begannen dann die Vorarbeiten zu einem grundlegenden Reformvorhaben im Bereich des Unternehmenssteuerrechts. Unter dem Vorsitz des damaligen Bundesministers der Finanzen *Theo Waigel* wurde am 2. Juli 1996 eine Steuerreform-Kommission gebildet. Die Kommission legte am 22. Januar 1997 die sogenannten „Petersberger Steuervorschläge" vor.[5] Der Entwurf sah eine Absenkung des Einkommensteuertarifs für gewerbliche Einkünfte sowie des Körperschaftsteuertarifs bei damit einhergehender Verbreiterung der Bemessungsgrundlage (Einführung eines Wertaufholungsgebots nach Teilwertabschreibungen, Einschränkungen bei den Rückstellungen für drohende Verluste, Abschaffung des Importwarenabschlags, Senkung des Höchstsatzes der degressiven Gebäude-Abschreibung und Festlegung der linearen Gebäudeabschreibung) vor. Der daraus vom Bundestag entwickelte Entwurf eines Steuerreformgesetzes 1999[6] scheiterte allerdings an der Verweigerung der Zustimmung durch den Bundesrat im April 1997. Aufgrund des Scheiterns dieses Entwurfs beabsichtigten die Bundestagsfraktionen von SPD und Bündnis 90/Die Grünen nach dem Wahlsieg im Herbst 1998 eine „grundlegende Reform der Unternehmensbesteuerung" durchzuführen, mit dem Ziel, „alle Unternehmenseinkünfte mit höchstens 35 %" zu besteuern.[7] Die Fraktionen von SPD und Bündnis 90/Die Gründen legten am 9. November 1998 den Entwurf eines sogenannten Steuerentlastungsgesetzes 1999/2000/2002 vor.[8] Der Bundesrat stimmte dem Gesetz am 19. März 1999 zu.[9] Die Reform blieb zwar weit hinter den anfangs gesteckten Zielen zurück; sie diente letztlich nur noch als Vorbereitung für eine weitere Tarifsenkung. Durch die verbreiterte Bemessungsgrundlage sollte diese bereits im Vorfeld gegenfinanziert werden.

Auf dieser Grundlage setzte der damalige Bundesminister der Finanzen *Oskar Lafontaine* bereits im Dezember 1998 eine Kommission mit dem Auftrag ein, ein Konzept zu entwickeln, dessen Ziel es sein sollte, eine rechtsformneutrale Unternehmensbesteuerung zu erreichen.[10] Diese Kommission erarbeitete daraufhin die „Brühler Empfehlungen zur Reform der Unternehmensbesteuerung".[11] Auf der Grundlage der Brühler Empfehlungen setzte der von SPD und Bündnis 90/Die Grünen dominierte Bundestag die Reform unter Zustimmung des Bundesrates durch das

---

[5] Vgl. Reform der Einkommensbesteuerung, Vorschläge der Steuerreform-Kommission vom 22.1.1997, Schriftenreihe des Bundesministeriums der Finanzen, Heft 61. Zu den damaligen Schwächen des Unternehmenssteuerrechts vgl. *Jochen Sigloch,* Verzerrende Wirkungen von Bemessungsgrundlagen und Tarif auf Unternehmensentscheidungen nach der Steuerreform 1990, StuW 1990 S. 229 ff.

[6] Vgl. Steuerreformgesetz 1999, BT-Drucksache 13/7480 vom 22.4.1997.

[7] Vgl. Koalitionsvereinbarung vom 20.10.1998, III. 1.; abrufbar unter: http://www.datenschutzberlin.de/doc/de/koalo/index.htm.

[8] Vgl. BT-Drucksache 13/23 vom 9.11.1998.

[9] Vgl. Steuerentlastungsgesetz 1999/2000/2002 vom 24.3.1999, BGBl. I 1999 S. 402.

[10] Vgl. Pressemitteilung des *Bundesministeriums der Finanzen* vom 30.4.1999.

[11] Vgl. *Bundesministerium der Finanzen*, Brühler Empfehlungen zur Reform der Unternehmensbesteuerung, Bericht der Kommission zur Reform der Unternehmensbesteuerung, BMF Schriftenreihe, Heft 66, 1999, S. 16.

Steuersenkungsgesetz vom 23. Oktober 2000[12] um.[13] Wesentliche Änderungen für das Unternehmenssteuerrecht enthielt das Gesetz in Form einer Absenkung des Körperschaftsteuersatzes auf 25 %, der Ersetzung des Vollanrechnungsverfahrens durch das Halbeinkünfteverfahren sowie der Einführung des § 35 EStG. Zwar hatte der damalige Bundestag mit dem Steuersenkungsgesetz eine der umfassendsten Reformen im Bereich des Unternehmensteuerrechts nach dem zweiten Weltkrieg verwirklicht. Dennoch wurde das Ziel, die Stärkung der Wettbewerbsfähigkeit der deutschen Wirtschaft im internationalen Vergleich, nicht erreicht.[14] Außerdem wurde das primäre Ziel, eine rechtsformneutrale Besteuerung von Unternehmensgewinnen zu ermöglichen, nicht verwirklicht.[15] Zur Ausarbeitung einer einheitlichen Unternehmenssteuer, die Kapitalgesellschaften und Personenunternehmen in gleicher Weise entlasten würde, sah man sich trotz einer entsprechenden ursprünglichen Ankündigung aufgrund des engen Zeitrahmens sowohl in der Kommission[16] als auch in der Koalition[17] außerstande.[18] Stattdessen wurde vom Gesetzgeber versucht, die bestehenden Ungleichheiten in der Besteuerung durch verschiedene Ausgleichsnormen, wie zum Beispiel die Einführung der Anrechnungsnorm des § 35 EStG, abzumildern.[19] Infolge der vom Gesetzgeber eingeführten Ausgleichsregelungen sind die rechtsformabhängigen Unterschiede bei der Besteuerung von Einzelunternehmern, Personengesellschaften und Kapitalgesellschaften aber nicht abgebaut, sondern z.T. weiter verschärft worden. Zwar sind die Tarife von Körperschaftsteuer und Einkommensteuer durch die Reform gesenkt worden. Diese Entlastungswirkung ist allerdings durch Verbreiterungen der Bemessungsgrundlage (z.B. Verbot der Rückstellung für drohende Verluste aus schwebenden Geschäften, Einschränkung der Teilwertabschreibung, Wertaufholung, Abzinsungsgebot) weitestgehend verloren gegangen.[20] Es handelte sich beim Steuersenkungsgesetz letztendlich nicht um die

---

[12] Vgl. Steuersenkungsgesetz vom 23.10.2000, BGBl. I 2000, S. 1433.

[13] Ausführlich zu den Änderungen des Steuersenkungsgesetzes *Achim Bergemann*, Unternehmenssteuerreform 2001: Schwerpunkte des Steuersenkungsgesetzes, DStR 2000, S. 1410 ff.; *Jochen Sigloch*, Unternehmenssteuerreform 2001 – Darstellung und ökonomische Analyse, StuW 2000, S. 160 ff.

[14] So auch *Joachim Lang*, Prinzipien und Systeme der Besteuerung von Einkommen, in: Besteuerung von Einkommen, hrsg. von Iris Ebling, DStJG 24 (2001), S. 49 (102).

[15] Vgl. *Jochen Sigloch*, Unternehmenssteuerreform 2001 – Darstellung und ökonomische Analyse, StuW 2000, S. 160 (171); *Johanna Hey*, Die Brühler Empfehlungen zu Reform der Unternehmensbesteuerung, BB 1999, S. 1192 (1194); *Wolfram Reiß*, Diskussionsbeitrag: Kritische Anmerkungen zu den Brühler Empfehlungen zur Reform der Unternehmensbesteuerung, DStR 1999, S. 2011 (2012); *Stefan Homburg*, Die Unternehmenssteuerreform 2001 aus der Sicht der Wissenschaft, Stbg 2001, S. 8 ff.

[16] *Bundesministerium der Finanzen*, Brühler Empfehlungen zur Reform der Unternehmensbesteuerung, Bericht der Kommission zur Reform der Unternehmensbesteuerung, BMF Schriftenreihe, Heft 66, 1999, S. 24.

[17] Vgl. Begründung zum Entwurf eines Steuerentlastungsgesetz 1999/2000/2002, BT-Drucks. 14/265 vom 13.1.1999, S. 2.

[18] Zum damaligen Zeitpunkt existierten bereits Grundkonzepte für ein einheitliches Unternehmenssteuerrecht, zu nennen sind insbesondere die Teilhabersteuer und die Betriebsteuer. Zur Kritik dieser Modelle vgl. G.I.-II.

[19] Vgl. *Rudi Märkle*, Von Reform zu Reform, in: Harzburger Steuerprotokoll 1997, hrsg. von Steuerberaterverband Niedersachsen, 1998, S. 58 (61).

[20] Vgl. *BDI*, Die Steuerbelastung der Unternehmen in Deutschland – Fakten für die politische Diskussion 2006, 2006, S. 13 ff.

umfassende Reform, die man sich bereits damals erhofft hatte.[21] Am Ende stand wiederum kein rechtsformneutrales Unternehmenssteuerrecht, sondern eine politisch motivierte Kompromisslösung.[22]

Im März 2005 ist das Vorhaben einer Unternehmenssteuerreform erneut in den Fokus der politischen Diskussion gerückt. Auf dem sogenannten „Job-Gipfel" wurde eine Entlastung der Kapitalgesellschaften durch Senkung des Körperschaftssteuersatzes von 25 % auf 19 % vorgeschlagen.[23] Weiterhin sollte Personengesellschaften zum Ausgleich des abgesenkten Tarifs im Körperschaftsteuerrecht eine verbesserte Anrechnungsmöglichkeit der Gewerbesteuer im Rahmen der Einkommensteuer eingeräumt werden. Basierend auf den Ergebnissen des „Job-Gifels" legte die Bundesregierung dem Bundestag den Entwurf eines Gesetzes zur Verbesserung der steuerlichen Standortbedingungen vor.[24] Dieses Gesetzesvorhaben scheiterte jedoch im Zuge der vorgezogenen Neuwahlen. Nach den Wahlen im September 2005 nahm die große Koalition aus CDU, CSU und SPD die Verwirkllichung einer Unternehmenssteuerreform für das Jahr 2008 als Ziel in den geschlossenen Koalitionsvertrag auf. Entsprechend dem Koalitionsvertrag der großen Koalition vom 11. November 2005 sollte durch eine grundlegende Reform eine „weitgehende Rechtsform- und Finanzierungsneutralität" der Unternehmensbesteuerung realisiert werden.[25] Bundesfinanzminister *Peer Steinbrück* ging in seiner ersten Haushaltsrede vor dem Bundestag Ende März 2006 erstmals konkreter auf die gewünschten Ziele der Reform und deren mögliche Umsetzung ein. Er befand, daß die „Abkehr vom alten Dualismus der unterschiedlichen Besteuerung von Personengesellschaften und Kapitalgesellschaften und die umfassende Neustrukturierung des Unternehmenssteuerrechts" notwendige Voraussetzung sei, um das Steuerrecht „transparenter, einheitlicher und rechtsformneutral" zu gestalten.[26] Am 12. Juli 2006 einigte sich das Bundeskabinett auf einige Eckpunkte bezüglich der Reform der Unternehmensbesteuerung.[27] Im März 2007 brachten die Koalitionsfraktionen CDU/CSU und SPD einen entsprechenden Entwurf ins Parlament ein.[28] Der Bundestag verschabschiedete den Entwurf am 25. Mai 2007. Der Bundesrat stimmte dem Gesetz am 6. Juli 2007 zu. Damit wird die Unternehmenssteuerreform planmäßig zum 1. Januar 2008 umgesetzt.

Vor dem geschilderten politischen Hintergrund verwundert es nicht, daß auch von seiten der Wissenschaft eine Reihe von Reformentwürfen für ein neues Unternehmenssteuerrecht erarbeitet und veröffentlicht worden sind und die Diskussion um

---

21 So auch *Ulrich Schreiber*, Die Steuerbelastung der Personenunternehmen und Kapitalgesellschaften, Wpg. 2002, S. 557 (563).

22 *Johanna Hey*, Die Brühler Empfehlungen zu Reform der Unternehmensbesteuerung, BB 1999, S. 1192 (1193 f.)

23 Vgl. http://webarchiv.bundestag.de/archive/2006/0606/aktuell/hib/2005/2005_177/ 03.html.

24 Vgl. den Entwurf eines Gesetzes zur Verbesserung der steuerlichen Standortbedingungen, BT-Drucksache 15/5554 vom 14.6.2005.

25 Vgl. Koalitionsvertrag vom 11.11.2005, S. 69; abzurufen unter: http://www.bfge.de/pdf/ koalitionsvertrag2005.pdf.

26 DIE ZEIT Nr. 18 vom 27. 4. 2006, S. 25.

27 *Christoph Spengel/Timo Reister*, Die Pläne zur Unternehmenssteuerreform 2008 drohen ihre Ziele zu verfehlen, DB 2006, S. 1741 (1741).

28 Vgl. Entwurf eines Unternehmensteuerreformgesetzes 2008, BT-Drucksache 16/4841 vom 27.3.2007.

eine „große Reform" im Bereich des Unternehmenssteuerrechts auch in der Literatur wieder erheblich an Dynamik gewonnen hat.[29] Bereits im Jahr 2001 wurde der „Karlsruher Entwurf" vorgestellt, der unter der Federführung von *Paul Kirchhof* erarbeitet wurde.[30] Diesen Entwurf entwickelte *Kirchhof* zu einem umfassenden Reformmodell, dem sogenannten Einkommensteuergesetzbuch, fort.[31] Außerdem hat *Joachim Lang* den Kölner Entwurf eines Einkommensteuergesetzes im Jahr 2005 vorgelegt[32], der durch die Stiftung Marktwirtschaft unter seiner Leitung weiter ausgearbeitet wurde. Darüber hinaus hat *Michael Elicker* den „Entwurf einer proportionalen Netto-Einkommensteuer" veröffentlicht.[33] *Elickers* Entwurf befaßt sich, anders als der Titel vermuten lassen könnte, nicht nur mit der Einkommensteuer der natürlichen Personen, sondern enthält ein in sich geschlossenes System der Unternehmensbesteuerung.[34] Ebenfalls in dieser Zeit wurde der sogenannte „Berliner Entwurf der FDP"[35] vorgelegt, welcher unter der Federführung von *Hermann Otto Solms* entworfen wurde[36]

Trotz der zum Teil stark voneinander abweichenden konzeptionellen Grundgedanken der einzelnen Reformmodelle der Politik und der Wissenschaft besteht jedenfalls dahingehend Einigkeit, daß eine Reform des Unternehmenssteuerrechts nicht mehr durch kleinere Korrekturen innerhalb des bisherigen Systems möglich ist, sondern eine umfassende Neuordnung notwendig ist, die das Unternehmenssteuerrecht auf seine Grundstrukturen zurückführt.

Nicht nur in bezug auf die Notwendigkeit einer umfassenden Reform des Unternehmenssteuerrechts besteht Einigkeit in Politik und Wissenschaft, sondern auch hinsichtlich des erwünschten Ziels. Im Mittelpunkt sämtlicher Entwürfe steht neben der Wiederherstellung der Wettbewerbsfähigkeit Deutschlands als Wirtschaftsstandort die Verwirklichung einer rechtsformneutralen Besteuerung. Die auf dem Dualismus der Unternehmensbesteuerung basierende Rechtsformabhängigkeit der Besteuerung gilt als einer der wesentlichen Schwachpunkte des gegenwärtigen Unternehmenssteuerrechts.[37] Hiernach unterliegen Unternehmen abhängig von ihrer zivilen

---

[29] Einen allgemeinen Überblick über verschiedene Reformentwürfe gibt *Thomas Stapperfend*, Die Unternehmensbesteuerung in den Entwürfen zur Reform des Einkommensteuerrechts, FR 2005, S. 74 ff.

[30] *Paul Kirchhof*, Karlsruher Entwurf zur Reform des Einkommensteuergesetzes, 2001.

[31] *Paul Kirchhof*, Einkommensteuer-Gesetzbuch. Ein Vorschlag zur Reform der Einkomen- und Körperschaftsteuer, Schriftenreihe des Instituts für Finanz- und Steuerrecht, Forschungsgruppe Bundessteuergesetzbuch, Bd. 2, 2003, zitiert: EStGB.

[32] *Joachim Lang*, Kölner Entwurf eines Einkommensteuergesetzes, 2005.

[33] *Michael Elicker*, Entwurf einer proportionalen Netto-Einkommensteuer, 2004.

[34] Dieser Reformentwurf wurde im Rahmen der Initiative zur „Erneuerung des Einkommensteuerrechts" der Humanistischen Stiftung mit dem zweiten Preis ausgezeichnet.

[35] Siehe dazu *Hermann Otto Solms*, Liberale Reform der direkten Steuern, Berliner Entwurf der FDP, 2005.

[36] Auf die jeweiligen Entwürfe wird im einzelnen unter G. eingegangen.

[37] Prägnant *Johanna Hey*, Besteuerung von Unternehmensgewinnen und Rechtsformneutralität, in: Besteuerung von Einkommen, hrsg. von Iris Ebling, DStJG 24 (2001), S. 155 (169); *Joachim Lang*, Prinzipien und Systeme der Besteuerung von Einkommen, in: Besteuerung von Einkommen, hrsg. von Iris Ebling, DStJG 24 (2001), S. 49 (98 ff.); *ders.*, Die Unternehmenssteuerreform - eine Reform pro GmbH, GmbHR 2000, S. 453 (459); *Jürgen Pelka*, Rechtsformneutralität im Steuerrecht-Verfassungsmäßigkeit der Steuersatzenkungen für Kapitalgesellschaften, StuW 2000, S. 389

Rechtsform unterschiedlichen Besteuerungsmethoden. Aus dieser unterschiedlichen steuerlichen Behandlung resultieren zahlreiche unmittelbare wie mittelbare Belastungsunterschiede. Daher müssen gegebenenfalls auch die bisher geltenden Grundstrukturen, soweit sie dem Gebot der Rechtsformneutralität zuwiderlaufen, überdacht werden.[38]

Die Diskussion über das Gebot der Rechtsformneutralität der Besteuerung ist so alt wie der Dualismus der Unternehmensbesteuerung[39] selbst und ist seitdem ein Dauerthema, das sowohl Wirtschaftswissenschaftler als auch Juristen beschäftigt.[40] So befaßte sich bereits der 33. Deutsche Juristentag im Jahr 1924 mit der Problematik der rechtsformabhängigen Unternehmensbesteuerung und kam zu dem Ergebnis, daß die Einkommen- und Körperschaftsteuer so zu gestalten seien, „daß die Gewerbetreibenden nicht genötigt werden, der Einkommen- oder Körperschaftsteuer wegen bestimmte Rechtsformen zu wählen oder von einer Rechtsform zur anderen überzugehen."[41] Seither wird ergebnislos darüber gestritten, inwiefern das Gebot der Rechtsformneutralität tatsächlich wünschenswert oder gar verfassungsrechtlich geboten ist. Zu dieser Frage hat sich im Jahr 2006 das Bundesverfassungsgericht erstmals geäußert.[42]

Vor diesem Hintergrund ist die vorliegende Arbeit der Frage der Gebotenheit und der Umsetzbarkeit einer umfassenden Unternehmenssteuerreform mit dem Ziel der Rechtsformneutralität gewidmet. Sie geht der Frage nach, inwiefern die bisher gebotenen Lösungsansätze geeignet sind, dieses Ziel zu verwirklichen.

---

(396) bezweifelt, ob eine rechtsformneutrale Besteuerung überhaupt erreichbar ist.

[38] So auch *Michael Elicker*, Entwurf einer proportionalen Netto-Einkommensteuer, 2004; *Paul Kirchhof*, Einkommensteuer-Gesetzbuch, Ein Vorschlag zur Reform der Einkomen- und Körperschaftsteuer, Schriftenreihe des Instituts für Finanz- und Steuerrecht, Forschungsgruppe Bundessteuergesetzbuch, Bd. 2, 2003; *Joachim Lang*, Prinzipien und Systeme der Besteuerung von Einkommen, in: Besteuerung von Einkommen, hrsg. von Iris Ebling, DStJG 24 (2001), S. 49 (73 ff.); *Klaus Tipke*, Die Steuerrechtsordnung, Band II, 2. Aufl., 2003, S. 612 f.

[39] Der Dualismus der Unternehmensbesteuerung folgte aus der Herauslösung der Kapitalgesellschaften aus dem Einkommensteuergesetz und der Belastung ihres Einkommens mit Körperschaftsteuer durch das Körperschaftsteuergesetz 1920, vgl. RGBl. 1920, S. 393.

[40] Erstmals wurde die Frage einer allgemeinen Unternehmensteuer auf dem 33. Deutschen Juristentag in 1924 diskutiert. Vgl. *Enno Becker/ Max Lion*, Ist es erwünscht, das Einkommen aus Gewerbebetrieb nach gleichmäßigen Grundsätzen zu besteuern, ohne Rücksicht auf die Rechtsform, in der das Gewerbe betrieben wird?, Referate 33. DJT, 1925, S. 433 ff.; weitere Nachweise *Curt Fischer*, Um ein Unternehmungs-Steuerrecht, StuW 1942, Sp. 601 ff.; *Carl Boettcher*, Vorschlag eines Betriebsteuerrechts, StuW 1947, Sp. 67 ff.; *Werner Flume*, Die Betriebsertragsteuer als Möglichkeit der Steuerreform, DB 1971, S. 692 ff.; *Otto Jacobs*, Empfiehlt sich eine rechtsformunabhängige Besteuerung der Unternehmung? – Betriebswirtschaftliche Überlegungen zum diesbezüglichen Thema des 53. Deutschen Juristentages, ZGR 1980, S. 289 (307 f.); *Arno Graß*, Unternehmensformneutrale Besteuerung, Schriften zum Steuerrecht, Band 42, 1992, S. 88 ff.; *Joachim Lang*, Reform der Unternehmensbesteuerung auf dem Weg zum europäischen Binnenmarkt und zur deutschen Einheit, StuW 1990, S. 107 (118 ff.); *Rudolf Wendt,* Reform der Unternehmensbesteuerung aus europäischer Sicht, StuW 1992, S. 66 ff.; weitere Nachweise bei *Brigitte Knobbe-Keuk*, Bilanz- und Unternehmenssteuerrecht, 9. Aufl., 1993, S. 2 Fn. 5.

[41] Vgl. *Enno Becker/ Max Lion*, Ist es erwünscht, das Einkommen aus Gewerbebetrieb nach gleichmäßigen Grundsätzen zu besteuern, ohne Rücksicht auf die Rechtsform, in der das Gewerbe betrieben wird?, Referate 33. DJT, 1925, S. 450 ff.

[42] BVerfGE 116, 164 ff.

I. Gang der Untersuchung

Zu Beginn der Arbeit wird zunächst der Begriff der „Rechtsformneutralität" erläutert, und es wird aufgezeigt, welche Rechtsformen und welche Steuerarten in die Untersuchung einbezogen werden sollen. Im Anschluß wird das geltende Unternehmenssteuerrecht unter Beachtung der hieran geäußerten Kritik diskutiert. Diese Diskussion fokussiert sich alsbald auf den bestehenden Dualismus der Unternehmensbesteuerung sowie dessen Auswirkungen. Im Rahmen dieser Untersuchung erfolgt zunächst ein Überblick über die gegenwärtigen Konzeptionen der Besteuerung von Einzelunternehmern, Personengesellschaften und Kapitalgesellschaften. Die betreffenden Ausführungen bilden die Grundlage für die anschließende Darstellung der aus dem Dualismus resultierenden Unterschiede in Bemessungsgrundlage und Tarif, letztlich im Belastungserfolg. Im Anschluß wird auf die derzeitige Bedeutung der Gewerbesteueranrechnung nach § 35 EStG[43] eingegangen, einer Regelung, die Belastungsunterschiede zwischen Einzelunternehmern, Personengesellschaften und Kapitalgesellschaften kompensieren soll. Es wird geprüft, inwieweit die Regelung des § 35 EStG[44] ihre verschiedenen Ausgleichsfunktionen tatsächlich zu erfüllen vermag.

Aufbauend auf den gewonnenen Ergebnissen wird anhand eines Belastungsvergleichs untersucht, welche Auswirkungen die unterschiedliche Besteuerung im theoretischen Konzept auf die effektive steuerliche Belastung der einzelnen Unternehmen in unterschiedlicher Rechtsform hat. Unter Zugrundelegung der bisherigen Ergebnisse wird abschließend eine erste Bilanz bezüglich der derzeitigen Unternehmensbesteuerung gezogen.

Basierend auf den bisherigen Ergebnissen wird der Frage nachgegangen, ob ein rechtsformneutrales Unternehmenssteuerrecht aus ökonomischer Sicht wünschenswert ist und ob die derzeitige rechtsformabhängige Besteuerung mit den Grundrechten, insbesondere dem allgemeinen Gleichheitssatz sowie den Freiheitsrechten aus Art. 14 Abs. 1, 12 Abs. 1 und 9 Abs. 1 GG, vereinbar ist. Zentraler Punkt der Untersuchung ist die Frage, inwieweit das Gebot der Rechtsformneutralität ein verfassungsrechtliches Postulat darstellt.

Diesen Ausführungen folgt eine Auseinandersetzung mit den verschiedenen Grundkonzepten für eine Neuordnung der Unternehmensbesteuerung. Die Grundkonzepte werden im einzelnen dargestellt und einer verfassungsrechtlichen Prüfung unterzogen. Insbesondere wird untersucht, inwieweit die Konzepte geeignet sind, das Gebot der Rechtsformneutralität zu verwirklichen, ohne gegen sonstige verfassungsrechtliche Vorgaben zu verstoßen. Die Erörterung der einzelnen Grundkonzepte wird zeigen, daß die meisten aktuellen Reformentwürfe in ihren Grundgedanken keine wirklich neuen Ideen beinhalten, sondern vielmehr an bereits seit langer Zeit bestehende Grundkonzepte anknüpfen. Die aktuellen Reformentwürfe, auf welche im an-

---

[43] Gewerbesteuergesetz - GewStG - in der Fassung der Bekanntmachung vom 15. Oktober 2002 (BGBl. I S. 4167), zuletzt geändert durch Artikel 5 des Gesetzes vom 13. Dezember 2006 (BGBl. I S. 2878).

[44] Einkommensteuergesetz - EStG - in der Fassung der Bekanntmachung vom 19. Oktober 2002 (BGBl. I S. 4210; 2003 I S. 179), zuletzt geändert durch Artikel 13a Nummer 2 des Gesetzes vom 16. Juli 2007 (BGBl. I S. 1330).

schließenden Kapitel eingegangen wird, werden ebenfalls einer verfassungsrechtlichen Prüfung unterzogen.

Die Schlußbemerkungen fassen die Ergebnisse der vorangegangenen Abschnitte zusammen und geben einen Ausblick auf die künftig zu erwartende Entwicklung des Unternehmenssteuerrechts.

Die Konzeption der Arbeit zielt nicht darauf ab, auf sämtliche Detailprobleme des geltenden Unternehmenssteuerrechts und der unterschiedlichen Reformentwürfe einzugehen. Vielmehr ist es ihr Anliegen, die relevanten Strukturmängel des geltenden Rechts unter dem Gesichtspunkt der Rechtsformneutralität aufzuzeigen und unter Beachtung der heute diskutierten grundlegenden Reformkonzepte nach Lösungsansätzen zu suchen.

Bei der Betrachtung wird hauptsächlich von mittelständischen Unternehmen ausgegangen. Charakteristisches Merkmal für mittelständische Unternehmen ist ein überschaubarer und weitgehend konstanter Kreis von Gesellschaftern, von denen zumindest einige im Unternehmen selbst tätig sind. Nur bei solchen Unternehmen besteht in der Regel aufgrund von Größenordnung und Struktur überhaupt die Alternative zwischen der Rechtsform der Personengesellschaft oder der Kapitalgesellschaft.

II. Der Begriff „Rechtsformneutralität"

Die Arbeit behandelt im Kern das Gebot der Rechtsformneutralität und dessen Umsetzung im deutschen Steuerrecht. Daher ist zunächst eine Definition des Begriffs der Rechtsformneutralität erforderlich.

Der Begriff der Rechtsformneutralität wird häufig dahingehend fehlverstanden, daß alle Unternehmen unabhängig von ihrer Rechtsform unterschiedslos zu behandeln seien. Rechtsformneutralität bedeutet aber gerade nicht die einheitliche Besteuerung unter Mißachtung rechtsformspezifischer Besonderheiten. Eine solch unterschiedslose Behandlung ist also mit dem Begriff der Rechtsformneutralität nicht gemeint.[45] Vielmehr können und sollen Unternehmen auch unter der Vorgabe der Rechtsformneutralität je nach ihrer Rechtsform unterschiedlich behandelt werden, sofern sich die zugrunde liegenden Sachverhalte bei wirtschaftlicher Betrachtungsweise voneinander unterscheiden.[46] Auf die Steuerbelastung des jeweiligen Unternehmens darf somit keinen Einfluß haben das bloße Faktum, daß es als Kapitalgesellschaft, als Personengesellschaft oder als Einzelunternehmen geführt wird,[47] sofern keine zur

---

[45] *Heinrich Weber- Grellet*, Steuern im modernen Verfassungsstaat, 2001, S. 303; *Wolfgang Schön*, Zum Entwurf des Steuersenkungsgesetzes, StuW 2000, S. 151 (152).

[46] *Joachim Lang*, Die Unternehmenssteuerreform - eine Reform pro GmbH, GmbHR 2000, S. 453 (459); *ders.*, Prinzipien und Systeme der Besteuerung von Einkommen, in: Besteuerung von Einkommen, hrsg. von Iris Ebling, DStJG 24 (2001), S. 49 (100).

[47] *Walter Frenz*, Unternehmensteuerkonzeptionen im Lichte des Eigentumsgrundrechts und des Leistungsfähigkeitsprinzips, StuW 1997, S. 116 (126); *Johanna Hey*, Besteuerung von Unternehmensgewinnen und Rechtsformneutralität, in: Besteuerung von Einkommen, hrsg. von Iris Ebling, DStJG 24 (2001), S. 155 (167).

Rechtfertigung einer Differenzierung hinreichenden sachlichen Unterschiede[48] existieren.[49]

III. Einzubeziehende Rechtsformen und Steuerarten

Bevor auf die Grundstrukturen des Unternehmenssteuerrechts eingegangen wird, muß zunächst geklärt werden, welche Rechtsformen und Steuerarten in die Betrachtung einzubeziehen sind.

In der Untersuchung soll auf die Rechtsformen eingegangen werden, in denen ein Unternehmen betrieben werden kann. Neben den Personengesellschaften und Kapitalgesellschaften muß daher auch das Einzelunternehmen berücksichtigt werden, da auch diese Rechtsform ebenso Marktteilnehmer ist und mit anderen Unternehmen in verschiedenen Rechtsformen auf dem Markt in Konkurrenz steht.[50] Vertieft wird somit auf die Unternehmen in den gängigen Rechtsformen der Einzelunternehmung, der Personengesellschaft (KG, OHG und GbR) und der Kapitalgesellschaft (AG, GmbH und KGaA) eingegangen.[51]

Dem geltenden Unternehmenssteuerrecht liegt bekanntlich kein einheitliches, geschlossenes System zugrunde. Vielmehr steht der Begriff „Unternehmenssteuerrecht" für die auf einzelne Steuergesetze verteilten Rechtsnormen, die für die Besteuerung von Unternehmen und von deren Gesellschaftern maßgebend sind.[52] Die Belastungsunterschiede im Unternehmenssteuerrecht ergeben sich nach dem Wegfall der Vermögensteuer zum 1. Januar 1997[53] und der Abschaffung der Gewerbekapitalsteuer zum 1. Januar 1998[54] zwischen Einzelunternehmer, Personengesellschaften und Kapitalgesellschaften in der laufenden Besteuerung allein aus dem Recht der Ertragsteuern. Daher wird im folgenden nur auf die Einkommen-, Körperschaft- und Gewerbesteuer eingegangen. In diesen Bereichen haben sich die Unterschiede insbesondere durch das seit 1. Januar 2001 zur Anwendung kommende Steuersenkungsgesetz weiter verschärft.[55]

---

48 Als hinreichender sachlicher Unterschied ist grundsätzlich das Gebot der wirtschaftlichen Leistungsfähigkeit heranzuziehen. Dazu später unter F. III. 1. a) aa).

49 So auch *Joachim Hennrichs*, Dualismus der Unternehmensbesteuerung aus gesellschaftsrechtlicher und steuersystematischer Sicht - Oder: Die nach wie vor unvollendete Unternehmenssteuerreform, StuW 2002, S. 201 (202).

50 Angesichts der prinzipiellen Gleichbehandlung der in § 1 Abs. 1 Nr. 2 bis 6 KStG aufgezählten Körperschaften, Personenvereinigungen und Vermögensmassen mit den Kapitalgesellschaften werden diese Rechtsformen aus der Betrachtung ausgeklammert.

51 Die Besteuerung von Mischformen wie der GmbH & Co. KG wird nicht mit in die Betrachtung einbezogen.

52 *Wolfram Scheffler*, Besteuerung von Unternehmen - Ertrag-, Substanz- und Verkehrsteuern, Band 1, 8. Aufl., 2003, S. 14.

53 Die Vermögensteuer wird seit 1.1.1997 nicht mehr erhoben, weil die vom BVerfG im „Vermögensteuerbeschluß" (BVerfGE 93, 121 ff.) geforderte verfassungskonforme Ausgestaltung der gesetzlichen Regelungen nicht durchgeführt wurde.

54 Gesetz zur Fortsetzung der Unternehmenssteuerreform vom 29.10.1997, BStBl. I 1997 , S. 928.

55 *Norbert Herzig*, Aspekte der Rechtsformwahl für mittelständische Unternehmen nach der Steuerreform, Wpg 2001, S. 253 (253); *Johanna Hey*, Besteuerung von Unternehmensgewinnen und Rechtsformneutralität, in: Besteuerung von Einkommen, hrsg. von Iris Ebling, DStJG 24 (2001), S. 155 (209 f.).

IV. Allgemeine Schwächen des Unternehmenssteuerrechts

Bevor auf die speziellen Ursachen und Folgen der rechtsformabhängigen Besteuerung eingegangen wird, soll zunächst kurz die – bei einer Neuregelung zu vermeidenden – erkannten Schwächen der derzeitigen Besteuerung eingegangen werden. Aufgrund der immer wieder durchgeführten Änderungen der letzten Jahrzehnte überrascht es nicht, daß unser heutiges Unternehmenssteuerrecht an mehreren grundsätzlichen Systemschwächen leidet, die zwar nicht unmittelbar dem Thema der Rechtsformneutralität unterfallen, die aber bei jeder Reformdiskussion beachtet werden müssen.[56]

1. Übermaß an Detailregelungen

Eines der hervorstechendsten Merkmale des geltenden deutschen Steuerrechts und damit auch des Unternehmenssteuerrechts ist das Übermaß an Detailregelungen und der damit einhergehende erdrückende Umfang des bestehenden steuerlichen Regelwerks. Die Bundesregierung teilte beispielsweise auf eine große Anfrage der FDP-Fraktion zur Vereinfachung des Steuerrechts mit, daß zurzeit 118 gültige Gesetze und 87 Rechtsverordnungen existierten.[57] Unberücksichtigt bei dieser Mitteilung blieben die Vielzahl der in der Praxis zu berücksichtigenden Besteuerungsrichtlinien, Schreiben des Bundesministeriums für Finanzen und Verwaltungsvorschriften.[58] Dieses Ergebnis wird durch eine neuere Studie des INTERNATIONAL BUREAU OF FISCAL DOCUMENTATION belegt. Danach stammen bei einem Weltbevölkerungsanteil von 1,25 % rund 10 % der weltweit veröffentlichten Steuerliteratur inklusive Gesetzestexte und deren Begleitliteratur aus Deutschland.[59]

2. Hohe Komplexität

Neben dem kaum noch überschaubaren Umfang der Materie ist zu berücksichtigen, daß die ertragsteuerlichen Vorschriften zudem eine Komplexität erhalten haben,[60] die häufig weder von Finanzbeamten[61] noch von den Steuerpflichtigen und ihren Beratern richtig beherrscht werden beziehungsweise beherrscht werden können.[62] Die vielen unterschiedlichen, zum großen Teil von der Rechtsform abhängigen Detailre-

---

56 Vgl. *Horst Vogelgesang*, Die Ursachen für den chaotischen Zustand des Steuerrechts in der Bundesrepublik Deutschland, ZSteu 2004, S. 186 f.

57 Vgl. BT- Drucksache 15/1548 vom 16.9.2003, S. 2 f.

58 Die Schreiben des Bundesfinanzministeriums sind auf circa 5.000 und die Verwaltungsvorschriften auf circa 96.000 angewachsen.

59 Vgl. *Jens Tartler*, Ausreißer der Woche: Schlanke deutsche Steuerliteratur, in: Financial Times Deutschlan (2005), Nr. 05/01, 07./08./09.01.2005, S. 16.

60 Zu den wesentlichen Ursachen der hohen Komplexität *Jochen Sigloch,* Steuervereinfachung im Rahmen der Unternehmensbesteuerung, in: Gerold Krause Junk (Hrsg.), Steuersysteme der Zukunft, 1997, S. 89 (94 f.)

61 So weisen etwa die südbayerischen Finanzamtvorsteher in der sog. Burghausener Erklärung vom 22.2.2002 öffentlich darauf hin, daß sie die Gesetzmäßigkeit der Besteuerung nicht mehr gewährleisten können. Außerdem *Marie Luise Hoffmann/Volker Votsmeier*, Vorsicht Finanzamt, Capital, Heft 11/2004, S. 86 (101): Ein Finanzamt gilt als „hervorragend geführtes Amt", wenn es eine Fehlerquote von 49 % erreicht.

62 Zustandsbeschreibung bei *Paul Kirchhof*, Der sanfte Verlust der Freiheit, 2004, S. 3: „Die Steuerberater hetzen dem ständigen Wechsel der Gesetzgebung hinterher. Ihnen fehlt die Planungssicherheit, die innere Folgerichtigkeit und Widerspruchsfreiheit der Regelungen, die Plausibilität des Rechtsmaßstabes, den sie in der Beratung ihren Mandanten zu vermitteln haben."

gelungen, zum Beispiel zur Umwandlung, Veräußerung und Aufgabe von Unternehmen sowie die vielen Unterschiede in der Ermittlung der Bemessungsgrundlage, bewirken eine Regelungsdichte mit zahlreichen Widersprüchlichkeiten und Grauzonen.[63] So verwundert es auch nicht, daß Deutschland nach einer neueren Untersuchung des World Economic Forum in der Kategorie „Effizienz des Steuersystems" unter 102 untersuchten Staaten den letzten Platz belegt.

3. Planungsunsicherheit

Stellen schon die große Anzahl an steuerrechtlichen Regelungen und deren Komplexität höchste Anforderungen, so wird die Informationsbelastung durch die ständigen Änderungen und Ergänzungen der Steuerrechtsmaterialien noch permanent verstärkt. So hat der Gesetzgeber etwa zwischen 1999 und 2003 insgesamt 43 Gesetze erlassen, die das Einkommensteuerrecht zum Teil wesentlich veränderten.[64] Konfrontiert mit der Gesetzesflut der letzten Jahre[65] ist der Steuerzahler dem ständig reformierenden Steuergesetzgeber hilflos ausgeliefert. Selbst der professionelle Berater ist häufig überfordert. Denn wie soll er seinen Mandanten bei der Planung sinnvoll beraten, wenn er selbst nicht weiß, welche Regelungen morgen gelten werden. Selbst wenn der Gesetzestext bekannt ist, ist häufig ungewiß, wie die Verwaltung und die Rechtsprechung die neuen Vorschriften auslegen werden.

4. Hohe Unternehmenssteuerbelastung

Abgesehen von der durch die ständigen Änderungen bedingten Planungsunsicherheit hat Deutschland weiterhin in Europa und weltweit mit die höchste Unternehmenssteuerbelastung[66], und zwar sowohl nominal als auch bezogen auf die durchschnittliche steuerliche Belastung.[67] Bereits seit einigen Jahren betreiben die fortgeschrittenen Industriestaaten zunehmend Standortwettbewerb mit niedriger Unternehmensbesteuerung.[68] Dieser Trend zeichnet sich nun bereits seit Anfang der neunziger Jahre ab.[69] In internationalen Steuerbelastungsvergleichen wird Deutschland regelmäßig mit einem nominellen Steuersatz von ca. 39 % angegeben.[70] Die

---

[63] *Dirk Löhr*, Die Brühler Empfehlungen – Wegweiser für eine Systemreform der Unternehmensbesteuerung?, StuW 2000, S. 33 (40).

[64] Vgl. *Ernst Gossert/Ulf Knorr*, Alle Änderungen im Überblick, in: Consultant – Steuern, Wirtschaft, Finanzen, Heft: 1-2/2004, S. 24 (30f.). Allein im Jahr 2001 wurde nur im Bereich des Ertragsteuerrechts rund 1.230 Paragraphen neu eingeführt oder abgeändert. Dazu waren nicht weniger als 12 Einzelgesetze notwendig. Vgl. OFD Karlsruhe (Hrsg.), Geschäftsbericht 2001, S. 25.

[65] Einen Beweis für die steigende Änderungsfrequenz liefert *Johanna Hey*, Steuerplanungssicherheit als Rechtsproblem, 2002, S. 72.

[66] Siehe *Hermann Otto Solms*, Liberale Reform der direkten Steuern (Berliner Entwurf der FDP), 2005, Anhang I.

[67] Für einen internationalen Steuerbelastungsvergleich vgl. *Christoph Spengel*, Ermittlung und Aussagefähigkeit von Indikatoren der effektiven Steuerbelastung, in: Perspektiven der Unternehmensbesteuerung, Margit Schratzenstaller/Achim Truger (Hrsg.), 2004, S. 15 ff. Zu Methoden der Ermittlung der Steuerbelastung im internationalen Vergleich vgl. *Markus Maier-Frischmuth*, Unternehmensbesteuerung im internationalen Vergleich, StuB 2003, S. 7 ff.

[68] Vgl. beispielsweise die Steuersysteme Großbritanniens, Frankreichs, der Niederlande und Österreichs wie auch der Vereinigten Staaten und Japans. Vgl. auch *Rudolf Wendt*, Reform der Unternehmensbesteuerung aus europäischer Sicht, StuW 1992, S. 66 ff.

[69] Vgl. hierzu *Joachim Lang*, Reform der Unternehmensbesteuerung, StuW 1989, S. 3 (4).

[70] Vgl. *Bundesministerium der Finanzen*, Die wichtigsten Steuern im internationalen Vergleich, Ausgabe 2004, S. 8.

Besteuerungssituation in den osteuropäischen Beitrittsstaaten ist zumindest unter diesem Gesichtspunkt deutlich attraktiver.[71] Estland hat beispielsweise einen Null-Steuersatz für einbehaltene Gewinne, gefolgt von Lettland, Litauen und Zypern mit einem Steuersatz von 15 %, Ungarn mit 16 bis 18 % sowie von Polen und der Slowakei mit 19 %.[72] Doch nicht nur die neuen Beitrittsstaaten locken mit niedrigen Steuersätzen. So hat Irland seinen Körperschaftsteuersatz auf 12,5 % gesenkt[73] Auch wenn der Aussagegehalt von reinen Tarifvergleichen umstritten sein mag[74] und jeder Tarifvergleich die steuerliche Belastung nur unter einer spezifischen Modellannahme erfaßt, so läßt sich aus dem Befund der einzelnen Modellrechnung zumindest ein Ergebnis für den Steuerstandort Deutschland ablesen. Die Unternehmenssteuerbelastung muß im internationalen Vergleich deutlich gesenkt werden.[75] Die steuerliche Entlastung der Unternehmen im Ausland bedroht die Wettbewerbsfähigkeit der deutschen Wirtschaft.[76] Das Steuersystem eines Staates und die daraus resultierende Steuerbelastung der Unternehmen sind wesentliche Entscheidungsfaktoren für Investoren. Zwar stellt die Steuerbelastung nicht den einzigen und in den meisten Fällen auch nicht den wichtigsten Faktor für die Standortwahl dar. Sonstige entscheidende Faktoren sind insbesondere die Produktionskosten, die Möglichkeit der Erschließung neuer Märkte sowie die Produktion in der Nähe des Abnehmers.[77] Dennoch ist das Steuerniveau ein Faktor von unbestreitbarer Bedeutung für die Standortwahl. Nicht umsonst bereitet die Neigung vieler Unternehmer, ihre Produktion ins Ausland zu verlagern, schon heute erhebliche Sorgen. Durch eine weitere massive Abwanderung deutscher Unternehmen in das Ausland könnte ein Teufelskreis in Gang gesetzt werden, da eine sinkende Zahl von Unternehmen und von Mitareitern gleich bleibende Infrastrukturkosten und steigende Kosten der Arbeitslosigkeit sowie Schuldendienste zu tragen hätten. Eine weitere Erhöhung der Abgabenbelastung im Inland mit all ihren nachteiligen Auswirkungen wäre dann wohl unvermeidlich.

B. Der Dualismus der Unternehmensbesteuerung: Einkommensteuer versus Körperschaftsteuer

Bereits aufgrund dieser Ausführungen wird deutlich, daß die Unternehmensbesteuerung in ihrer derzeitigen Konzeption an schwerwiegenden, grundlegenden Schwä-

---

[71] Vgl. *Johanna Hey*, Perspektiven der Unternehmensbesteuerung in Europa, StuW 2004, S. 193 (206), die eingehend auf die Ursachen für den europäischen Steuerwettbewerb eingeht.

[72] Vgl. *Ernst & Young/ZEW*, Company Taxation in the New EU Member States, 2003.

[73] *Danielle Cuniffe/Helke Drenckhan*, Unternehmensbesteuerung in der Republik Irland, IStR 2004, S.334 (335).

[74] Zu unterschiedlichen Methoden eines Tarifvergleichs und ihrem Aussagegehalt *Dieter Endres/Manfred Günkel*, Steuerstandort Deutschland im Vergleich, WPg-Sonderheft 2006, S. 2 ff.

[75] So auch *Christoph Spengel*, Ermittlung und Aussagefähigkeit von Indikatoren der effektiven Steuerbelastung, in: Margit Schratzenstaller/Achim Truger (Hrsg.), Perspektiven der Unternehmensbesteuerung, 2004, S. 15 (40).

[76] Bereits *Jörg Giloy*, Reform der Unternehmensbesteuerung, DStZ 1989, S. 547 (547); außerdem *Hermann Otto Solms*, Liberale Reform der direkten Steuern (Berliner Entwurf der FDP), 2005, S. 4.

[77] *Fraunhofer Institut Systemtechnik und Innovationsforschung*, Produktionsverlagerungen ins Ausland und Rückverlagerungen, Bericht zum forschungsauftrag Nr. 8/04 an das Bundesministerium der Finanzen, 2004; abzurufen unter: http://www.isi.fraunhofer.de/i/dokumente/Bericht_final _Nov.pdf.

chen leidet. Die gegenwärtig am heftigsten kritisierte Schwäche der Unternehmensbesteuerung liegt allerdings in der bestehenden Rechtsformabhängigkeit der Besteuerung. Unter dem Begriff der Rechtsformabhängigkeit versteht man, daß der Gesetzgeber zur Besteuerung von Unternehmensgewinnen an die zivilrechtliche Rechtsform anknüpft. Während natürliche Personen und Personengesellschaften gemäß § 1 EStG der Einkommensteuer unterliegen, ist auf juristische Personen das Körperschaftsteuerrecht gemäß § 1 Abs. 1 Nr. 1 KStG[78] anzuwenden. Aus dieser Anknüpfung folgt der dem deutschen Unternehmenssteuerrecht zugrunde liegende Dualismus.

Die Trennung der Besteuerung von natürlichen Personen und juristischen Personen entwickelte sich erst Anfang des 20. Jahrhunderts. Im preußischen Einkommensteuergesetz war die Besteuerung von natürlichen und juristischen Personen noch in einem einheitlichen Gesetz geregelt. Erst seit dem Reichskörperschaftsteuergesetz von 1920[79] unterliegt das Einkommen juristischer Personen einer eigenen Körperschaftsteuer, während Einzelunternehmer und Personengesellschaften der Einkommensteuer unterliegen.

Die Zuordnung zu Einkommen- oder Körperschaftsteuer folgt somit der zivilrechtlichen Rechtsform. Daher ist bei der Besteuerung zwischen einkommensteuerpflichtigen Personengesellschaften und Einzelunternehmern einerseits und körperschaftsteuerpflichtigen Kapitalgesellschaften andererseits im Rahmen der Besteuerung zu differenzieren. Im folgenden werden die Auswirkungen der rechtsformabhängigen Besteuerung untersucht.

I. Einzelunternehmer und Personengesellschaften

Einzelunternehmer und Personengesellschaften fallen in den Anwendungsbereich des Einkommensteuergesetzes. Für Personengesellschaften gilt das sogenannte Durchgriffs- bzw. Transparenzprinzip.[80] Die Gesellschaft selbst ist weder Steuersubjekt der Einkommensteuer noch Steuersubjekt der Körperschaftsteuer.[81] Dies geht aus dem unmissverständlichen Wortlaut des Einkommensteuergesetzes hervor. Die §§ 1, 2 Abs. 1 EStG enthalten eine abschließende Regelung der Einkommensteuerrechtsfähigkeit. Besteuerungssubjekt der Einkommenstueuer können demnach nur natürliche Personen sein. Daher kommen allein die hinter dem Unternehmen stehenden Gesellschafter als Besteuerungssubjekt in Betracht. Der von der Personen-

---

[78] Körperschaftsteuergesetz - KStG - in der Fassung der Bekanntmachung vom 15. Oktober 2002 (BGBl. I S. 4144), zuletzt geändert durch Artikel 4 des Gesetzes vom 13. Dezember 2006 (BGBl. I S. 2878).

[79] Reichskörperschaftsteuergesetz (RKStG) vom 30. 3. 1920, RGBl. S. 393.

[80] *Klaus Tipke/Joachim Lang*, Steuerrecht, 18. Aufl., 2005, § 18 Rn. 9; zum Unterschied zwischen Trennungs- und Transparenzprinzip siehe *Heinz Kussmaul*, Betriebswirtschaftliche Steuerlehre, 4. Aufl., 2005, S. 425; *Arndt Raupach*, Der Durchgriff im Steuerrecht, 1968, S. 39 ff.

[81] Grundlegend *Reinmar Pinkernell*, Einkünftezurechnung bei Personengesellschaften, Diss., 2001, 62 ff., 81 ff.; *Guido Bodden*, Einkünftequalifikation bei Mitunternehmern, Diss., 2001, 37 ff. Demgegenüber ist Steuerschuldner der Gewerbesteuer stets die Gesellschaft. Steuerschuldner ist gemäß § 5 Abs. 1 Satz 1 GewStG der Unternehmer, für dessen Rechnung das Gewerbe betrieben wird. Bei einer gewerblichen Personengesellschaft ist dies – anders als nach der Einkommensteuer – nicht der hinter der Gesellschaft stehende Gesellschafter, sondern die Personengesellschaft selbst, vgl. § 5 Abs. 1 Satz 3 GewStG.

gesellschaft erzielte Gewinn wird den Gesellschaftern über die einheitliche und gesonderte Gewinnfeststellung nach §§ 179 ff AO zugerechnet.[82] Für die Besteuerung der Gewinne der Personengesellschaft findet also ein Durchgriff auf die Gesellschafter statt.[83]

Zwar wird zum Teil in der Rechtsprechung und der aktuellen Literatur die Personengesellschaft als „partielles Steuersubjekt" bezeichnet. Mit dieser Bezeichnung ist aber nicht die Anerkennung der Personengesellschaft als Steuersubjekt gemeint. Vielmehr steht dieser Begriff für die besondere zweistufige Gewinnermittlung bei der Personengesellschaft. Zunächst ist auf der ersten Stufe, also auf der Ebene der Gesellschaft, der Gewinn der Personengesellschaft mittels der Gesellschaftsbilanz festzustellen. Aus diesem ist auf der zweiten Stufe der Gewinnanteil des jeweiligen Gesellschafters zu ermitteln, der jedem Gesellschafter als einkommensteuerpflichtiger Gewinn gemäß § 15 Abs. 1 Nr. 2, 1. Halbs. EStG zugerechnet wird. Die erste Stufe steht jedoch unter dem Vorbehalt der Korrektur auf der zweiten Stufe. Auf der zweiten Stufe erfolgt die Berücksichtigung von Sonderbetriebseinnahmen. Sonderbetriebseinnahmen setzen sich neben dem Gewinn aus dem Sonderbetriebsvermögen hauptsächlich aus Sondervergütungen im Sinne des § 15 Abs. 1 Satz 1 Nr. 2, 1. Halbs. EStG zusammen.[84] Zum Sonderbetriebsvermögen zählen alle Wirtschaftsgüter, die der Vermögenssphäre des Gesellschafters zuzurechnen sind und die der Gesellschafter zur Erwirtschaftung seines Gewinns aus der Gesellschaft einsetzt. Sondervergütungen beruhen auf besonderen, neben dem Gesellschaftsvertrag bestehenden vertraglichen Beziehungen zwischen Gesellschaft und Gesellschafter.[85] Darunter fallen nach § 15 Abs. 1 Satz 1 Nr. 2 Hs. 2 EStG beispielsweise Vergütungen für Tätigkeiten (zum Beispiel Geschäftsführergehälter), für Darlehen und für die Überlassung von Wirtschaftsgütern. Die gezahlten Sonderbetriebseinnahmen werden dem Gewinnanteil des Gesellschafters hinzuaddiert. Die sog. „partielle Steuerrechtssubjektivität" ändert demnach nichts daran, daß Steuerschuldner der Einkommensteuer nicht die Personengesellschaft, sondern deren Gesellschafter ist.[86] Die Gesellschaft ist nicht Steuersubjekt, sondern lediglich Subjekt der Gewinnerzielung und Gewinnermittlung. Aufgrund der unmittelbaren Gewinnzurechnung an die Gesellschafter hat es für die Besteuerung keine Auswirkungen, ob der erzielte

---

[82] *Manfred Groh*, Trennungs- und Transparenzprinzip im Steuerrecht der Personengesellschaften, ZIP 1989, S. 89 f.

[83] Aus diesem Grund ist es m.E. zutreffender, den Begriff Durchgriffsprinzip anstatt Transparenzprinzip zu verwenden. Allerdings wird heutzutage primär der Begriff Transparenzprinzip als Gegenbegriff zum Trennungsprinzip im nationalen Sprachgebrauch verwendet. Der Begriff „Transparenzprinzip" stammt aus dem internationalen Steuerrecht und besagt, daß es für de Abkommensberechtigung und die Anwendung der einzelnen DBA-Artikel bei nicht steuerrechtsfähigen Personenmehrheiten allein auf die steuerrechtsfähigen Mitglieder bzw. Gesellschafter ankommt.

[84] *Joachim Hennrichs*, Dualismus der Unternehmensbesteuerung aus gesellschaftsrechtlicher und steuersystematischer Sicht - Oder: Die nach wie vor unvollendete Unternehmenssteuerreform, StuW 2002, S. 201 (203).

[85] Vgl. *Joachim Schiffers*, Leistungen zwischen Personengesellschaft und Gesellschafter, GmbH-StB 2004, S. 334 ff.

[86] *Roland Wacker*, in: Ludwig Schmidt (Hrsg.), Einkommensteuergesetz, Kommentar, 25. Auflage, 2006, § 15 EStG Rn. 164.

Gewinn im Unternehmen thesauriert wird, an die Gesellschafter ausgeschüttet wird oder überhaupt entnahmefähig ist.[87]

Die Gewinne des Einzelunternehmers sowie der Personengesellschaft unterliegen der progressiven Einkommensteuer sowie in der Regel der Gewerbesteuer, wobei die bestehende Gewerbesteuerpflicht nach § 35 EStG in einer pauschalierten Form zu einer Einkommensteuerermäßigung führt. § 35 EStG sieht die Möglichkeit der Anrechnung der Gewerbesteuer auf die Einkommensteuer vor. Gemäß § 35 EStG ist die tarifliche Einkommensteuer, vermindert um die sonstigen Steuerermäßigungen mit Ausnahme der §§ 34f, 34g EStG und nur soweit sie anteilig auf im zu versteuernden Einkommen enthaltene gewerbliche Einkünfte entfällt, um das 1,8fache des festgesetzten Gewerbesteuermeßbetrags im Veranlagungszeitraum herabzusetzen.[88]

Wegen der weitgehenden Vergleichbarkeit der Konzeption der Besteuerung bei Einzelunternehmen und Personengesellschaften werden diese für die folgende Untersuchung unter dem Oberbegriff „Personenunternehmen" zusammengefaßt.[89]

II. Kapitalgesellschaften

Für Kapitalgesellschaften besteht im Unterschied zu Personengesellschaften ein besonderes Einkommensteuerrecht in Form des Körperschaftsteuerrechts. Im Verhältnis zwischen Körperschaft und Anteilseigner gilt das sogenannte Trennungsprinzip.[90] Die Besteuerung der Kapitalgesellschaft erfolgt unabhängig von der des Anteilseigners. Darin liegt der entscheidende strukturelle Unterschied zur Behandlung von Personengesellschaften, deren Gewinn den Gesellschaftern unmittelbar zugerechnet wird. Der in einer Körperschaft erwirtschaftete Gewinn wird aufgrund des Trennungsprinzips auf zwei Ebenen besteuert. Auf der Ebene der Gesellschaft werden gemäß § 23 Abs. 1 KStG sämtliche Unternehmensgewinne definitiv und einheitlich mit einem proportionalen Körperschaftsteuersatz von 25 v.H. besteuert. Hinzu tritt die Belastung mit Gewerbesteuer. Erst im Falle der Ausschüttung unterliegen die Gewinne der Besteuerung beim einzelnen Gesellschafter.

Auf Gesellschafterebene ist im Falle der Ausschüttung zu differenzieren, ob es sich beim Anteilseigner um eine natürliche oder um eine juristische Person handelt. Ist der Gesellschafter eine natürliche Person, so wird die Ausschüttung bei dieser nochmals erfaßt, und zwar als Einkünfte aus Kapitalvermögen gemäß § 20 Abs.1 Nr. 1 EStG. Um die aus dem Trennungsprinzip folgende wirtschaftliche Doppelbelastung von Gewinnausschüttungen von Kapitalgesellschaften mit Körperschaftsteuer und Einkommensteuer zu vermeiden, existiert das sogenannte Halbeinkünfteverfahren gemäß § 3 Nr. 40 EStG. Nach dem Halbeinkünfteverfahren wird die kör-

---

[87] *Gerd Stuhrmann*, in: Walter Blümich, Einkommensteuergesetz, Körperschaftsteuergesetz, Gewerbesteuergesetz-Kommentar, 92. Auflage, 2006, § 15 EStG Rn. 291 ff.

[88] Auf die Bedeutung und den Zweck dieser Regelung wird unter C. III. 3. eingegangen.

[89] So auch *Joachim Hennrichs*, Dualismus der Unternehmensbesteuerung aus gesellschaftsrechtlicher und steuersystematischer Sicht - Oder: Die nach wie vor unvollendete Unternehmenssteuerreform, StuW 2002, S. 201 (202).

[90] Vgl. *Klaus Tipke/Joachim Lang*, Steuerrecht, 18. Aufl., 2005, § 11 Rn. 5.; *Roman Seer*, Rechtsformabhängige Unternehmensbesteuerung - Kritische Bestandsaufnahme der derzeitigen Rechtslage, StuW 1993, S. 114 (115).

perschaftssteuerliche Vorbelastung der Gewinne auf der Ebene des Anteilseigners durch die hälftige Freistellung der Dividende pauschal berücksichtigt. Handelt es sich hingegen beim Gesellschafter um eine juristische und nicht um eine natürliche Person, so sind die Ausschüttungen nach § 8b Abs. 1 KStG grundsätzlich steuerfrei.[91] Die Vorschrift verhindert im Ergebnis eine steuerliche Mehrfachbelastung von körperschaftssteuerlichen Erträgen bei hintereinander geschalteten Körperschaften.[92] Durch diese Beteiligungsertragsbefreiung kann im Konzern der nach Körperschaftsteuer verbleibende Betrag steuerfrei „durchgeschüttet" werden. Für Gewinne aus der Veräußerung, Kapitalherabsetzung oder Liquidation einer Körperschaft enthält § 8b Abs. 2 KStG eine äquivalente Vorschrift, die ebenfalls die Steuerfreiheit vorsieht und zwar unabhängig davon, ob es sich bei der Beteiligungsgesellschaft um eine inländische oder ausländische Körperschaft handelt. Die Idee des Halbeinkünfteverfahrens besteht darin, daß Gewinne nur einmal auf der Ebene der Kapitalgesellschaft und einmal auf der Ebene einer natürlichen Person besteuert werden.[93] Demnach unterliegen die Unternehmensgewinne erst dann der Einkommensteuer, wenn sie die Unternehmensebene verlassen und an eine natürliche Person ausgeschüttet werden. Da in der vorliegenden Untersuchung primär mittelständische Unternehmen in die Betrachtung einbezogen werden, deren charakteristisches Merkmal die geringe Anzahl von Gesellschaftern in Form von natürlichen Personen ist, werden die bestehenden Probleme bezüglich der Besteuerung von juristischen Personen als Anteilseigner nicht weiter erörtert.

III. Fazit

Aus diesen Ausführungen wird bereits deutlich, daß der Ursprung der bestehenden Unterschiede in der Unternehmensbesteuerung im theoretischen Konzept des Systems liegt. Die Rechtsform eines Unternehmens ist entscheidend für das theoretische Konzept – Transparenz- oder Trennungsprinzip –, dem das jeweilige Unternehmen bei der Besteuerung unterliegt.

C. Auswirkungen des Dualismus der Unternehmensbesteuerung

Bereits aus diesen Darstellungen geht hervor, daß die Unterscheidung in Trennungs- und Durchgriffsprinzip zu vielfältigen Unterschieden im Rahmen der Unternehmensbesteuerung führt und die wesentliche Ursache einer rechtsformabhängigen Besteuerung darstellt. [94] Dies darf jedoch nicht dahingehend verstanden werden, daß

---

[91] Zu berücksichtigen ist § 8b Abs. 5 Satz 1 KStG, nach dem pauschal in Höhe von 5 % nichtabziehbare Betriebsausgaben fingiert werden. Zu Zweifelsfragen des § 8b KStG vgl. *Jürgen Haun/Hartmut Winkler*, Klarstellungen und Unklarheiten bei der Besteuerung von Beteiligungserträgen nach der Neufassung des § 8b KStG, GmbHR 2002, S. 192 ff.

[92] *Georg Crezelius*, Dogmatische Grundstrukturen der Unternehmenssteuerreform, DB 2001, S. 221 (22); so auch BT-Drucksache 14/2683, S. 96.

[93] *Ingo van Lishaut*, Die Reform der Unternehmensbesteuerung aus Gesellschaftersicht, StuW 2000, S. 182 (182).

[94] Vgl. *Joachim Schiffers*, Steuersenkungsgesetz: Steuerliche Rechtsformwahl und Rechtsformoptimierung, GmbHR 2000, S. 1005 (1015); *Johanna Hey*, Besteuerung von Unternehmensgewinnen und Rechtsformneutralität, in: Besteuerung von Einkommen, hrsg. von Iris Ebling, DStJG 24 (2001), S. 155 ff.; *Norbert Herzig*, Aspekte der Rechtsformwahl für mittelständische Unternehmen nach der Steuerreform, Wpg 2001, S. 253 (253); *Brigitte Knobbe-Keuk*, Bilanz- und Unterneh-

sämtliche Besteuerungsunterschiede zwischen Personenunternehmen und Kapitalgesellschaften die logische Folge des Dualismus der Unternehmensbesteuerung wären. Die Belastungsunterschiede entstehen nicht schon dadurch, daß das deutsche Unternehmenssteuerrecht auf zwei Besteuerungssystemen basiert, die an die unterschiedlichen Rechtsformen anknüpfen. Diese Besteuerungssysteme könnten ja weitgehend identische Regelungen enthalten mit gewissen Modifikationen, die auf Besonderheiten des Rechtsformunterschiedes reagieren. Zum Teil ist dies ja auch der Fall, wie in § 8 Abs. 1 Satz 1 KStG deutlich wird. Es bestehen aber auch gewichtige Unterschiede zwischen den Teilsystemen, wie zum Beispiel hinsichtlich der Ermittlung der Bemessungsgrundlage und hinsichtlich von Tariftyp und -höhe, die gewichtige Belastungsunterschiede verursachen.[95] Im folgenden ist daher den einzelnen Regelungen, die für die bestehenden Belastungsunterschiede verantwortlich sind, nachzugehen.

I. Spreizung der Steuersätze

Die auffälligste Differenzierung dürfte in der unterschiedlichen Steuertarifgestaltung liegen. Durch die Steuerreformen der letzten Jahre und die damit einhergegangene stetige Senkung des Körperschaftsteuertarifs hat sich der Gesetzgeber bewußt dafür entschieden, die Steuertarife von Personenunternehmen und Kapitalgesellschaften voneinander abzukoppeln und unterschiedlich zu gestalten[96], so daß es zu einer Spreizung von Körperschaftsteuersatz und Einkommensteuerspitzensatz kam. Bei Kapitalgesellschaften ist, wie gesehen, danach zu unterscheiden, ob der Gewinn im Unternehmen verbleibt oder ausgeschüttet wird. Bei Personengesellschaften gibt es dagegen die steuerliche Unterscheidung zwischen Gewinnthesaurierung und -ausschüttung nicht, da hier das sogenannte Durchgriffsprinzip gilt. Das tatsächliche Ausmaß der Spreizung wird erst deutlich, wenn die Ebene des Unternehmens und die Ebene des Unternehmers getrennt voneinander betrachtet werden.

1. Ebene des Unternehmens: Thesaurierungsfall

Das Steuersenkungsgesetz hat bei isolierter Betrachtung von Einkommen- und Körperschaftsteuer, also unter Ausklammerung der Belastung durch die Gewerbesteuer, einen Keil zwischen die Belastung thesaurierter Gewinne von Kapitalgesellschaften und anderen Einkünften getrieben.[97]

---

menssteuerrecht, 9. Aufl., 1993, S. 2 f.; *Joachim Lang*, Reform der Unternehmensbesteuerung, StuW 1989, S. 3 (6 ff.); *Klaus Tipke*, Zur Problematik einer rechtsformunabhängigen Besteuerung der Unternehmen, NJW 1980, S. 1079 ff.; *Wolfram Reiß*, Diskussionsbeitrag: Kritische Anmerkungen zu den Brühler Empfehlungen zur Reform der Unternehmensbesteuerung, DStR 1999, S. 2011 (2012); *Jochen Sigloch*, Unternehmenssteuerreform 2001 – Darstellung und ökonomische Analyse, StuW 2000, S. 160 (171); *Monika Jachmann*, Europa- und verfassungsrechtliche Grenzen der Unternehmensbesteuerung, in: Europa- und verfassungsrechtliche Grenzen der Unternehmensbesteuerung, hrsg. von Jürgen Pelka, DStJG 23 (2000), S. 9 (18).

95 Vgl. beispielsweise die Anrechnungsmöglichkeit der Gewerbesteuer auf die Einkommensteuer gemäß § 35 EStG.

96 Auf der anderen Seite versucht der Gesetzgeber, die durch diese Gestaltung entstehenden Belastungsunterschiede wiederum durch verschiedene Ausgleichsmechanismen, wie beispielsweise § 35 EStG, zu beseitigen oder abzumildern.

97 *Christian Dorenkamp*, Spreizung zwischen Körperschaftsteuer- und Spitzensatz der Einkommen-

Die Gewinne der Gesellschafter eines Personenunternehmens unterliegen unabhängig von der Gewinnverwendung, also auch im Fall der Thesaurierung, der progressiven Einkommensteuer. Somit hängt die Steuerbelastung primär von der Höhe der Einkünfte des Unternehmers ab. Der derzeitige Einkommensteuerspitzensatz beträgt gemäß § 32a Abs. 1 Satz 2 Nr. 4 EStG 42 %. Bei Kapitalgesellschaften gilt hingegen im Falle der Thesaurierung unabhängig von der Höhe des Gewinns gemäß § 23 Abs.1 KStG ein proportionaler Steuersatz von 25 %. Durch diese unterschiedliche Tarifgestaltung ergibt sich ein deutlicher Vorteil zugunsten der Kapitalgesellschaft. Bei isolierter Betrachtung der Ebene des Unternehmens besteht aufgrund des Körperschaftsteuersatzes von 25 % und des Einkommensteuerspitzensatzes von 42 % eine Steuersatzspreizung von 17 %[98], sobald der Einkommensteuerspitzensatz erreicht wird. Die Einführung eines niedrigen Körperschaftsteuersatzes war die nach Ansicht des Gesetzgebers notwendige Voraussetzung, um im internationalen Standortwettbewerb mithalten zu können. Da sich der Gesetzgeber aber einen so niedrigen Spitzensteuersatz bei der Einkommensteuer nicht vorstellen konnte, war eine Spreizung zwischen dem Körperschaftsteuersatz und dem Spitzensatz der Einkommensteuer vprogrammiert. Die Steuersatzspreizung wird durch die weitere Absenkung des Körperschaftsteuersatzes auf 15 % durch die Unternehmenssteuerreform 2008 noch weiter ansteigen.

2. Ebene des Unternehmers: Ausschüttungsfall

Wie soeben gesehen, ist bei Personenunternehmen der erzielte Gewinn nicht anders als bei der Thesaurierung im Fall der Entnahme nach dem persönlichen Einkommensteuersatz des jeweiligen Gesellschafters zu versteuern.

Bei Kapitalgesellschaften ist, wie bereits gesehen, im Falle der Ausschüttung danach zu unterscheiden, ob der Gesellschafter des Unternehmens eine natürliche oder eine juristische Person ist. Vorliegend werden lediglich die Belastungsunterschiede untersucht, die bei natürlichen Personen als Anteilseignern bestehen. Wie bereits erläutert, wird im Falle der Ausschüttung das Halbeinkünfteverfahren nach § 3 Nr. 40 EStG angewendet, um die Vorbelastung mit Körperschaftsteuer durch eine hälftige Steuerfreistellung im Rahmen der zu zahlenden Einkommensteuer auszugleichen. Dennoch wird für die Anteilseigner keine Gleichbehandlung mit dem Einzelunternehmer oder den Gesellschaftern einer Personengesellschaft erreicht. Vielmehr führt das Halbeinkünfteverfahren durch seine nur pauschale Berücksichtigung der Vorbelastung zu Steuersatzspreizungen.[99] Nur bei einem Grenzsteuersatz in Höhe von 40 % wird die Vorbelastung exakt ausgeglichen. Die Wirkungen des Halbeinkünfteverfahrens verdeutlicht folgende Modellrechnung:

---

steuer, in: Unternehmenssteuerrect, hrsg. von Jürgen Pelka, DStJG Sonderband 2001, S. 61 (61).

[98] Es ist nochmals darauf hinzuweisen, daß bei Personenunternehmen steuerrechtlich nicht zwischen Thesaurierung und Ausschüttung unterschieden wird. Die hier erfolgte Unterscheidung dient nur der besseren Übersichtlichkeit des Belastungsvergleichs.

[99] Die Kapitalertragsteuer und der Solidaritätszuschlag wurden außer Betracht gelassen.

Belastungswirkungen des Halbeinkünfteverfahrens im Verhältnis zum regulären Einkommensteuertarif						
Ebene der Kapitalgesellschaft						
Gewinn vor Steuern	100					
Körperschaftsteuer	25					
Ebene des Anteilseigners						
Persönlicher EStSatz (v.H.)	0	15	20	30	40	42
Dividendeneinkünfte	75	75	75	75	75	75
Bemessungsgrundlage ESt	37,5	37,5	37,5	37,5	37,5	37,5
Einkommensteuerschuld	0	5,6	7,5	11,25	15	15,75
Steuerlast						
Steuer insgesamt	25	30,6	32,5	36,25	40	40,75
Nettodividende	75	69,4	67,5	63,75	60	59,25
Effektiver Steuersatz (v.H.)	25	30,6	32,5	36,25	40	40,75
Mehr-/ Minderbelastung (v.H.)		104	62,5	20,8	0	-3

Die Modellrechnung zeigt, daß Anteilseigner mit höheren Grenzsteuersätzen begünstigt, währenddessen Anteilseigner mit niedrigeren Steuersätzen benachteiligt werden.[100] Diese Benachteiligung wird auch nicht durch den eingeräumten Freibetrag ausgeglichen. Wie gesehen, sind Ausschüttungen beim Anteilseigner als Einkünfte aus Kapitalvermögen gemäß § 20 Abs.1 Nr. 1 EStG zu qualifizieren. Bei Einkünften aus Kapitalvermögen besteht gemäß § 20 Abs. 4 EStG ein Sparerfreibetrag in Höhe von 750 Euro. Der Freibetrag ist allerdings nicht geeignet, die entstehenden Belastungsunterschiede durch das Halbeinkünfteverfahren zu beseitigen, da der Freibetrag zum einen jedem Steuerpflichtigen mit Kapitaleinkünften zugute kommt und zum anderen auch bei einer Einkommensteuer von 0 Euro die volle Belastung mit Körperschaftsteuer in Höhe von 25 % bestehen bleibt. Insoweit benachteiligt das Halbeinkünfteverfahren insbesondere Anteilseigner mit niedrigen Steuersätzen.[101]

[100] Vgl. *Ralf Maithert/Birk Semmler*, Kritische Anmerkungen zur geplanten Substitution des körperschaftsteuerlichen Anrechnungssystems durch das so genannte „Halbeinkünfteverfahren" im Zuge des Steuersenkungsgesetzes, BB 2000, S. 1377 (1379) mit ausführlichen Beispielrechnungen.

[101] *Rudi Märkle*, Gedanken zur Reform der Unternehmensbesteuerung, WPg. 1999, S. 901 (902); *Manfred Günkl/Barbara Fenzl/Christiane Hagen*, Diskussionsforum Unternehmenssteuerreform:

Die Ursache für diesen Umstand liegt jedoch nicht im Dualismus der Unternehmensbesteuerung an sich, sondern vielmehr in den Schwächen des Halbeinkünfteverfahrens. Dieses gilt in der Bundesrepublik Deutschland seit dem 1. Januar 2001 und hat das früher geltende Anrechnungsverfahren abgelöst. Das Anrechnungsverfahren stand unter dem Vorwurf der fehlenden Europarechtstauglichkeit.[102] Mit Urteil vom 6. März 2007 (Rechtssache Meilicke) hat der EuGH das deutsche Körperschaftsteuer-Anrechnungsverfahren wegen Verstoßes gegen die Kapitalverkehrsfreiheit als europarechtswidrig eingestuft.[103] Daher befindet sich das System des Halbeinkünfteverfahrens innerhalb der Europäischen Union im Vordringen.[104] Das Halbeinkünfteverfahren berücksichtigt die bestehende Vorbelastung der Gewinne mit proportionaler Körperschaftssteuer in Höhe von 25 % nicht exakt, sondern lediglich pauschal, indem lediglich die Hälfte der Gewinnausschüttung dem progressiven Einkommensteuertarif unterliegt. Die nur pauschale Berücksichtigung der Vorbelastung führt somit im Falle der Ausschüttung zum Teil zu erheblichen Unterschieden hinsichtlich der steuerlichen Belastung von Unternehmensgewinnen in unterschiedlicher Rechtsform.

3. Fazit

Aus diesen Ausführungen wird deutlich, daß bei isolierter Betrachtungsweise, bei der nur die Einkommen- und Körperschaftsteuer berücksichtigt wird, erhebliche Steuersatzspreizungen bei der Besteuerung der einzelnen Unternehmen in unterschiedlicher Rechtsform bestehen. Zwar ist mit dieser isolierten Betrachtung von Einkommensbesteuerung und Körperschaftsbestuerung unter Außerachtlassung der Gewerbesteuer und deren Ausgleichsmechanismen noch keine Aussage über die effektive Steuerbelastung getroffen. Allerdings bildet diese unterschiedliche Behandlung die Grundlage für eine spätere Prüfung am Maßstab des allgemeinen Gleichheitssatzes gemäß Art. 3 Abs. 1 GG.

II. Unterschiede in der Bemessungsgrundlage

Die unterschiedliche Tarifgestaltung mag zwar die auffälligste und daher wohl auch am häufigsten diskutierte Ungleichbehandlung im Unternehmenssteuerrecht darstellen. Jedoch wäre eine isolierte Betrachtung der Steuertarife allein unvollständig. Es ist zu berücksichtigen, daß der Tarif alleine keine hinreichende Aussage hinsichtlich der tatsächlichen Belastung des unternehmerischen Gewinns enthält. Starke Auswirkungen auf die Ermittlung der tatsächlichen Belastung entfaltet ebenfalls die der Besteuerung zugrunde liegende Bemessungsgrundlage.[105] Auch im Rahmen der Bemessungsgrundlage bestehen erhebliche Unterschiede zwischen der Besteuerung von Unternehmen in unterschiedlicher Rechtsform. Diese Unterschiede verdeutli-

---

Steuerliche Überlegungen zum Übergang auf ein neues Körperschaftsteuersystems, insbesondere zum Ausschüttungsverhalten bei Kapitalgesellschaften, DStR 2000, S. 445 (446).

[102] *Johanna Hey,* in: Carl Herrmann/Gerhard Heuer/Arndt Raupach (Hrsg.), Einkommensteuer- und Körperschaftsteuergesetz, Kommentar, Köln, Stand März 2007, Einf. KStG Rn. 173 ff.

[103] Vgl. EuGH, BB 2007, S. 645 ff.

[104] Vgl. *Claudia Wesselbaum-Neugebauer*, Finanzierungsfreiheit und Gesellschafter-Fremdfinanzierung in den EU-Mitgliedstaaten, GmbHR 2004, S. 1319 (1323).

[105] *Dirk Löhr*, Die Brühler Empfehlungen – Wegweiser für eine Systemreform der Unternehmensbesteuerung?, StuW 2000, S. 33 (34); *Dieter Schneider*, Reform der Unternehmensbesteuerung aus betriebswirtschaftlicher Sicht, StuW 1989, S. 328 f.

chen, daß die Ungleichbehandlung der Unternehmensgewinne nicht allein durch eine Anpassung der Steuertarife erfolgen kann.

Bei der Bemessungsgrundlage ist die laufende Besteuerung periodisch wiederkehrender Geschäftsvorgänge von der Besteuerung zeitlich unregelmäßig auftretender Geschäftsvorgänge zu unterscheiden. Um den Umfang der Arbeit einzugrenzen, wird nur die laufende Besteuerung in die Betrachtung einbezogen.[106]

1. Verträge zwischen der Gesellschaft und ihren Gesellschaftern

Nach dem im Körperschaftsteuerrecht geltenden Trennungsprinzip verfügen Körperschaft und Anteilseigner über getrennte Vermögenssphären. Daher können neben der Möglichkeit der Ausschüttung Erträge des Unternehmens auch über Vergütungen aufgrund von Verträgen zwischen der Gesellschaft und ihren Gesellschaftern auf die Gesellschafterebene transferiert werden.[107] Vergütungen können entweder für die Tätigkeit des Gesellschafters in der Gesellschaft, für die Hingabe von Darlehen oder für die Überlassung von Wirtschaftsgütern vereinbart werden.

Die vereinbarten Leistungsbeziehungen zwischen Körperschaft und Anteilseigner werden im Rahmen der Angemessenheit[108] auch uneingeschränkt anerkannt.[109] So kann beispeilsweise das an einen der Gesellschafter der Kapitalgesellschaft gezahlte Geschäftsführergehalt auf der Ebene der Gesellschaft in voller Höhe als Betriebsausgabe geltend gemacht werden und mindert somit die Höhe des körperschaftsteuerpflichtigen Einkommens sowie die gewerbesteuerliche Bemessungsgrundlage, es sei denn, gewerbesteuerliche Hinzurechnungsvorschriften greifen ein. Beim Anteilseigner unterliegen die Zahlungen als Einkünfte aus nichtselbständiger Tätigkeit gemäß § 19 Abs. 1 EStG der Einkommensteuer.

Eingeschränkt wird die Anerkennung von Verträgen zwischen der Gesellschaft und ihren Gesellschaftern durch die Grundsätze der verdeckten Gewinnausschüttung. Die verdeckte Gewinnausschüttung wird als „Vermögensminderung oder verhinderte Vermögensmehrung, die durch das Gesellschaftsverhältnis veranlaßt ist, sich auf die Höhe des Unterschiedsbetrags im Sinne des § 4 Abs. 1 Satz 1 EStG auswirkt und in keinem Zusammenhang mit einer offenen Ausschüttung steht" definiert.[110] Entscheidendes Kriterium für die Einstufung einer Zahlung als verdeckte Gewinnausschüt-

---

[106] Hinsichtlich der zahlreichen rechtsformabhängigen Besteuerungsunterschiede im Rahmen der aperiodischen Besteuerung vgl. *Johanna Hey*, in: Klaus Tipke/Joachim Lang, Steuerrecht, 18. Aufl., 2005, § 17, Rn. 37 f., 45, 54, 62, 91 m.w.N.

[107] Vgl. *Claudia Wesselbaum-Neugebauer*, Die Vereinbarung von Leistungsvergütungen zwecks Steueroptimierung nach Einführung des Halbeinkünfteverfahrens, GmbHR 2002, S. 47 ff.

[108] Zum Problem der verdeckten Gewinnausschüttung *Rolf Ax/Georg Harle*, Die „unangemessene" Gesellschafter-Geschäftsführer-Vergütung – Hat die verdeckte Gewinnausschüttung im neuen Besteuerungssystem ihren Schrecken verloren?, GmbHR 2001, S. 763 ff.

[109] *Johanna Hey*, in: Klaus Tipke/Joachim Lang, Steuerrecht, 18. Aufl., 2005, § 11 Rn. 38; *Wolfram Reiß*, Rechtsformabhängigkeit der Unternehmensbesteuerung, in: Grundfragen der Unternehmensbesteuerung, Franz Wassermeyer (Hrsg.), DStJG 17 (1994), S. 3 (21); *Roman Seer*, Rechtsformabhängige Unternehmensbesteuerung - Kritische Bestandsaufnahme der derzeitigen Rechtslage-, StuW 1993, S. 114 (115).

[110] Vgl. BFH, I R 4/84, BStBl. II 1990, 237; BFH, I R 69/01, BStBl. II 2003, 329; BFH, I R 2/02; BStBl. II 2004, 131.

tung ist die Veranlassung durch das Gesellschaftsverhältnis. Ob die Zuwendung durch das Gesellschaftsverhältnis veranlasst ist, ist danach zu beurteilen, ob ein ordentlicher und gewissenhafter Geschäftsleiter den Vermögensvorteil auch einem Nichtgesellschafter unter sonst gleichen Bedingungen zugewendet hätte. Die Rechtsprechung arbeitet für die Feststellung dieser Voraussetzung mit verschiedenen Fallgruppen.[111] Von einer „verdeckten“ Gewinnausschüttung wird deshalb gesprochen, weil die Zuwendung des Vermögensvorteils in der Regel durch ein anderes Rechtsgeschäft verdeckt wird. Der Anreiz der verdeckten Gewinnausschüttung liegt darin, daß die Einkünfte nicht zuerst auf Gesellschaftsebene und im Falle der Ausschüütung nochmals auf Ebene der Gesellschafter nach dem Halbeinkünfteverfahren der Besteuerung unterliegen, sondern nur einmalig auf Gesellschafterebene besteuert werden. Durch diese Gestaltung ergibt sich ein Vorteil in der Gesamtsteuerbelastung, der mit der Absenkung des Einkommensteuerspitzensatzes zunimmt. Wird eine verdeckte Gewinnausschüttung festgestellt, so muß diese dem nach § 8 Abs. 1 Satz 1 KStG in Verbindung mit § 4 Abs. 1 EStG ermittelten Einkommen der Körperschaft hinzugerechnet werden, so daß sie genauso wie eine offene Gewinnausschüttung nach dem Halbeinkünfteverfahren besteuert wird.

Der Einzelunternehmer kann mangels Vorliegens zweier unterschiedlicher Rechtssubjekte bereits zivilrechtlich keine vertraglichen Leistungsbeziehungen abschließen. Da das Steuerrecht hinsichtlich der Besteuerung weitgehend an das Zivilrecht anknüpft, sind auch im Steuerrecht keine Verträge zwischen dem Unternehmen und dem Gesellschafter möglich. Somit ist es dem Einzelunternehmer nicht möglich, durch Vertragsgestaltung die Bemessungsgrundlage der Einkommensteuer der Höhe nach zu beeinflussen.

Personengesellschaften nehmen hinsichtlich der steuerlichen Anerkennung von Verträgen zwischen der Gesellschaft und ihren Gesellschaft eine Zwischenstellung ein. Personengesellschaften nehmen insofern eine Zwischenstellung ein, als sie zivilrechtlich als (teil-)rechtsfähig anerkannt werden, aber, wie bereits erläutert, selbst keine Steuerrechtssubjekte sind. Die zivilrechtliche (Teil-)Rechtsfähigkeit für Personenhandelsgesellschaften ergibt sich unmittelbar aus §§ 124 Abs. 1, 162 Abs. 2 HGB. Hinsichtlich der Gesellschaft bürgerlichen Rechts fehlt eine dem § 124 Abs. 1 HGB entsprechende Regelung. Auch wenn der Wortlaut des § 706 Abs. 2 Satz 1 BGB („gemeinschaftlichen Eigentum der Gesellschafter) und des § 718 Abs. 1 BGB (gemeinschaftlichen Vermögen der Gesellschafter) gegen die Verselbständigung der Gesellschaft bürgerlichen Rechts sprechen, hat der Bundesgerichtshof auch für die Gesellschaft bürgerlichen Rechts anerkannt, daß ihr Rechtsfähigkeit zukomme, soweit sie durch die Teilnahme am Rechtsverkehr eigene Rechte und Pflichten begründe.[112] Auch der Gesetzgeber folgt dieser Ansicht, indem er die Rechts-

---

[111] Hinsichtlich der von der Rechtsprechung angewandten Fallgruppen vgl. *Dieter Birk*, Steuerrecht, 9. Aufl., 2006, Rn. 1072 ff.

[112] Vgl. BGHZ 146, 341 f.; so auch die heute herrschende Auffassung in der Literatur *Karsten Schmidt*, Die BGB-Außengesellschaft: rechts- und parteifähig, NJW 2001, S. 993 ff.; *Peter Ulmer*, Die höchstrichterlich «enträtselte» Gesellschaft bürgerlichen Recht, ZIP 2001, S. 585 ff.; *ders.*, Die Haftungsverfassung der BGB-Gesellschaft, ZIP 2003, S. 1113 ff.; *Mathias Habersack*, Die Anerkennung der Rechts- und Parteifähigkeit der GbR und der akzessorischen Gesellschafterhaftung durch den BGH, BB 2001; S. 477 ff.; *Hartwig Sprau*, in: Palandt, Bürgerliches Gesetzbuch-

trägerschaft der Gesellschaft bürgerlichen Rechts im Umwandlungsrecht (§ 191 Abs. 2 Nr. 1 UmwG) und im Insolvenzrecht (§ 11 Abs. 2 Nr. 1 InsO) anerkennt. Folglich ist auch die Gesellschaft bürgerlichen Rechts zivilrechtlich als (teil-) rechtsfähig anzusehen.

Personengesellschaften können somit aufgrund ihrer mittlerweile anerkannten eigenen (Teil-)rechtsfähigkeit mit ihren Gesellschaftern zivilrechtlich wirksame Vereinbarungen treffen. Die vereinbarten Leistungsvergütungen mindern allerdings nicht den steuerlichen Gewinn. Diese Zahlungen werden nämlich bei dem einzelnen Gesellschafter seinen Einkünften aus Gewerbebetrieb als sogenannte Sondervergütungen hinzugerechnet.[113] Dies ergibt sich aus der Vorschrift in § 15 Abs. 1 Satz 1 Nr. 2 Satz 1 EStG. Nach diesem gehören zu den Einkünften aus Gewerbebetrieb nicht nur die Gewinnanteile der Mitunternehmer, sondern auch die „Vergütungen, die der Gesellschafter von der Gesellschaft für seine Tätigkeit im Dienst der Gesellschaft oder für die Hingabe von Darlehen oder für die Überlassung von Wirtschaftsgütern bezogen hat". Die handelsbilanzielle Gewinnminderung wird somit in der Steuerbilanz, wie bereits oben erläutert, auf der zweiten Gewinnermittlungsebene wieder korrigiert.[114] Insoweit ist die Besteuerung von Personengesellschaften an die des Einzelunternehmers angeglichen. Somit ist es Personengesellschaften gleich dem Einzelunternehmer nicht möglich, an die jeweiligen Gesellschafter geleistete Vergütungen im Rahmen der Gewinnermittlung als Betriebsausgabe anzusetzen, da sie als Sonderbetriebseinnahmen den gewerblichen Einkünften des jeweiligen Gesellschafter hinzugerechnet werden.

Auch bezüglich gezahlter Vergütungen für Darlehen und Nutzungsüberlassungen gelten die skizzierten Grundsätze. Zinsen, die ein Gesellschafter für ein gewährtes Darlehen von der Gesellschaft erhält, mindern bei der Kapitalgesellschaft den Gewinn und führen beim Gesellschafter zu Einkünften aus § 20 Abs. 1 Nr. 7 EStG. Der Gesellschafter kann also den Freibetrag gemäß § 20 Abs. 4 EStG in voller Höhe geltend machen. Vergütungen der Gesellschaft an den Gesellschafter für die Überlassung von Wirtschaftsgütern führen bei diesem zu Einkünften aus Vermietung und Verpachtung nach § 21 EStG. Der Gesellschafter kann als Werbungskosten die Abschreibungen für Abnutzung nach § 9 Abs. 1 Satz 3 Nr. 7 EStG abziehen. Auch hier gilt wieder die Beschränkung über die bereits oben dargestellten Grundsätze der verdeckten Gewinnausschüttung. Bei der Personengesellschaft hingegen stellen Vergütungen für Darlehen und Nutzungsüberlassungen wiederum Sondervergütungen im Sinne des § 15 Abs. 1 Nr. 2 EStG dar. Sie fallen somit unter die gewerblichen Einkünfte. Daher kann der Gesellschafter einer Personengesellschaft nicht vom Freibetrag des § 20 Abs. 4 EStG profitieren. Auch Vergütungen für die Überlassung von Wirtschaftgütern stellen Sondervergütungen im Sinne des § 15 Abs. 1 Nr. 2 EStG dar.

Kommentar, 65. Auflage, 2006, § 705, Rn. 24.

[113] *Ludwig Schmidt,* § 15 EStG, in: Ludwig Schmidt (Hrsg.), Einkommensteuergesetz-Kommentar, 25. Auflage, 2006, Rn. 560; *Gerd Stuhrmann,* in: Walter Blümich, Einkommensteuergesetz, Körperschaftsteuergesetz, Gewerbesteuergesetz- Kommentar, 92. Auflage, 2006, § 15 EStG Rn. 566 ff.

[114] Vgl. *Brigitte Knobbe-Keuk*, Bilanz- und Unternehmenssteuerrecht, 9. Aufl., 1993, S. 365 ff.

Kapitalgesellschaften können somit innerhalb der Grenzen der verdeckten Gewinnausschüttung mit ihren Gesellschaftern steuerlich zu berücksichtigende Vereinbarungen treffen, die Einfluß auf die Höhe der körperschaftsteuerlichen Bemessungsgrundlage und die Art der Besteuerung auf der Ebene des Alteilseigners haben. Diese Möglichkeit besteht hingegen bei Personenunternehmen nicht.

2. Zuordnung von Wirtschaftsgütern/Sonderbetriebsvermögen

Weiterhin bestehen erhebliche Unterschiede bei der steuerlichen Behandlung von Wirtschaftgütern. [115] Überläßt ein Gesellschafter einer Kapitalgesellschaft ein Wirtschaftsgut aus seinem Privatvermögen der Kapitalgesellschaft, so bleibt es weiterhin in seinem Privatvermögen, so daß mögliche Wertsteigerungen bei der Veräußerung des Wirtschaftsgutes nur im Rahmen der §§ 17, 23 EStG zu berücksichtigen sind. Überläßt hingegen der Gesellschafter einer Personengesellschaft dieser Wirtschaftsgüter, so gehören diese in der Regel zum Sonderbetriebsvermögen[116] und eventuelle Wertsteigerungen müssen bei Veräußerung oder bei Beendigung der Nutzungsüberlassung als Entnahmegewinn versteuert werden.[117] Beim Einzelunternehmer ist zwar ebenfalls eine steuerrechtliche Trennung zwischen Privat- und Betriebsvermögen erforderlich. Allerdings kann der Einzelunternehmer mangels Vorliegens verschiedener Rechtssubjekte nicht über die Zuordnung der Wirtschaftsobjekte mittels vertraglicher Vereinbarungen bestimmen. Beim Einzelunternehmer gehören all diejenigen Wirtschaftsgüter automatisch zum Betriebsvermögen, welche betrieblich genutzt werden.

Anteilseigner einer Kapitalgesellschaft können somit selbst bestimmen, ob ein betrieblich genutztes Wirtschaftsgut ins Betriebsvermögen übergeht oder in ihrem Privatvermögen bleibt. Diese Wahlmöglichkeit steht Personengesellschaften und Einzelunternehmern hingegen nicht zu. Auswirkungen hat dieser Unterschied insbesondere im Falle der Veräußerung, da eventuelle Wertsteigerungen des Wirtschaftsgutes steuerlich unterschiedlich behandelt werden.

3. Verlustverrechnung

Neben den bisher aufgezeigten Unterschieden bestehen auch erhebliche Differenzen bei der Verlustverrechnung. Bei der Verlustverrechnung ist zwischen der Möglichkeit des Verlustausgleichs und des Verlustabzugs zu differenzieren. Unter Verlustausgleich versteht man die Saldierung von negativen mit positiven Einkünften innerhalb der Steuerperiode eines Kalenderjahres. Zu unterscheiden sind der vertikale und der horizontale Verlustausgleich. Ein horizontaler Verlustausgleich liegt vor, wenn die Verrechnung von negativen mit positiven Einkünften innerhalb einer Ein-

---

[115] *Rudolf Wendt*, Empfiehlt es sich, das Einkommensteuerrecht zur Beseitigung von Ungleichbehandlungen und zur Vereinfachung neu zu ordnen?, DÖV 1988, S. 710 (717); *Jörg Mössner*, Gerechtigkei und Moral im Steuerrecht, DStZ 1990, S. 132 (136).

[116] Als Sonderbetriebsvermögen sind in der Sonderbilanz die Wirtschaftsgüter anzusetzen, die der Vermögenssphäre des Gesellschafters zuzuordnen sind und zur Erwirtschaftung von Einkünften im Sinne von § 15 Abs.1 Satz 1 Nr. 2 Satz 1 EStG eingesetzt werden. Unter das Sonderbetriebsvermögen fallen sämtliche Wirtschaftsgüter, die der Gesellschafter der Gesellschaft entgeltlich gegen eine Sondervergütung oder unentgeltlich zur betrieblichen Nutzung überläßt.

[117] *Horst Bitz*, in: Eberhard Littmann/ Horst Bitz/ Hartmut Pust (Hrsg.), Das Einkommensteuerrecht, Kommentar, Stand Februar 2007, § 15 EStG Rn. 87.

kunftsart erfolgt. Hingegen geschieht beim vertikalen Verlustausgleich die Verrechnung von negativen und positiven Einkünften zwischen verschiedenen Einkunftsarten. Der Verlustausgleich grenzt sich vom Verlustabzug über die zeitliche Möglichkeit der Geltendmachung von Verlusten ab. Während der Verlustausgleich die Verlustverrechnung innerhalb einer Steuerperiode erfaßt, betrifft der Verlustabzug die Möglichkeit der überperiodischen Verlustverrechnung über einen Verlustrücktrag oder einen Verlustvortrag. Beim Verlustabzug werden negative Einkünfte, die bei der Ermittlung des Gesamtbetrags der Einkünfte nicht ausgeglichen werden können, in dem unmittelbar vorangegangenen (Verlustrücktrag) oder den folgenden (Verlustvortrag) Veranlagungszeiträumen von dem ermittelten Gesamtbetrag der Einkünfte abgezogen.

Auch im Rahmen der Verlustverrechnung wirkt sich der Gegensatz von Durchgriffs- und Trennungsprinzip aus.[118] Personengesellschaften sind aufgrund des für sie geltenden Durchgriffsprinzips grundsätzlich „verlustdurchlässig", das heißt, bei Personengesellschaften werden die Verluste entsprechend der Behandlung steuerlicher Gewinne der Gesellschaft unmittelbar anteilig den Gesellschaftern zugerechnet. Gesellschafter einer Personengesellschaft erzielen äquivalent zum Einzelunternehmer Einkünfte aus Gewerbebetrieb und unterliegen, wie bereits erläutert, unmittelbar der Einkommensteuer. Die Gesellschafter wie auch der Einzelunternehmer können daher die im Unternehmen entstandenen Verluste mit anderen Einkunftsarten, zum Beispiel mit solchen aus Vermietung und Verpachtung, im Rahmen der Einkommensteuer grundsätzlich uneingeschränkt[119] verrechnen.[120] Ist ein Verlustausgleich nicht in voller Höhe möglich, so hat der Gesellschafter beziehungsweise der Einzelunternehmer die Möglichkeit des Verlustabzugs in den Grenzen des § 10d EStG. Die Vorschrift erlaubt gemäß § 10d Abs. 1 EStG einen Verlustrücktrag bis zu einem Betrag von 511 500 Euro auf den unmittelbar vorangegangenen Veranlagunszeitraum. Können Verluste im Wege des Verlustrücktrags nicht berücksichtigt werden, gewährt § 10d Abs. 2 einen zeitlich unbegrenzten Verlustvortrag. Die volle Verrechnung ist jedoch auf eine Höhe von einer Million Euro begrenzt. Höhere Beträge können nur noch bis zu 60 von Hundert des Gesamtbetrags der Einkünfte verrechnet werden.[121]

Für Kapitalgesellschaften besteht aufgrund des Trennungsprinzips nicht die Möglichkeit des Verlustausgleichs. Die eigene Steuerrechtsfähigkeit der Kapitalgesellschaft bedingt, daß Verluste einer Kapitalgesellschaft ausschließlich auf der Gesellschaftsebene genutzt werden können. Eine direkte Nutzung auf der Ebene der Gesellschafter ist nicht möglich. Zwar kann ein Verlust bei der Kapitalgesellschaft den Wert der

---

[118] *Rolf König/Caren Sureth*, Besteuerung und Rechtsformwahl, 3. Auflage, 2002, S. 69.
[119] *Joachim Lang/Joachim Englisch*, Zur Verfassungswidrigkeit der neuen Mindestbesteuerung, StuW 2005, S. 3 ff.; *Manfred Orth*, Mindestbesteuerung und Verlustnutzungsstrategien, FR 2005, S. 515 (515).
[120] *Brigitte Knobbe-Keuk*, Bilanz- und Unternehmenssteuerrecht, 9. Aufl., 1993, § 10 II 1.
[121] *Thomas Rödder/Andreas Schumacher*, Erster Überblick über die geplanten Steuerverschärfungen und –entlastungen für Unternehmen zum Jahreswechsel 2003/ 2004, DStR 2003, S. 1725 ff.; *Ewald Dötsch*, Regierungsentwurf eines Steuervergünstigungsabbaugesetzes: Gravierende Verschlechterungen bei der körperschaftsteuerlichen und gewerbesteuerlichen Verlustnutzung, DStZ 2003, S. 25 ff.; *dies.*, Die Neuerungen bei der Körperschaftsteuer und bei der Gewerbesteuer durch das teuergesetzgebungspaket vom Dezember 2003, DB 2004, S. 151 ff.

Beteiligung vorübergehend mindern. Diese Minderung kann der Gesellschafter aber steuerlich nicht nutzen. Hält der Gesellschafter die Beteiligung im Privatvermögen, so wirken sich die Wertveränderungen nicht aus, da es sich bei den Dividenden um Überschußeinkünfte nach § 2 Abs. 2 Nr. 2 EStG handelt und daher Wertveränderungen der Quelle grundsätzlich unbeachtlich sind. Gehört die Beteiligung zum Betriebsvermögen, steht grundsätzlich § 6 Abs. 1 Nr. 1 Satz 2 EStG einer Berücksichtigung entgegen, der die Abschreibung auf den niedrigeren Teilwert auf dauerhafte Wertminderungen beschränkt. Die Verluste der Gesellschaft können daher - anders als bei verlustdurchlässigen Personengesellschaften - grundsätzlich[122] nicht mit positiven Einkünften der Anteilseigner, sondern lediglich im Wege des Verlustrück- und -vortrags mit den von der Gesellschaft in anderen Perioden erzielten Gewinnen im Rahmen des § 10d EStG in Verbindung mit § 8 Abs. 1 KStG verrechnet werden. Eine Ausnahme besteht im Falle der Organschaft. Unter einer Organschaft im Sinne der §§ 14 bis 19 KStG versteht man die finanzielle Eingliederung einer Kapitalgesellschaft (Organgesellschaft) in ein anderes Unternehmen (Organträger), die dann besteht, wenn dem Organträger die Mehrheit der Stimmrechte an der Organgesellschaft zusteht (§ 14 Abs. 1 Nr. 1 KStG). Neben dem Organverhältnis ist ein Gewinnabführungsvertrag gem. § 291 Abs. 1 AktG zwischen Organgesellschaft und Organträger für mindestens fünf Jahre über den Gewinn erforderlich. In einem solchen Fall werden die steuerlich ermittelten Gewinne den Organträgern unmittelbar zugerechnet[123] und die Besteuerung erfolgt auf der Ebene des Organträgers. Insoweit hebt die körperschaftsteuerliche Organschaft das bei der Kapitalgesellschaft geltende Trennungsprinzip auf und ermöglicht eine Verrechnung der Verluste zwischen den Unternehmen.[124]

Die bei einer Kapitalgesellschaft anfallenden Verluste können somit in der Regel nur von der Kapitalgesellschaft selbst im Wege des Verlustabzugs verrechnet werden, während den Gesellschaftern einer Personengesellschaft sowohl die Möglichkeit des Verlustausgleichs als auch die des Verlustabzugs offensteht.

4. Betriebsausgaben und Werbungskosten

Bei Personengesellschaften sind persönliche Aufwendungen der Gesellschafter, die wirtschaftlich durch die Beteiligung und die daraus resultierenden Erträge verursacht sind, als sogenannte Sonderbetriebsausgaben in voller Höhe abzugsfähig.[125] Ein solcher Abzug ist bei Gesellschaftern einer Kapitalgesellschaft hingegen nur eingeschränkt möglich. Nach § 3c Abs. 2 EStG können Aufwendungen, die mit der Gewinnausschüttung zusammenhängen, nur zur Hälfte abgezogen werden. § 3c Abs. 2 EStG ist nach den Vorstellungen des Gesetzgebers gleichsam die „Negativseite“ des nach § 3 Nr. 40 EStG geregelten Halbeinkünfteverfahrens.[126] Da Dividendenerträge nur zur Hälfte steuerpflichtig sind, sollen Betriebsvermögensminderungen, Betriebsausgaben oder Werbungskosten, die mit den Dividenden in

---

[122] Möglichkeiten einer rechtsträgerübergreifenden Verlustverrechnung bestehen durch Herstellung einer Organschaft, §§ 14 ff. KStG.

[123] *Heinrich Montag*, in: Klaus Tipke/Joachim Lang, Steuerrecht, 18. Aufl., 2005, § 18 Rz. 400 ff.

[124] *Otto Jacobs*, Unternehmensbesteuerung und Rechtsform, 3. Aufl., 2002, S. 180, 182.

[125] *Heinrich Montag*, in: Klaus Tipke/Joachim Lang, Steuerrecht, 18. Aufl., 2005, § 18 Rn. 205.

[126] *Georg Crezelius*, Dogmatische Grundstrukturen der Unternehmenssteuerreform, DB 2001, S. 221 (227).

wirtschaftlichem Zusammenhang stehen, nur hälftig abgezogen werden dürfen. Auf den ersten Blick scheint die Vorschrift somit nur die logische Konsequenz der hälftigen Steuerfreistellung nach § 3 Nr. 40 EStG. Unter diesem Gesichtspunkt hat sich der Gesetzgeber dafür entschieden, das Halbeinkünfteverfahren als hälftige Steuerbefreiung auszugestalten.[127] Die Schlußfolgerung, daß eine hälftige Steuerfreistellung zwangsläufig eine hälftige Begrenzung der mit diesen Einnahmen in Zusammenhang stehenden Ausgaben mit sich bringt, ist aber nur dann konsequent, wenn die hälftige Besteuerung der Dividendeneinkünfte als echte Steuerbefreiung zu klassifizieren ist und nicht ausschließlich der Vermeidung der sonst bestehenden Doppelbelastung von Körperschaftsteuer und Einkommensteuer dient. Die Vorschriften des Halbeinkünfteverfahrens sind nur dann als Steuerbefreiung einzuordnen, wenn die Besteuerung nach dem Halbeinkünfteverfahren auf Anteilseignerebene losgelöst von der vorangegangenen Besteuerung der Kapitalgesellschaft verstanden werden kann. Eine solch isolierte Betrachtungsweise wird dem Sinn und Zweck des heutigen Halbeinkünfteverfahrens jedoch nicht gerecht. Zwar sind die Körperschaftsteuerebene und die Einkommensteuerebene nicht mehr technisch miteinander verknüpft. Dennoch liegt dem System des Halbeinkünfteverfahrens der Gedanke einer steuerlichen Einmalbelastung durch aufeinander abgestimmte zweifache Niedrigbesteuerung zugrunde.[128] Bei verbundener Betrachtung von Körperschaftsteuer auf der Gesellschaftsebene und Einkommensteuer auf der Anteilseignerebene stellt § 3 Nr. 40 EStG die notwendige systembedingte Entlastung der sonst eintretenden wirtschaftlichen Doppelbesteuerung auf der Ebene des Anteilseigners dar, da die Einkünfte auf der Ebene der Kapitalgesellschaft schon der Besteuerung unterlegen haben.[129] Das Halbeinkünfteverfahren ist also nicht isoliert, sondern als Bestandteil eines Gesamtsystems der Besteuerung von Kapitalgesellschaft und Anteilseigner zu verstehen.[130] Aus diesem Grund handelt es sich bei der Regelung des § 3 Nr. 40 lit. d EStG dem Grunde nach nicht um eine echte Steuerbefreiung, son-

---

[127] *Hans-Joachim Kanzler*, Veranlassungszusammenhang oder Unmittelbarkeitserfordernis bei Anwendung des Abzugsverbots nach § 3c EStG auch nach der Neuregelung des Halbeinkünfteverfahrens, FR 2001, S. 310 (311); *Wolfgang Ritter*, Perspektiven für die Fortentwicklung des deutschen und internationalen Steuerrechts, IStR 2001, S. 430 (431); *Gerrit Frotscher*, Die Ausgabenabzugsbeschränkung nach § 3c EstG und ihre Auswirkung auf Finanzierungsentscheidungen, DStR 2001, S. 2045 (2048).

[128] So auch *Wolfgang Heinicke*, in: Ludwig Schmidt (Hrsg.), Einkommensteuergesetz, Kommentar, 25. Auflage, 2006, § 3c EStG Rn. 25; *Wolfgang Schön*, Die Abzugsschranken des § 3c EStG zwischen Verfassungs- und Europarecht, FR 2001, S. 381 (385); *Thomas Rödder/Andreas Schumacher*, Unternehmenssteuerreform 2001 - Eine erste Analyse des Regierungsentwurfs aus Beratersicht, DStR 2000, S. 353 (354); *Georg Crezelius*, Dogmatische Grundstrukturen der Unternehmenssteuerreform, DB 2001, S. 221 (227); *Tanja Utescher/Kay Blaufus*, Unternehmenssteuerreform 2001: Begrenzung des Betriebsausgabenabzugs bei Beteiligungserträgen, DStR 2000, S. 1581 (1586); *Norbert Krawitz*, Betriebswirtschaftliche Anmerkungen zum Halbeinkünfteverfahren, DB 2000, S. 1721 (1723).

[129] *Ewald Dötsch/Alexandra Pung*, Steuersenkungsgesetz: Die Änderung bei der Körperschaftsteuer und bei der Anteilseignerbesteuerung, DB 2000, Beilage 10, S.1 (3); *Ernst & Young*, Die Unternehmenssteuerreform, 2. Aufl., 2000, S. 105.

[130] Vgl. *Bernd Erle/Thomas Sauter*, Reform der Unternehmensbesteuerung, 2000, S. 65; *Siegfried Grotherr*, Das neue Körperschaftsteuersystem mit Anteilseignerentlastung bei der Besteuerung von Einkünften aus Beteiligungen, BB 2000, S. 849 (856); *Klaus Korn*, Beratungsbrennpunkte zum Steuersenkungsgesetz: Rechtsänderungen, Probleme, Gestaltungsmöglichkeiten im Steuer- und Gesellschaftsrecht, 2000, S. 13 f.

dern lediglich um eine Steuerentlastung.[131] Im Ergebnis erhält also der Anteilseigner durch das Halbeinkünfteverfahren eine pauschale Entlastung dafür, daß die Einkünfte auf Ebene der Kapitalgesellschaft schon der Besteuerung unterlegen haben.[132] Die Regelungen des Halbeinkünfteverfahrens sind somit nicht systemgerecht vom Gesetzgeber in das Einkommensteuergesetz eingegliedert worden. Die nur hälftige Berücksichtigung von Betriebsvermögensminderungen, Betriebsausgaben oder Werbungskosten ist daher nicht gerechtfertigt. Das Halbeinkünfteverfahren verstößt gegen das objektive Nettoprinzip, indem es Beteiligungsaufwendungen nur hälftig zum Abzug zuläßt.[133] Aus dem objektiven Nettoprinzip, das für das Einkommensteuerrecht in § 2 Abs. 2 EStG normiert ist, folgt, daß die Abziehbarkeit von Aufwendungen bei der Ermittlung der Einkünfte in voller Höhe möglich sein muß. Dieser bestehende Unterschied bei der Berücksichtigung von Betriebsausgaben könnte durch die Streichung des § 3c Abs. 2 EStG einfach beseitigt werden.

5. Pensionsrückstellungen

Auch Pensionszusagen werden je nach Rechtsform unterschiedlich behandelt. Bei Kapitalgesellschaften mindern Pensionszusagen den Gewinn der Gesellschaft im Zeitpunkt ihrer Bilanzierung.[134] Nach Maßgabe der §§ 5 Abs. 1, 6a EStG, § 249 Abs. 1 Satz 1 HGB sind für Pensionszusagen der Gesellschaft an die Gesellschafter in der Gesellschaftsbilanz Rückstellungen zu bilden. Sie werden bei den Gesellschaftern nach dem Zuflussprinzip (§ 11 Abs. 1 EStG) erst bei Auszahlung der Pension besteuert. Demgegenüber verringern Pensionsrückstellungen bei Personengesellschaften zwar den Gesellschaftsgewinn, werden aber im Rahmen der Sonderbilanz wieder beim empfangenen Gesellschafter erfaßt.[135] Daher können bei Personengesellschaften Pensionsrückstellungen aufgrund der kompensatorischen Berücksichtigung in der Sonderbilanz nur aus versteuertem Einkommen gebildet werden. Beim Einzelunternehmer scheiden mangels entsprechender zivilrechtlicher Verpflichtung Pensionsrückstellungen vollständig aus. Aus diesen Unterschieden können sich erhebliche Zinsvorteile zugunsten von Körperschaften ergeben. Die Gesellschafter von Kapitalgesellschaften können die Pensionsrückstellungen aus unversteuertem Einkommen aufbauen und der Gesellschafter muß diese erst im Falle der Auszahlung tatsächlich versteuern.

6. Fazit

Die bisherigen Ausführungen belegen, daß aus dem Dualismus der Unternehmensbesteuerung zahlreiche unterschiedliche Regelungen resultieren, die sich je nach der

---

[131] *Andreas Bolik*, Der „Halbabzug" im Halbeinkünfteverfahren, BB 2001, S. 811 ff.

[132] *Georg Crezelius*, Dogmatische Grundstrukturen der Unternehmenssteuerreform, DB 2001, S. 221 (221).

[133] *Andreas Bolik*, Der „ Halbabzug" im Halbeinkünfteverfahren, BB 2001, S. 811ff.; *Joachim Englisch*, Dividendenbesteuerung, 2005, S. 424 ff.; *Ralf Maiterth*, Zur sachgerechten Behandlung von Beteiligungsaufwendungen im Steuerrecht, DBW 2002, S. 169 ff.; *Wolfgang Schön*, Die Abzugsschranken des § 3c EStG zwischen Verfassungs- und Europarecht, FR 2001, S. 381 ff.; umfassend zum Abzugsverbot des § 3c Abs. 2 EStG *Karin Beck*, Die Besteuerung von Beteiligungen an körperschaftsteuerpflichtigen Steuersubjekten im Einkommen und Körperschaftsteuerrecht, Diss., 2003, S. 69 ff.

[134] Vgl. *Dieter Birk*, Steuerrecht, 9. Auflage, 2006, Rn. 785.

[135] Vgl. BFH, BStBl. II 1993, 792.

Rechtsform des Unternehmens positiv oder negativ auf die Besteuerung des jeweiligen Unternehmens auswirken können.[136]

III. Die Bedeutung der Gewerbesteuer für die Unternehmensbesteuerung: § 35 EStG als Ausgleichsmechanismus

Bisher wurden nur die aus der Einkommen- und Körperschaftsteuer resultierenden Unterschiede in die Untersuchung einbezogen. Eine solch isolierte Betrachtungsweise wäre allerdings unvollständig, da die Gewerbesteuer in ihrer heutigen Funktion im Bereich der Unternehmensbesteuerung unbeachtet bliebe. Die Gewerbesteuer dient derzeit über die Anrechnungsmöglichkeit der Gewerbesteuer auf die Einkommensteuer nach § 35 EStG als Augleichsmechanismus, um die sonst bestehenden Steuersatzspreizungen abzumildern. Daher ist in der folgenden Untersuchung die Gewerbesteuer in die Untersuchung einzubeziehen.

1. Das System der Gewerbesteuer

Zunächst erfolgt ein allgemeiner Überblick über die heutige Gewerbesteuer, bevor auf die spezielle Regelung des § 35 EStG eingegangen wird.

a) Allgemein

Das Gewerbesteuergesetz beruht in seinen Grundzügen bis heute auf dem Reichsgewerbesteuergesetz vom 1. Dezember 1936[137], das mit Wirkung vom 1. April 1937 die bis dahin bestehende Vielzahl sehr unterschiedlicher Ländergewerbesteuergesetze ablöste und eine Vereinheitlichung auf diesem Rechtsgebiet brachte. Den Gemeinden ist in Art. 28 Abs. 2 Satz 3 Hs. 2 GG eine „wirtschaftskraftbezogene Steuerquelle mit Hebesatzrecht" garantiert. Die Gewerbesteuer ist momentan die einzige Steuer, die diese Voraussetzungen erfüllt.[138] Die Gewerbesteuer ist daher das wesentliche Standbein der verfassungsrechtlich garantierten gemeindlichen Finanzautonomie.

Gemäß Art. 106 Abs. 6 S. 1 GG steht den Gemeinden zunächst das Aufkommen aus der Gewerbesteuer zu. Bund und Länder sind allerdings seit 1970 über eine Umlage am Aufkommen der Gewerbesteuer beteiligt. Der Anteil der Gewerbesteuer am steuerlichen Gesamtaufkommen der Gemeinden erreicht, nach Abzug der Gewerbesteuerumlage, gegenwärtig gut 36 %.[139] Da dieser Anteil jedoch zwischen kleineren (unter 1.000 Einwohnern) und großen Gemeinden von 26,4 bis 59,2 % schwankt, ist die kommunale Abhängigkeit von der Ergiebigkeit der Gewerbesteuer sehr unterschiedlich ausgeprägt. Zur Milderung dieser Abhängigkeit ist den Gemeinden im Jahr 1970 gemäß Art. 106 Abs. 5 GG in Verbindung mit § 1 GemFinRefG ein Anteil am Aufkommen der Einkommensteuer in Höhe von 15 % zugesprochen worden. An der

---

[136] *Hans-Joachim Kanzler*, Problematik der steuerlichen Behandlung von Veräußerungsgewinnen, FR 2000, S. 1145 ff.

[137] RGBl. I 1936 S. 979; zur geschichtlichen Entwicklung der Gewerbesteuer vgl. *Hermann Elsner*, Das Gemeindefinanzsystem-Geschichte, Ideen, Grundlagen, 1979, S. 110 ff.

[138] Vgl. *Dieter Birk*, Steuerrecht, 9. Auflage, 2006, Rn. 1030.

[139] *Arbeitskreis zur Reform der Gewerbesteuer*, Verfassungskonforme Reform der Gewerbesteuer – Konzept einer kommunalen Einkommen- und Gewinnsteuer; abrufbar unter: http://www.fdp-bundesverband.de/files/363/BDI_Modell.pdf., S. 7.

Umsatzsteuer sind die Gemeinden gemäß Art. 106 Abs. 5a GG derzeit zu 2,2 % beteiligt. Hauptsteuerquellen der Gemeinden sind somit die Gewerbesteuer und der Anteil an der Einkommensteuer.

b) Persönliche Gewerbesteuerpflicht

Der Gewerbesteuer unterliegt gemäß § 2 Abs. 1 Satz 1 GewStG jeder stehende Gewerbebetrieb, soweit er im Inland betrieben wird. Gewerbebetrieb im Sinne des § 2 Abs. 1 Satz 1 GewStG können gewerbliche Unternehmen im Sinne des Einkommensteuerrechts kraft gewerblicher Betätigung (§ 2 Abs. 1 Satz 2 GewStG), Gewerbebetriebe kraft Rechtsform (§ 2 Abs. 2 Satz 1 GewStG) oder Gewerbebetriebe kraft wirtschaftlichen Geschäftsbetriebs (§ 2 Abs. 3 GewStG) sein.[140]

Zu der ersten Gruppe gehören Personenunternehmen, die die Voraussetzungen des § 15 Abs. 2 EStG erfüllen. Mit der Feststellung, daß eine Person oder Personenmehrheit Einkünfte aus Gewerbebetrieb erzielt, geht somit die Gewerbesteuerpflicht einher. Im Gegensatz zum gewerblichen Einzelunternehmen ist die Tätigkeit einer Personengesellschaft gemäß § 2 Abs. 1 Satz 2 GewStG in Verbindung mit § 15 Abs. 3 EStG in vollem Umfang als Gewerbebetrieb zu qualifizieren, wenn die gewerbliche Tätigkeit nicht bloß von untergeordneter Bedeutung ist. Demzufolge unterliegt der Gewerbebetrieb der gewerblich geprägten Personengesellschaft in vollem Umfang der Gewerbesteuer. Zur zweiten Gruppe gehören insbesondere die Kapitalgesellschaften. Die Tätigkeit der Kapitalgesellschaft gilt stets und in vollem Umfang als Gewerbebetrieb (§ 2 Abs. 2 Satz 1 GewStG). Die Kapitalgesellschaft ist damit Gewerbebetrieb kraft Rechtsform.

Somit unterliegen sämtliche Unternehmen, die in die hiesige Betrachtung einzubeziehen sind, auch der Gewerbesteuer. Steuerschuldner der Gewerbesteuer ist gemäß § 5 Abs. 1 Satz 1 GewStG grundsätzlich der Unternehmer. Als Unternehmer gilt der, für dessen Rechnung das Gewerbe betrieben wird (§ 5 Abs. 1 Satz 2 GewStG). Schuldner der im Gewerbebetrieb des Einzelunternehmens angefallenen Gewerbesteuer ist daher regelmäßig der Einzelunternehmer.[141] Für Personengesellschaften gilt eine Sonderregelung. Nach § 5 Abs. 1 Satz 3 GewStG ist nicht der Mitunternehmer, sondern die Personengesellschaft selbst Schuldner der Gewerbesteuer. Dies stellt eine deutliche Abweichung zur Regelung des Einkommensteuergesetzes dar. Unternehmer des Gewerbebetriebs einer Kapitalgesellschaft ist die Kapitalgesellschaft selbst und nicht ihre Gesellschafter, da die Beteiligung nicht gewerblicher Art ist.

c) Sachliche Gewerbesteuerpflicht

Bemessungsgrundlage der Gewerbesteuer ist der Gewerbesteuermeßbetrag (§ 14 GewStG), der sich durch Anwendung eines Hundertsatzes, der sogenannten Steuermeßzahl, auf den gemäß § 11 Abs. 1 Satz 3 GewStG abgerundeten und um Freibeträge gekürzten Gewerbeertrag ergibt. Ausgehend vom einkommen- und körperschaftsteuerlichen Gewinn (§ 7 GewStG) wird durch Hinzurechnungen (§ 8 GewStG) und Kürzungen (§ 9 GewStG) der Gewerbeertrag ermittelt.

---

[140] *Otto Jacobs*, Unternehmensbesteuerung und Rechtsform, 3. Aufl., 2002, S. 97 f.
[141] *Otto Jacobs*, Unternehmensbesteuerung und Rechtsform, 3. Aufl., 2002, S. 97.

Für Kapitalgesellschaften beträgt die Steuermeßzahl gemäß § 11 Abs. 2 Nr. 2 GewStG einheitlich unabhängig von der Höhe der Gewinne 5 %. Für Personengesellschaften und Einzelunternehmer gilt gemäß § 11 Abs. 1 Nr. 1 GewStG im Gegensatz zu Kapitalgesellschaften bis 48.000 Euro ein Staffeltarif. Nach diesem steigt die Steuermeßzahl für je 12.000 Euro von 1 % bis 4% an. Erst ab dem 48.000 Euro übersteigenden Teil gilt wie bei Kapitalgesellschaften die Steuermeßzahl von 5 %. Die Staffelung der Steuermeßzahl wirkt im Ergebnis wie ein Freibetrag.[142] Zusätzlich wird Personengesellschaften und Einzelunternehmern gemäß § 11 Abs. 1 Satz 1 Nr. 1 GewStG ein Freibetrag von 24.500 Euro gewährt.

Um die tatsächlich anfallende Gewerbesteuer im Einzelfall zu ermitteln, ist der errechnete Steuermeßbetrag (§ 14 GewStG) mit dem von der Gemeinde selbst festzusetzenden Hebesatz zu multiplizieren. Nach § 16 Abs. 4 Satz 2 GewStG muß der festgesetzte Hebesatz aber mindestens 200 % betragen. Der deutschlandweit durchschnittliche Hebesatz beträgt 387 %.[143]. Eine Besonderheit besteht bei der Gewerbesteuer insofern, als die zu zahlende Gewerbesteuer selbst abzugsfähige Betriebsausgabe ist und somit ihre eigene Bemessungsgrundlage mindert.

2. Die Funktion der Gewerbesteuer im Unternehmenssteuerrecht

Die Frage der Berechtigung und konkreten Ausgestaltung der Gewerbesteuer steht im Schnittpunkt der aktuellen Reform der Unternehmensbesteuerung.[144] Alle Entwürfe, die eine umfassende Unternehmenssteuerreform vorsehen, gehen von einer Abschaffung beziehungsweise grundlegenden Reform der Gewerbesteuer aus; sie setzen sie quasi voraus. Es besteht zwar kein direkter Zusammenhang zwischen der Gewerbesteuer und den rechtsformabhängigen Regelungen im Einkommen- und Körperschaftsteuerrecht. Dennoch besteht zwischen der Ausgestaltung des heutigen Einkommen- und Körperschaftsteuerrechts und der Gewerbesteuer ein Abhängigkeitsverhältnis.[145] Im folgenden soll den Gründen für diese bestehende Abhängigkeit nachgegangen werden.

Die bereits bestehenden Unterschiede zwischen Einkommensteuer und Körperschaftsteuer in der Bemessungsgrundlage setzen sich im Rahmen der Bemessungsgrundlage der Gewerbesteuer fort. Die gewerbesteuerliche Bemessungsgrundlage knüpft gemäß § 7 Abs. 1 GewStG an die Bemessungsgrundlage der Einkommensteuer und der Körperschaftsteuer an. Weitere rechtsformabhängige Unterschiede bestehen bei der Ermittlung des Gewerbesteuermeßbetrags. Wie bereits erläutert, beträgt die Steuermeßzahl für Kapitalgesellschaften einheitlich 5 %, wohingegen auf

---

[142] *Georg Güroff*, in: Peter Glanegger/Georg Güroff, Kommentar zum Gewerbesteuergesetz, 5. Aufl., 2002, § 11 Rn. 4.

[143] Statistisches Bundesamt, Pressemitteilung vom 1. 9. 2005: Gewerbesteuerhebesätze 2004 im Bundesdurchschnitt leicht gestiegen, abrufbar unter http://www.destatis.de/presse/deutsch/pm2005/p3600061.htm, Stand 25. 9. 2006.

[144] *Johanna Hey*, Besteuerung von Unternehmensgewinnen und Rechtsformneutralität, in: Besteuerung von Einkommen, hrsg. von Iris Ebling, DStJG 24 (2001), S. 155 (204 ff.); *Rainer Hüttemann*, Die Besteuerung der Personenunternehmen und ihr Einfluss auf die Rechtsformwahl, in: Perspektiven der Unternehmensbesteuerung, hrsg. von Siegbert Seeger, DStJG 25 (2002), S. 123 (141); *Heinz Kußmaul/Stefan Beckmann/Stephan Meyering*, Die Auswirkungen des Gesetzesentwurfs zur Reform der Gewerbesteuer auf gewerbliche Unternehmer, StuB 2003, S. 1021 (1021).

[145] Vgl. *Johanna Hey*, in: Klaus Tipke/Joachim Lang, Steuerrecht, 18. Aufl., 2005, §18 Rn. 543.

Personenunternehmen ein Staffeltarif Anwendung findet. Weiterhin ist Personenunternehmen ein Freibetrag von 24.500 € eingeräumt. Dieser Freibetrag soll den Umstand berücksichtigen, daß Personenunternehmen keine Geschäftsführergehälter von der Bemessungsgrundlage der Einkommensteuer als Betriebsausgabe abziehen können. Somit berücksichtigt die Regelung der Idee nach einen fiktiven Unternehmerlohn.[146]

Diese rechtsformabhängigen Belastungsunterschiede sind allerdings nicht der Grund für die Abhängigkeit zwischen der Gewerbesteuer und der Einkommen- und Körperschaftsteuer. Die bestehende Abhängigkeit hat die Gewerbesteuer erst durch die vom Gesetzgeber mit dem Steuersenkungsgesetz[147] eingeführte Regelung des § 35 EStG erlangt.[148] § 35 EStG löste § 32c EStG ab, da gegen diese Vorschrift erhebliche verfassungsrechtliche Bedenken bestanden.[149] § 35 EStG erlaubt eine pauschalierte Anrechnung der Gewerbesteuer in Höhe des 1,8fachen des individuellen Gewerbesteuermeßbetrages auf das zu versteuernde Einkommen. Der Gesetzgeber verfolgt mit der Regelung der Gewerbesteueranrechnung im Bereich der Unternehmensbesteuerung zwei Zielvorstellungen. Zum einen soll sie die zusätzliche Belastung gewerblicher Einkünfte von Personenunternehmen mit Gewerbesteuer gegenüber den anderen Einkunftsarten des Einkommensteuerrechts, wie beispielsweise solchen aus selbstständiger Tätigkeit, beseitigen.[150] Zum anderen dient die Regelung als Instrument zur Glättung der Spreizung zwischen Körperschaftsteuersatz und Einkommensteuerspitzensatz[151] und damit zur Herstellung von Belastungsneutralität zwischen Personenunternehmen und Kapitalgesellschaften.[152] Aus diesen Gründen ist die Gewerbesteuer in die Untersuchung einzubeziehen.

---

[146] *Georg Güroff,* in: Peter Glanegger/Georg Güroff, Kommentar zum Gewerbesteuergesetz, 5. Aufl., 2002, § 11 Rn. 3a.

[147] BGBl. I 2000, 1433; zur Entwicklung im Gesetzgebungsverfahren vgl. *Freshfields Bruckhaus Deringer*, Unternehmenssteuerreform – Die Neuregelungen des Steuersenkungsgesetzes für Kapitalgesellschaften und ihre Anteilseigner, NJW Beilage zu Heft 51/2000, S. 1 (21 f.)

[148] Bezüglich der Unzulänglichkeiten der Kompensation bei Personengesellschaften vgl. *Norbert Herzig/Uwe Lochmann*, Die Steuerermäßigung für gewerbliche Einkünfte bei der Einkommensteuer nach dem Entwurf des Steuersenkungsgesetzes, DB 2000, S. 1192 (1196); *Johanna Hey*, Von der Verlegenheitslösung des § 35 EStG zur Reform der Gewerbesteuer?, FR 2001, S. 870 (872 ff.), *Leonid Korezkij*, Anrechnung der Gewerbesteuer nach § 35 EStG, 2. Teil: BB 2001, S. 389 (390 f.).

[149] Das Bundesverfassungsgericht hat die Regelung des § 32c EStG als mit dem Grundgesetz vereinbar angesehen, vgl. BVerfGE 116, 164 ff.

[150] StSenkG-E, BT-Drucksache 14/2683, 142 f.; vgl. auch *Bundesministerium der Finanzen*, Brühler Empfehlungen zur Reform der Unternehmensbesteuerung, Bericht der Kommission zur Reform der Unternehmensbesteuerung, BMF Schriftenreihe, Heft 66, 1999, S. 90; *Dietmar Gosch,* in: Paul Kirchhof (Hrsg.), EStG Kompakt-Kommentar, 4. Auflage, 2004, § 35 Rn. 1;*Jürgen Pelka*, Rechtsformneutralität im Steuerrecht- Verfassungsmäßigkeit der Steuersatzsenkungen für Kapitalgesellschaften, StuW 2000, S. 389 (391); *Bundesministerium der Finanzen*, Brühler Empfehlungen zur Reform der Unternehmensbesteuerung, Bericht der Kommission zur Reform der Unternehmensbesteuerung, BMF Schriftenreihe, Heft 66, 1999, S. 90; *Dietmar Gosch,* in: Paul Kirchhof (Hrsg.), EStG Kompakt-Kommentar, 4. Auflage, 2004, § 35 Rn. 1.

[151] So auch *Norbert Herzig/Uwe Lochmann*, Steuersenkungsgesetz: Die Steuerermäßigung für gewerbliche Einkünfte bei der Einkommensteuer in der endgültigen Regelung, DB 2000, S. 1728 (1728); *Paul Kirchhof*, Die Besteuerung des Einkommens in einem einfachen, maßvollen und gleichmäßigen Belastungssystem, BB 2006, S. 71 (74).

[152] Vgl. BT-Drucksache 14/2683 vom 15.2.2000, S. 97, 116.

3. Eignung der Regelung des § 35 EStG als Kompensationsvorschrift

Fraglich ist, ob § 35 EStG in seiner derzeitigen Ausgestaltung geeignet ist, Personenunternehmen „wirtschaftlich regelmäßig in vollem Umfang von der Gewerbesteuer zu entlasten“[153], um den niedrigen Körperschaftsteuersatz, von dem Personenunternehmen nicht profitieren, zu kompensieren.

Durch § 35 EStG begünstigt werden nur die Einkünfte von natürlichen Personen, gleichviel, ob sie in einem Einzelunternehmen oder in einer Personengesellschaft erzielt wurden. Auf Kapitalgesellschaften und ihre Gesellschafter mit Kapitaleinkünften nach § 20 EStG findet die Regelung keine Anwendung.[154] Die Gewerbesteueranrechnung vollzieht sich für einkommensteuerpflichtige Unternehmen in zwei Stufen.[155] Zunächst wird bei der Gewinnermittlung nach dem Einkommensteuergesetz die Gewerbesteuer als Betriebsausgabe abgezogen. In einem zweiten Schritt wird die tarifliche Einkommensteuer, vermindert um die sonstigen Steuerermäßigungen mit Ausnahme der §§ 34f, 34g EStG und nur soweit sie anteilig auf im zu versteuernden Einkommen enthaltene gewerbliche Einkünfte entfällt, um das 1,8fache des festgesetzten Gewerbesteuermeßbetrags im Veranlagungszeitraum ermäßigt.

§ 35 EStG sieht also keine Anrechnung der tatsächlich gezahlten Gewerbesteuer, sondern nur eine pauschale Berücksichtigung der bestehenden Gewerbesteuerbelastung im Rahmen der zu zahlenden Einkommensteuer vor. Die Regelung des § 35 EStG mindert zwar bei Personenunternehmen die Gesamtbelastung von Einkommen- und Gewerbesteuer und nähert sie so an die tarifliche Belastung von Körperschaften an. Dennoch führt § 35 EStG aufgrund seiner „nur“ pauschalen Berücksichtigung zu massiven Ungleichbehandlungen innerhalb der Gruppe der Steuerpflichtigen mit gewerblichen Einkünften.[156] Die beiden maßgeblichen Gründe für die bestehenden Ungleichbehandlungen sind die Abhängigkeit der Entlastung von dem jeweiligen Einkommensteuersatz des Unternehmers und die sich von Gemeinde zu Gemeinde unterscheidenden Hebesätze.[157] Die Hebesätze zwischen den Gemeinden schwanken zwischen 240 und 490 %.[158] Die logische Folge dieser Abhängigkeit

---

[153] BT- Drucksache 14/2683, S. 97.

[154] *Peter Glanecker,* in: Ludwig Schmidt, Einkommensteuergesetz-Kommentar, 25. Auflage, 2006, § 35 Rn. 1.

[155] Im einzelnen *Leonid Korezkij*, Anrechnung der Gewerbesteuer nach § 35 EStG, 1. Teil: BB 2001, S. 333 (337 ff.), *Norbert Neu*, Unternehmenssteuerreform 2001: Die pauschalierte Gewerbesteueranrechnung nach § 35 EStG, DStR 2000, S. 1933 (1934).

[156] Ausführlich zu der Regelung des § 35 EStG in verfassungsrechtlicher Hinsicht *Harald Nagel*, Die Anrechnung der Gewerbesteuer auf die Einkommensteuer - Eine Analyse des § 35 EStG in der Fassung des Steuersenkungsgesetzes unter steuerpolitischen, steuergestalterischen und verfassungsrechtlichen Aspekten, 2005, S. 164 ff.

[157] Vgl. hierzu *Joachim Schiffers*, Steuersenkungsgesetz: Steuerliche Rechtsformwahl und Rechtsformoptimierung, GmbHR 2000, S. 1005 (1011); *Norbert Herzig/Uwe Lochmann*, Die Steuerermäßigung für gewerbliche Einkünfte bei der Einkommensteuer nach dem Entwurf des Steuersenkungsgesetzes, DB 2000, S. 1192 (1198 f.); *dies.*, Steuersenkungsgesetz: Die Steuerermäßigung für gewerbliche Einkünfte bei der Einkommensteuer in der endgültigen Regelung, DB 2000, S. 1728 (1733 ff.)

[158] Zu den verfassungsrechtlichen und kommunalrechtlichen Grenzen der Festsetzung der Hebesätze *Anke Freisburger*, Kommunale Hebesätze. – Rechtliche und tatsächliche Grenzen, KStZ 2000, S. 41 ff.

sind Über- und Unterkompensationen bei den anrechnungsberechtigten Einzelunternehmern und Gesellschaftern einer Personengesellschft.[159] Unter einer Unterkompensation beziehungsweise einem Anrechnungsüberhang versteht man, daß der Ermäßigungshöchstbetrag den Ermäßigungsbetrag unterschreitet, daß also die anteilige tarifliche Einkommensteuer niedriger ist als das 1,8fache des Gewerbesteuermeßbetrags.[160] Hingegen entsteht eine Überkomensation, wenn die Einsparung bei der Einkommensteuer durch die Anrechnung der Gewerbesteuer höher ist als die tatsächlich gezahlte Gewerbesteuer. Die angefallene Gewerbesteuer kann in diesen Fällen geringer sein als der Anrechnungsbetrag, wenn die Gemeinde nur geringe Hebesätze erhebt. Die Möglichkeit, daß die pauschalierte Gewerbesteueranrechnung zu einer Überkompensation der tatsächlich angefallenen Gewerbesteuer führt, wird vom Gesetzgeber sogar ausdrücklich bestätigt und als Förderungsmaßnahme für strukturschwache Gebiete begründet.[161]

Anhand der folgenden Modellrechnung läßt sich die Abhängigkeit der Gewerbesteueranrechnung vom Hebesatz und vom persönlichen Einkommensteuersatz verdeutlichen. Zwar werden innerhalb der Betrachtung die Auswirkungen des Freibetrags und des Staffeltarifs außer Betracht gelassen, so daß eine definitive Aussage darüber, wann die Vorschrift zu einer vollständigen Entlastung von der Gewerbesteuer führt, nicht möglich ist. Dennoch lassen sich die Auswirkungen der Regelung des § 35 EStG anhand der Ergebnisse der Modellrechnung verdeutlichen.

Kompensation der Gewerbesteuer in Abhängigkeit vom Hebesatz und Steuersatz[162]

Hebesatz	200 %		300 %		350 %		450 %	
Steuersatz	**20 %**	**42 %**	**20 %**	**42 %**	**20 %**	**42 %**	**20 %**	**42 %**
Gewinn vor Steuern	100	100	100	100	100	100	100	100
Gewerbesteuersatz (in %)[163]	9,9	9,9	13,0	13,0	14,9	14,9	18,4	18,4

[159] *Michael Wendt*, in: Carl Herrmann/Gerhard Heuer/Arndt Raupach (Hrsg.), Steuerreform 1999/2000/2001, Kommentar, Stand 2001, § 35 Rn. R 6.

[160] *Ursula Förster*, Problembereiche der Anrechnung der Gewerbesteuer auf die Einkommensteuer gem. § 35 EStG 2001, FR 2000, S. 866 (868); *Norbert Herzig/Uwe Lochmann*, Steuersenkungsgesetz: Die Steuerermäßigung für gewerbliche Einkünfte bei der Einkommensteuer in der endgültigen Regelung, DB 2000, S. 1728 (1731); *Johanna Hey*, Von der Verlegenheitslösung des § 35 EStG zur Reform der Gewerbesteuer?, FR 2001, S. 870 (872 f.); *Matthias Rogall*, Personengesellschaften, Die Berücksichtigung von Personengesellschaften durch die Unternehmenssteuerreform, DStR 2001, S. 586 (589).

[161] Vgl. BT-Drucksache 14/3366 vom 15. 2. 2000, S. 116.

[162] Berechnung aus Vereinfachungsgründen ohne Solidaritätszuschlag, Kirchensteuer und gewerbesteuerlichen Freibetrag bzw. Staffeltarif (§ 11 GewStG).

[163] Dieser errechnet sich aus folgender Formel: (Hebesatz x Gewerbesteuermeßzahl/ (1+ Hebesatz x Gewerbesteuermesszahl). Der für Personenunternehmen geltende Staffeltarif wird nicht berücksichtigt, es wird eine einheitliche Gewerbesteuermesszahl von 5 % zugrunde gelegt.

Gewerbesteuer effektiv in %	9,9	9,9	13,0	13,0	14,9	14,9	18,4	18,4
= Gewinn nach GewSt	90,1	90,1	87,0	87,0	85,1	85,1	81,6	81,6
./. ESt	18,02	37,84	17,4	36,54	17,02	35,74	16,32	34,27
Steuerermäßigung nach § 35 EStG[164]	8,11	8,11	7,83	7,83	7,66	7,66	7,34	7,34
Gewinn nach ESt und GewSt	80,19	60,37	77,43	58,29	75,74	57,02	72,62	54,67
= Gesamtsteuerbelastung effektiv in %	**19,81**	**39,63**	**22,57**	**41,71**	**24,26**	**42,92**	**27,38**	**45,33**

Wie anhand der Rechnung zu erkennen ist, bestätigt sich, daß die tatsächliche Entlastung von der Gewerbesteuer wesentlich von der Höhe des Hebesatzes und von der Höhe des Einkommensteuersatzes des jeweiligen Gesellschafters abhängt. Bei niedrigen Hebesätzen und geringem Einkommensteuersatz erfüllt § 35 EStG seine Funktion und entlastet den Gewinn nahezu vollständig von der Gewerbesteuer. Bei dem Mindesthebesatz von 200 % besteht sogar eine leichte Überkompensation. Jedoch wird bereits bei einem Hebesatz zwischen 200 und 300 % die Gewerbesteuer bei niedrigem Einkommensteuersatz nicht mehr vollständig kompensiert.[165] Bei einem Hebesatz von 400 % besteht bereits eine Mehrbelastung von 7,38 %. Anders verhält es sich bei Gesellschaftern mit Gewinnen, die dem Spitzensteuersatz unterliegen. Hier erfolgt im Falle niedriger Hebesätze sogar eine Überkompensation. Erst bei einem Hebesatz zwischen 300 und 350 % wird die Gewerbesteuer nicht mehr vollständig kompensiert. Bei einem Hebesatz von 400 % beträgt die Unterkompensation 3,33 % und ist somit vergleichsweise deutlich geringer als bei einem Unternehmer mit einem geringen Einkommensteuersatz.

Die Abhängigkeit der Höhe der Gewerbesteueranrechnung vom persönlichen Steuersatz des Gesellschafters und vom jeweiligen Hebesatz mögen zwar die offensichtlichsten Ursachen für bestehende Über- und Unterkompensationen sein. Aufgrund der Konzeption des § 35 EStG kommen jedoch noch weitere Faktoren in Betracht, die Unterkompensationen verursachen.[166] Beispielsweise kann im Fall der vollständigen Verrechnung der gewerblichen Einkünfte mit sonstigen negativen Einkünften und im Fall anderer Abzüge der Effekt eintreten, daß mangels zu zahlender Einkommensteuer keine Kompensation der bereits gezahlten Gewerbesteuer erfolgt. Gleichermaßen verhält es sich bei gegenüber § 35 EStG vorrangig zu berücksichti-

---

[164] Diese berechnet sich wie folgt: (1,8 x 0,05 x Gewinn nach Gewerbesteuer).

[165] Zu diesem Ergebnis kommen auch *Stefan Höflacher/Klaus Wendtlandt*, Rechtsformwahl nach der Unternehmenssteuerreform 2001 – Ist die Kapitalgesellschaft wirklich die bessere Alternative, GmbHR 2001, S. 793 (794) mit entsprechenden Berechnungen.

[166] Vgl. die Aufzählung bei *Ursula Förster*, Problembereiche der Anrechnung der Gewerbesteuer auf die Einkommensteuer gem. § 35 EStG 2001, FR 2000, S. 866 (868), *Michael Wendt*, Steuersenkungsgesetz: Pauschale Gewerbesteueranrechnung bei Einzelunternehmen, Mitunternehmerschaft und Organschaft, FR 2000, S. 1173 (1177).

gen Verlustabzügen gemäß § 10d EStG. Die Entlastungswirkung des § 35 EStG geht in solchen Fällen ins Leere.[167] Ein weiterer Grund für Anrechnungsüberhänge können die gewerbesteuerlichen Hinzurechnungen nach § 8 GewStG sein.[168] Infolge der Hinzurechnungen kann sich bei Verlustbetrieben trotz eines nach den Vorschriften des Einkommensteuergesetzes ermittelten negativen Gewinns ein positiver Gewerbeertrag nach § 7 GewStG ergeben. Die anfallende Gewerbesteuer wird unter solchen Umständen nicht an den Steuerpflichtigen erstattet.[169] Sie kann auch nicht in einen anderen Veranlagungszeitraum vor- oder rückgetragen werden. Vielmehr geht das mögliche Anrechnungspotential vollständig verloren.[170]

Ob die Steuerermäßigung nach § 35 EStG im Einzelfall tatsächlich eine vollständige wirtschaftliche Entlastung von der Gewerbesteuer erreicht, hängt also von mehreren Faktoren ab.[171] Beim derzeitigen Einkommensteuerspitzensatz von 42 % wird die Gewerbesteuer bei einem Hebesatz von circa 311 % vollständig kompensiert.[172] Demnach wird die Gewerbesteuer bei einem durchschnittlichen Hebesatz von 387 % in den meisten Fällen nicht vollständig kompensiert.[173] Weiterhin ist zu berücksichtigen, daß die Vorschrift von ihrer Konzeption allenfalls die unterschiedlichen Steuertarife ausgleichen kann, nicht hingegen die Unterschiede bezüglich der Bemessungsgrundlage. Daher ist sie in ihrer derzeitigen Ausgestaltung völlig ungeeignet, die bestehenden Belastungsunterschiede auszugleichen. Vielmehr ist die Vorschrift der beste Beweis für die verzweifelte „Flickschusterei" des Gesetzgebers. Um bestehende Belastungsunterschiede auszugleichen, wird eine Steuer zuerst erhoben, um sie anschließend bei einem Teil der Steuerpflichtigen wieder anzurechnen.[174] Das ursprünglich erklärte Ziel des Gesetzgebers einer weitgehenden Gewerbesteuerentlastung wird durch die Regelung des § 35 EStG somit nicht erreicht.[175] Vielmehr

---

[167] *Günter Söffing*, Die Mängel im Entwurf zu § 35 EStG, DB 2000. S. 688 (692).

[168] *Norbert Neu*, Unternehmenssteuerreform 2001: Die pauschalierte Gewerbesteueranrechnung nach § 35 EStG, DStR 2000, S. 1933 (1935); *Theodor Siegel*, Plädoyer für eine systemkonforme Reform der Gewerbesteueranrechnung nach § 35 EStG, BB 2001, S. 701 (702).

[169] *Thomas Rödder/Andreas Schumacher*, Unternehmenssteuerreform, DStR 2000, S. 1453 (1455); *Theodor Siegel*, Plädoyer für eine systemkonforme Reform der Gewerbesteueranrechnung nach § 35 EStG, BB 2001, S. 701 (702); a.A. *Ursula Förster*, Problembereiche der Anrechnung der Gewerbesteuer auf die Einkommensteuer gem. § 35 EStG 2001, FR 2000, S. 866 (870), die im Falle eines vertikalen Verlustausgleichs eine Erstattung für sinnvoll erachtet.

[170] *Norbert Herzig/Uwe Lochmann*, Steuersenkungsgesetz: Die Steuerermäßigung für gewerbliche Einkünfte bei der Einkommensteuer in der endgültigen Regelung, DB 2000, S. 1728 (1731); *Günter Söffing*, Die Mängel im Entwurf zu § 35 EStG, DB 2000. S. 688 (688).

[171] Ausführlich *Matthias Rogall*, Personengesellschaften, Die Berücksichtigung von Personengesellschaften durch die Unternehmenssteuerreform, DStR 2001, S. 586 (587 f.)

[172] Vgl. *PricewaterhouseCoopers*, Unternehmenssteuerreform 2001, 2000, S. 124 ff. Nach der ursprünglichen Quote des zweifachen des Gewerbesteuer-Messbetrags hätte § 35 EStG bei einem Einkommensteuerspitzensatz von 42 % bei Hebesätzen von 360 % zu einer punktgenauen Entlastung geführt. Die im Gesetzgebungsverfahren erfolgte Reduktion auf das 1,8fache des Gewerbesteuer-Messbetrags war rein fiskalisch bedingt.

[173] *Bernd Erle/Thomas Sauter*, Reform der Unternehmensbesteuerung, 2000, S. 122.

[174] Zum verfassungsrechtlichen Problem einer solchen Anrechnung vgl. *Johanna Hey*, Besteuerung von Unternehmensgewinnen und Rechtsformneutralität, in: Besteuerung von Einkommen, hrsg. von Iris Ebling, DStJG 24 (2001), S. 155 (207 ff.).

[175] *Norbert Neu*, Unternehmenssteuerreform 2001: Die pauschalierte Gewerbesteueranrechnung nach § 35 EStG, DStR 2000, S. 1933 (1935); *Norbert Herzig/Uwe Lochmann*, Steuersenkungsgesetz: Die Steuerermäßigung für gewerbliche Einkünfte bei der Einkommensteuer in der endgültigen Re-

werden durch den Versuch, bestehende Ungleichbehandlungen zu beseitigen, neue Ungleichbehandlungen hervorgerufen.

IV. Ergebnis

Die vorangegangene Bestandsaufnahme hat den unbefriedigenden Zustand der derzeitigen Unternehmensbesteuerung offengelegt. Die letzten Jahre permanenter Steuerrechtsänderungen haben demnach keine strukturellen Verbesserungen gebracht.[176] Die Unternehmen werden je nach Rechtsform steuerlich unterschiedlich behandelt. Die Unterschiede lassen sich sowohl in der Bemessungsgrundlage als auch im Steuertarif registrieren. Statt die Unterschiede abzumildern, wurden die bestehenden Unterschiede durch die Regelung des § 35 EStG weiter verstärkt und führen zu weiteren neuen Ungleichbehandlungen. Dieses Resultat sollte einen hinreichenden Grund für eine umfassende Reform der Unternehmensbesteuerung darstellen.

D. Exemplarischer Belastungsvergleich Kapitalgesellschaft gegenüber Personengesellschaft auf Basis der unterschiedlichen Steuertarife 2005

Die oben erfolgte Betrachtung von Einkommensteuer, Körperschaftsteuer sowie Gewerbesteuer und deren unterschiedliches Zusammenwirken zeigen zwar die wesentlichen steuergesetzlichen Ursachen für die unterschiedliche Belastung von Einzelunternehmen und Personengesellschaften auf der einen Seite und Kapitalgesellschaften auf der anderen Seite auf und bilden insoweit auch eine erste Grundlage für eine Prüfung am Maßstab des allgemeinen Gleichheitssatzes. Allerdings kann der bisherigen Betrachtung keine Aussage hinsichtlich der tatsächlichen wirtschaftlichen Auswirkungen der unterschiedlichen steuerlichen Behandlung der jeweiligen Unternehmensgewinne entnommen werden. Insoweit werden in der folgenden Untersuchung die tatsächlichen Auswirkungen der bestehenden Ungleichbehandlungen beleuchtet. Innerhalb einer Globalbetrachtung, die sowohl die Einkommen- und Körperschaftsteuer als auch die Gewerbesteuer berücksichtigt, wird die unterschiedliche tatsächliche Gesamtbelastung eines Unternehmens je nach Rechtsform ermittelt und gegenübergestellt.

Welche Gesamtbelastung[177] sich aus der Existenz unterschiedlicher Steuerarten und Bemessungsgrundlagen ergibt, läßt sich mit Hilfe verschiedener Methoden ermitteln.[178] In der betriebswirtschaftlichen Steuerlehre wurden zur Quantifizierung der

---

gelung, DB 2000, S. 1728 (1731); *Michael Wendt*, Steuersenkungsgesetz: Pauschale Gewerbesteueranrechnung bei Einzelunternehmen, Mitunternehmerschaft und Organschaft, FR 2000, S. 1173 (1178); a. A. *Jochen Thiel*, Die Ermäßigung der Einkommensteuer für gewerbliche Einkünfte, StuW 2000, S. 413 (415).

[176] Vgl. die kritischen Analysen bei *Joachim Lang*, Prinzipien und Systeme der Besteuerung von Einkommen, in: Besteuerung von Einkommen, hrsg. von Iris Ebling, DStJG 24 (2001), S. 49 (102 f.).

[177] Zu allgemeinen Grundsätzen des steuerlichen Rechtsformvergleichs vgl. *Franz Wagner*, Grundsätzliche Anmerkungen zu Irrtümern und Mängeln steuerlicher Rechtsformvergleiche, DStR 1981, S. 243 ff.

[178] Die Aussagekraft der unterschiedlichen Methoden ist strittig. Für einen allgemeinen Überblick bezüglich der unterschiedlichen Methoden zur Erfassung der effektiven Unternehmenssteuerbela-

Steuerlast insbesondere die Teilsteuerrechnung[179] und die kasuistische Veranlagungssimulation[180] entwickelt.[181] Bei allen Methoden ist jedoch zu berücksichtigen, daß eine allgemeingültige Aussage über die effektive Belastung der Gewinne von Unternehmen in unterschiedlichen Rechtsformen nicht möglich ist, da diese sowohl von der Ertragslage des Unternehmens und den sonstigen individuellen Verhältnissen im Unternehmen als auch von außerhalb des Unternehmens liegenden Faktoren abhängt, deren wichtigster sicherlich der persönliche Einkommensteuersatz des Gesellschafters ist.[182] Die tatsächliche Belastung eines Unternehmens kann daher immer nur für einen gesonderten Einzelfall ermittelt werden.[183] Auch wenn sich anhand eines Belastungsvergleichs keine allgemeingültige Aussage über die Steuerbelastung der Unternehmen unterschiedlicher Rechtsformen treffen lässt, so lassen sich aus den Ergebnissen des Belastungsvergleichs zumindest Tendenzen für die Steuerbelastung der Unternehmen unterschiedlicher Rechtsformen aufzeigen.

Da bei mittelständischen Unternehmen auch das Ausschüttungsverhalten von großer Bedeutung ist, sollen die Untersuchungen sowohl den Fall der Thesaurierung als auch den der Ausschüttung einbeziehen. In den Vergleich werden bei Personenunternehmen Einkommensteuer, Solidaritätszuschlag und die ertragsteuerliche Abziehbarkeit der Gewerbesteuer nach § 35 EStG berücksichtigt. Bei Kapitalgesellschaften werden Körperschaftsteuer, Gewerbesteuer, die einkommensteuerliche Belastung der Ausschüttungen nach dem Halbeinkünfteverfahren sowie der Solidaritätszuschlag in den Vergleich einbezogen.

---

stung vgl. *Margit Schratzenstaller*, Zur Ermittlung der faktischen effektiven Unternehmenssteuerlast, in: Margit Schratzenstaller/ Achim Truger (Hrsg.), Perspektiven der Unternehmensbesteuerung, Marburg 2004, S. 43 ff.; *Jörg Ottersbach*, Die Teilsteuerrechnung nach dem Steuerentlastungsgesetz 1999/2000/2002, DB 2000, S. 781 ff.

179 Erstmals *Gerd Rose*, Die Steuerbelastung der Unternehmung - Grundzüge der Teilsteuerrechnung, 1973; aktuell vgl. *Jörg Ottersbach*, Die Teilsteuerrechnung nach dem Steuersenkungsgesetz - Änderungen der Multifaktoren und Teilsteuersätze bis 2005, DB 2001, S. 1157 ff.

180 Vgl. *Rainer Burk*, Rechtsform und Umwandlungsbesteuerung. Ein betriebswirtschaftlicher Steuerbelastungsvergleich der Alternativen GmbH und OHG, 1983.

181 Zu den Vor- und Nachteilen der Methoden vgl. *Heinz Kußmaul*, Betriebswirtschaftliche Steuerlehre, 4. Aufl., 2005, S. 455; *Wolfram Scheffler*, Veranlagungssimulation versus Teilsteuerrechnung, WiSt 1991, S. 69 ff.

182 Zur Aussagekraft verschiedener Methoden zur Berechnung der effektiven Steuerbelastung, vgl. *Christoph Spengel/Wolfgang Wiegart*, Deutschland ist ein Hochsteuerland für Unternehmen, DB 2005, S. 516 ff.

183 Auf die Vornahme eines umfassenden quantitativen Steuerbelastungsvergleiches, der auch sämtliche Unterschiede in der Bemessungsgrundlage berücksichtigt, wird verzichtet. Es wird lediglich die Belastung dargestellt, die sich aus der Existenz der unterschiedlichen Steuerarten und ihrem Zusammenwirken ergibt. Für einen umfassenden Steuerbelastungsvergleich vgl. *Michael Vituschek*, Die Steuerbelastung von Personenunternehmen und Kapitalgesellschaften, Dissertation, 2003. Quantitative Belastungsvergleiche zur Rechtslage nach der Unternehmenssteuerreform 2001 finden sich außerdem bei *Jörg Bauer*, Rechtsformwahl mittelständischer Unternehmen. nach der Unternehmenssteuerreform, StBJb 2000/2001, S. 117 (121 ff.); *Dietrich Jacobs*, Rechtsformwahl nach der Unternehmenssteuerreform: Personenunternehmung oder Kapitalgesellschaft?, DStR 2001, S. 806 ff.; *Wolfgang Kessler/Tobias Teufel*, Auswirkungen der Unternehmenssteuerreform 2001 auf die Rechtsformwahl, DStR 2000, 1836 ff.; *Werner Lothmann/Rolf Lothmann*, Unternehmenssteuerreform 2001: Ausnutzung des möglichen Thesaurierungsvorteils der Kapitalgesellschaft – einige Thesen zur steueroptimalen Rechtsformwahl, DStR 2000, S. 2153 ff.; *Frank Tischer*, Rechtsformwahl nach der Unternehmenssteuerreform im Endwert-Modell, FR 2000, S. 1009 ff.

Zielsetzung und Schwerpunkt dieser Arbeit ist es primär, die tatsächlichen Auswirkungen der unterschiedlichen Besteuerungskonzeptionen zu ermitteln und transparent zu machen. Das Untersuchungsziel geht allerdings nicht so weit, die effektive Belastung eines Unternehmens quantitativ exakt zu bestimmen, um so die optimale Rechtsform zu ermitteln. Vielmehr dient der Belastungsvergleich dazu, die Auswirkungen der Besteuerungsunterschiede zu ermitteln und diese quantitativen Ergebnisse neben den qualitativen Belastungsunterschieden als Grundlage für eine anschließende Überprüfung am Maßstab des allgemeinen Gleichheitssatzes heranzuziehen. Daher wird im folgenden von einer vereinfachten Veranlagungssituation ausgegangen, in der Unternehmen in verschiedenen Rechtsformen miteinander verglichen werden. Um die Abhängigkeit der Steuerbelastung vom indiviuellen Einkommensteuersatz der Gesellschafter zu verdeutlichen, werden dem Vergleich mehrere Fallbeispiele mit unterschiedlich hohen Unternehmensgewinnen zugrunde gelegt.

Innerhalb dieses Belastungsvergleichs soll insbesondere der Frage nachgegangen werden, ob die in der öffentlichen Diskussion beklagte Benachteiligung von Personenunternehmen gegenüber Kapitalgesellschaften im Ergebnis zutreffend ist. Um diese Frage zu beantworten, muß insbesondere der progressive Tarifverlauf der Einkommensteuer berücksichtigt werden, der zu erheblichen Belastungsunterschieden führen kann. Nur unter Zugrundelegung verschiedener Einkommensteuersätze kann eine Aussage über die Vorteilhaftigkeit einer Rechtsform getroffen werden. Bei Belastungsvergleichen werden in der Regel aus praktischen Gründen allein die Spitzensteuersätze der Einkommensteuer herangezogen. Für eine Heranziehung des Spitzensteuersatzes spricht, daß sich die Entscheidung für eine bestimmte Rechtsform in der Regel am Grenzsteuersatz orientieren wird und der Spitzensteuersatz letztlich einen, nämlich den höchsten Grenzsteuersatz abbildet. Dies entspricht allerdings nicht der Realität. Viele Personenunternehmen unterliegen einem durchschnittlichen Steuersatz, der weit unter dem Spitzensteuersatz liegt. Daher sind der Untersuchung verschiedene Fallbeispiele zugrunde zu legen, die sich ausschließlich in der Höhe der Unternehmensgewinne unterscheiden.

I. Ausgangsdaten der Fallbeispiele

- Gewinn des Unternehmens: 75.000 €[184]; 120.000 €; 500.000 €[185]
- Gewerbesteuer- Hebesatz: 400 %[186]

---

[184] 78% aller Personenunternehmen haben Einkünfte unter 75.000 €. Es erscheint daher sinnvoll, auch die Belastung jener Unternehmer zu betrachten, deren Gewinn bei dieser Grenze und damit unter dem Spitzensteuersatz liegt. Weiterhin soll davon ausgegangen werden, daß der Gesellschafter sonst keine Einkünfte erzielt und er auch keine Betriebsausgaben beziehungsweise Werbungskosten geltend macht.

[185] Temporäre Gewinnverschiebungen aufgrund unterschiedlicher Gewinnermittlungsmethoden (§§ 4 Abs. 3, 5 Abs. 1 EStG) werden hier nicht thematisiert.

[186] Dieser Wert entspricht in etwa dem deutschlandweiten durchschnittlichen Hebesatz. Dieser lag im Jahr 2004 bei 387 %. Vgl. hierzu die Angaben des *Statistischen Bundesamts* in der Pressemitteilung vom 1.09.2005. Abrufbar unter: http://www.destatis.de/presse/deutsch/pm2005/p3600061.htm.

II. Steuerbelastung bei Gewinnthesaurierung

1. Steuerbelastung der Kapitalgesellschaft

a) Gewerbesteuer der Kapitalgesellschaft

Legt man bei der Berechnung der Gewerbesteuer einen Gewerbesteuerhebesatz von 400 % zugrunde, ergibt sich aufgrund der für Kapitalgesellschaften geltenden Steuermeßzahl von 5 % (§ 11 Abs. 2 Nr. 2 GewStG) ein tariflicher Gewerbesteuersatz von 20%. Insoweit ist allerdings nicht berücksichtigt worden, daß die tatsächliche Gewerbesteuerbelastung niedriger ist, da die Gewerbesteuer als abzugsfähige Betriebsausgabe ihre eigene Bemessungsgrundlage schmälert. Bei einem Hebesatz von 400 % beträgt der tatsächliche Gewerbesteuersatz 16,67 %.

Gewinn vor Steuern	75.000 €	120.000 €	500.000 €
Maßgebender Gewerbeertrag	75.000 €	120.000 €	500.000 €
Effektiver Gewerbesteuersatz unter Berücksichtigung der Abzugsfähigkeit der Gewerbesteuer von ihrer eigenen Bemessungsgrundlage (0.05 x 4) : (1 + 0,05 x 4)	16,67 %	16,67 %	16,67 %
Gewerbesteuer 2005	**12.502 €**	**20.004 €**	**83.350 €**

b) Körperschaftsteuer der Kapitalgesellschaft

Gewinn vor Steuern	75.000 €	120.000 €	500.000
./. Gewerbesteuer	12.502 €	20.004 €	83.350 €
= Körperschaftsteuerpflichtiges Einkommen	62.498 €	99.996 €	416.650 €
Körperschaftsteuersatz (§ 23 Abs. 1 KStG)		25 %	
= Körperschaftsteuer 2005	**15.625 €**	**24.999 €**	**104.163 €**
Solidaritätszuschlag der Kapitalgesellschaft		5,5 %	
Solidaritätszuschlag 2005	859 €	1.375 €	5.729 €
Gewinn nach KSt, GewSt und SolZ	46.014 €	73.622 €	306.758 €

Steuerbelastung auf der Ebene der KapG	**28.986 €**	**46.378 €**	**193.242 €**
Effektive Belastung des Gewinns bei der Kapitalgesellschaft	***38,65 %***	***38,65 %***	***38,65 %***

Auf Ebene der Kapitalgesellschaft ergibt sich somit unabhängig von der Gewinnhöhe eine steuerliche Gesamtbelastung von 38,65%.[187] Diese ist definitiv und unabhängig davon, ob der Gewinn ausgeschüttet oder einbehalten wird.

2. Steuerbelastung der Personengesellschaft

Die von den Gesellschaftern einer Personengesellschaft zu tragende Steuerlast ist im Gegensatz zur Besteuerung der Kapitalgesellschaft stark vom Einzelfall anhängig. Dieser Effekt ist darauf zurückzuführen, daß der Gewinn anteilig den Gesellschaftern zugerechnet wird. Auf Gesellschafterebene unterliegt der Gewinn dem progressiven Einkommensteuertarif, welcher einem höheren zu versteuernden Einkommen einen höheren Steuersatz und damit eine höhere Einkommensteuerbelastung zuweist. Aufgrund der Progression ist auch die Entlastungswirkung der Gewerbesteuer als Betriebsausgabe nicht generell zu bestimmen. Wie oben festgestellt,[188] wirkt sich bei Personenunternehmen mit hohem Einkommensteuersatz der Abzug der Gewerbesteuer stärker als bei Unternehmen mit geringem Steuersatz aus. Die durch § 35 EStG ermöglichte Anrechnung der Gewerbesteuer auf die Einkommensteuer führt zu einer Steuerentlastung. Aufgrund der im Belastungsvergleich relativ niedrig angesetzten Gewinne darf auf die Anwendung der Vergünstigungen des § 11 GewStG für Personenunternehmen, also den Freibetrag in Höhe von 24.500 € und den Staffeltarif, nicht verzichtet werden, da es ansonsten zu erheblichen Verzerrungen bei der Bestimmung der Belastung durch die Gewerbesteuer kommen würde. Diese Aussage soll anhand eines kurzen Zahlenbeispiels bestätigt werden: Bei einem Gewinn von 25. 000 € beträgt der Gewerbesteuermeßbetrag 10 €. Würden in diesem Fall Freibetrag und Staffeltarif nicht berücksichtigt werden, ergäbe sich ein Meßbetrag von 1.250 €.

a) Gewerbesteuer des Gesellschafters

Gewinn vor Steuern	75.000 €	120.000 €	500.000 €
Maßgebender Gewerbeertrag (vor Freibetrag und Rundung)	75.000 €	120.000 €	500.000 €
./. Freibetrag (§ 11 Abs. 1 GewStG)	24.500 €	24.500 €	24.500 €

[187] Vgl. *Volker Lietmeyer/Oliver Petzold*, Bedingungen und Ziele für eine Reform der Unternehmensbesteuerung, Wirtschaftsdienst 2005, S. 590 ff.

[188] Vgl. die Ausführungen unter C. III. 3.

Maßgebender Gewerbeertrag	51.500 €	95.000 €	475.500 €
Effektiver Gewerbesteuersatz unter Berücksichtigung der Abzugsfähigkeit der Gewerbesteuer von ihrer eigenen Bemessungsgrundlage	[(0.05 x 4) : (1 + 0,05 x 4)] x (GewE ./. 24.000)		
Gewerbesteuer 2005	**4.583 €**	**11.833 €**	**75.250 €**

b) Einkommensteuer des Gesellschafters

Einkünfte vor Steuern	75.000 €	120.000	500.000 €
./. Gewerbesteuer	4.583 €	11833	75.250 €
Gesamtbetrag der Einkünfte	70.417 €	108.167	424.750 €
Einkommensteuer (Grundtarif 2005)	21.661 €	37.516 €	175.723 €
./. Gewerbesteueranrechnung (1,8x Gewerbesteuermeßbetrag)	2.062 €	5.325	33.862 €
Gewerbliche Einkommensteuer unter Anrechnung der Gewerbesteuer	19.599 €	32.191	141.861 €
Solidaritätszuschlag (5,5 %)	1.078 €	1.770	7.802 €
Gesamtbelastung des Gesellschafters mit ESt	20.677 €	33.961	149.663 €
Gesamtbelastung der Gesellschaft mit ESt und GewSt	**25.260 €**	**45.794 €**	**224.913 €**
Gesamtsteuerbelastung	**33,68 %**	**38,16 %**	**44,98 %**

Die Berechnungen ergeben, daß die steuerlichen Belastungen bei der Besteuerung der Personengesellschaft stark voneinander abweichen. Diese Unterschiede beruhen zum einen auf dem gewerbesteuerlichen Freibetrag und zum anderen auf dem progressiven Verlauf des Einkommensteuertarifs. Die Gesamtsteuerbelastung schwankt je nach Gewinnhöhe von 33,68 % bis 44,98 %.

III. Steuerbelastung bei Ausschüttung

1. Steuerbelastung der Kapitalgesellschaft

a) Kapitalertragsteuer

Bruttodividende	46.014 €	73.622 €	306.758 €
./. Kapitalertragsteuer (20 % der Brutodividende)	9.203 €	14.724 €	61.352 €
./. Solidaritätszuschlag (5.5 % der Kapitalertragsteuer	506 €	810 €	3.374 €
= Vorläufige Nettodividende	36.305 €	58.088 €	242.032 €

b) Einkommensteuer des Gesellschafters

Vorläufige Nettodividende	36.305	58.088 €	242.032
+ Kapitalertragsteuer	9.203 €	14.724 €	61.352 €
+ Solidaritätszuschlag	506 €	810 €	3.374 €
= Bruttodividende	46.014 €	73.622 €	306.758 €

./. Steuerfreistellung durch Halbeinkünfteverfahren	23.007 €	36.811 €	153.379 €
= Einnahmen aus Kapitalvermögen	23.007 €	36.811 €	153.379 €
./. Sparer-Freibetrag	750 €	750 €	750 €
./. Werbungskostenpauschbetrag	51 €	51 €	51 €
Gesamtbetrag der Einkünfte aus Kapitalvermögen	22.206 €	36.010 €	152.578 €
= Zu versteuerndes Einkommen	22.206 €	36.010 €	152.578 €
Einkommensteuer **(Tarif 2005)**	**3.463 €**	**7.805 €**	**56.168 €**

c) Gesamtbelastung

Belastung auf Ebene der Gesellschaft	28.986 €	46.378 €	193.242 €
Belastung auf Ebene des Gesellschafters	3.463 €	7.805 €	56.168 €
Gesamtbelastung	32.449 €	54.183 €	249.410 €
Effektive Gesamtbelastung	**43,26 %**	**45,15 %**	**49.88 %**

Liegen das Gesamteinkommen beziehungsweise die Einkünfte aus Kapitalvermögen im Bereich des tariflichen Grundfreibetrags beziehungsweise des Sparerfreibetrags, so bleibt die definitive Körperschaftsteuervorbelastung in voller Höhe bestehen.[189] Daher erhalten einen effektiven Ausgleich für die körperschaftsteuerlichen Vorwegbelastung durch die Einkünftehalbierung nur Anteilseigner mit einer hohen Einkommensteuergrenzbelastung. Die Gesamtbelastung des Gewinns liegt unabhängig von der Gewinnhöhe bei über 40 %.

2. Steuerbelastung der Personengesellschaft

Da die Besteuerung von Personenunternehmen unabhängig von der Gewinnverwendung erfolgt, kann für die Belastung auf obige Rechnungen verwiesen werden.

IV. Ergebnis

Faßt man die soeben dargestellten quantitativen Belastungsunterschiede zusammen, so läßt sich zunächst festhalten, daß es weder ein eindeutiges Petitum für die Personengesellschaft noch ein solches für die Kapitalgesellschaft gibt. Vielmehr entscheidet sich die Vorteilhaftigkeit anhand des konkreten Einzelfalls.[190]

Als Tendenz ergibt sich aus dem Vergleich, daß die weitaus überwiegende Anzahl der Personenunternehmen einer geringeren steuerlichen Gesamtbelastung unterliegt als Kapitalgesellschaften.[191] Die mittelständische Personengesellschaft ist so lange nicht gegenüber der thesaurierenden Kapitalgesellschaft benachteiligt, wie ihre Gesellschafter nicht jeweils über ein zu versteuerndes Einkommen von mehr als circa 120.000 € verfügen.[192] Bis zu dieser Schwelle liegt die Durchschnittsbelastung von

---

[189] *Norbert Krawitz*, Betriebswirtschaftliche Anmerkungen zum Halbeinkünfteverfahren, DB 2000, S. 1721 (1722).

[190] So auch *Norbert Herzig*, Aspekte der Rechtsformwahl für mittelständische Unternehmen nach der Steuerreform, Wpg 2001, S. 253 (270).

[191] So auch *Albert Rädler*, Gedanken zur deutschen Steuerreform 2006, in: Paul Kirchhof/Karsten Schmidt/Klaus vogel, Steuer- und Gesellschaftsrecht zwischen Unternehmerfreiheit und Gemeinwohl, Festschrift für Arndt Raupach, 2006, S. 97 (99); *Ekkehart Wilk*, Anforderungen an Reformvorschläge zur Unternehmensbesteuerung, BB 2006, S. 245 (246).

[192] In diesem Rahmen liegen auch die Berechnungen von *Kay Blaufus*, Unternehmenssteuerreform 2001: Steueroptimale Entscheidungen bei der Rechtsformwahl, StB 2001, S. 208 (212); *Frank Seifert*, Auswirkungen der Unternehmenssteuerreform auf Familienpersonengesellschaften, Diss.,

Personenunternehmen noch unter der niedrigen Thesaurierungsbelastung von Kapitalgesellschaften. Dieses Ergebnis beruht auf dem niedrigen progressiven Einkommensteuersatz und der zusätzlichen Möglichkeit der Anrechnung der Gewerbesteuer auf die Einkommensteuer. In diese Gewinnhöhe fällt die weit überwiegende Mehrheit der Personenunternehmen.[193]

Die Rechtsform der Kapitalgesellschaft wird erst dann vorzugswürdig, wenn die erzielten Gewinne den Einkommensteuerspitzensatz erreichen. Allerdings ist auch im Falle hoher Gewinne zu differenzieren. Der Vorteil zugunsten der Kapitalgesellschaft besteht nur dann, wenn der Großteil des Gewinns im Unternehmen verbleibt und nicht ausgeschüttet wird.[194] Bei Vollausschüttung ist die Rechtsform der Kapitalgesellschaft generell die ungünstigere Rechtsform. Nur im Fall der Thesaurierung profitiert die Rechtsform der Kapitalgesellschaft von dem niedrigen proportionalen Körperschaftsteuersatz von 25 %, wohingegen Personenunternehmen mit dem Großteil des Gewinns dem Einkommensteuerspitzensatz von 42 % unterliegen. Diese Steuersatzspreizung kann auch nicht mehr durch die Gewerbesteueranrechnung ausgeglichen werden. So ist für Unternehmen, die den weit überwiegenden Teil ihrer Gewinne im Unternehmen belassen, die Besteuerung nach dem Körperschaftssteuersystem um bis zu 7 Prozentpunkte geringer, als sie es nach dem progressiven Einkommensteuertarif wäre.

Die steuerliche Begünstigung thesaurierter Gewinne geht aber im Falle der Ausschüttung an eine natürliche Person als Gesellschafter durch die derzeitigen Regelungen des Halbeinkünfteverfahrens verloren.[195] Das Halbeinkünfteverfahren berücksichtigt die auf Unternehmensebene erfolgte Vorbelastung der Gewinne nur noch pauschal und nicht mehr exakt wie das früher geltende Anrechnungsverfahren. Durch seine aktuelle Ausgestaltung wird die Vorbelastung meist nicht vollständig kompensiert, wodurch Mehrbelastungen auf der Ebene des Gesellschafters entstehen. Diese Mehrbelastungen können nur durch lange Thesaurierungszeiträume von 20 bis 30 Jahren und den daraus resultierenden Zinseszinseffekt ausgeglichen werden.[196] Der Vorteil der Kapitalgesellschaft besteht also nur im Falle von hohen Gewinnen, die zusätzlich über einen langen Zeitraum thesauriert werden. Nur in dieser Konstellation kann der Steuervorteil die Steuernachteile im Falle der Ausschüttung durch den Zinseszinseffekt kompensieren.[197]

2002, S. 79.

[193] *Volker Lietmeyer/Oliver Petzold*, Bedingungen und Ziele für eine Reform der Unternehmensbesteuerung, Wirtschaftsdienst 2005, S. 590 (599).

[194] Vgl. *Volker Lietmeyer/Oliver Petzold*, Bedingungen und Ziele für eine Reform der Unternehmensbesteuerung, Wirtschaftsdienst 2005, S. 590 (590).

[195] Diese relative Mehrbelastung hat sich seit der Unternehmenssteuerreform 2001 weiter verstärkt, vgl. *Wolfgang Kessler/Tobias Teufel*, Auswirkungen der Unternehmenssteuerreform 2001 auf die Rechtsformwahl, DStR 2000, S. 1836 (1837).

[196] Nicht berücksichtigt sind die erbschaft- und schenkungsteuerlichen Nachteile, vgl. *PricewaterhouseCoopers*, Unternehmenssteuerreform 2001, 2000, S. 178.

[197] Vgl. *Frank Tischer*, Rechtsformwahl nach der Unternehmenssteuerreform im Endwert-Modell, FR 2000, S. 1009 (1013), der aufzeigt, daß sich die Rechtsform der Kapitalgesellschaft in der Regel erst bei Thesaurierungszeiträumen von etwa 10 bis über 25 Jahren lohnt.

Die nachteiligen Wirkungen des Halbeinkünfteverfahrens können allerdings zumindest bei mittelständischen Kapitalgesellschaften über die Zahlung von Geschäftsführergehältern vermieden werden.[198] Im Gegensatz zu Personengesellschaften, bei denen Geschäftsführergehälter als sogenannte Sondervergütungen dem gewerblichen Gewinn hinzugerechnet werden, mindern Geschäftsführergehälter einer Kapitalgesellschaft unmittelbar deren Gewinn. Beim Gesellschafter werden diese Einnahmen als Einkünfte aus nichtselbständiger Arbeit gemäß § 19 Abs. 1 EStG mit seinem individuellen progressiven Einkommensteuersatz erfaßt und unterliegen daher weder der Gewerbesteuer[199] noch dem Halbeinkünfteverfahren. Diese gezahlten Geschäftsführergehälter können dann wieder unter bestimmten Voraussetzungen der Gesellschaft zur Verfügung gestellt werden.[200] Diese Gestaltungsmöglichkeiten finden jedoch ihre Grenzen in den Grundsätzen der verdeckten Gewinnausschüttung und der verdeckten Einlage.[201]

Durch den vorgenommen Belastungsvergleich wurde die in der öffentlichen Diskussion, insbesondere von seiten des deutschen Mittelstandes, immer wieder gerügte steuerliche Benachteiligung der Personenunternehmen nicht bestätigt. Das hartnäckige Vorurteil wurde widerlegt, daß Personenunternehmen im Vergleich zu Kapitalgesellschaften benachteiligt werden.[202] Dieses sich immer noch haltende Vorurteil beruht im wesentlichen darauf, daß viele Belastungsvergleiche lediglich eine isolierte Betrachtungsweise vornehmen, bei denen ausschließlich die Steuertarife der Einkommen- und Körperschaftsteuer miteinander verglichen werden, ohne sonstige Regelungen, wie beispielsweise die Gewerbesteueranrechnung, zu berücksichtigen. Bei einem solchen Steuertarifvergleich wird zusätzlich der Einkommensteuerspitzensatz als Vergleichsgröße herangezogen, ohne zu berücksichtigen, daß die Grenzbelastung nur auf Teile des Gewinns Anwendung findet. Vielmehr ist aufgrund des bestehenden Freibetrags und des progressiven Tarifverlaufs von einer einkommensteuerlichen Durchschnittsbelastung auszugehen.

E. Das Gebot der Rechtsformneutralität aus ökonomischer und verfassungsrechtlicher Sicht

Die vorstehenden Ausführungen haben den ungenügenden Zustand der derzeitigen Unternehmensbesteuerung deutlich gemacht. Körperschaftsteuerpflichtige Unternehmen und Personenunternehmen werden in vielen Bereichen unterschiedlichen Besteuerungsregeln unterworfen und auch der Höhe nach unterschiedlich belastet. Eine allgemeingültige Aussage über die Vorteilhaftigkeit einer bestimmten Rechts-

---

[198] Bezüglich der Berücksichtigung von Geschäftsführergehältern im Rahmen eines Steuerbelastungsvergleichs vgl. *Franz Wagner*, Grundsätzliche Anmerkungen zu Irrtümern und Mängeln steuerlicher Rechtsformvergleiche, DStR 1981, S. 243 (244).

[199] Dies gilt natürlich nur für den Fall, daß die Leistung nicht innerhalb eines Gewerbebetriebs erbracht wurde.

[200] Sog. Schütt-Aus-Hol-Zurück-Verfahren.

[201] Hierzu *Johanna Hey*, Bedeutung und Besteuerungsfolgen der verdeckten Gewinnausschüttung nach der Unternehmenssteuerreform, GmbHR 2001, S. 1 ff.

[202] Im Ergebnis ebenso *Volker Lietmeyer/Oliver Petzold*, Bedingungen und Ziele für eine Reform der Unternehmensbesteuerung, Wirtschaftsdienst 2005, S. 590 (591).

form aus rein steuerrechtlicher Sicht[203] läßt sich nicht ermitteln. Diese hängt vielmehr von den individuellen Verhältnissen des Einzelfalles ab.[204] Zwar sind die bestehenden Unterschiede in der Steuerbelastung in Abhängigkeit von der Rechtsform in quantitativer Hinsicht geringer als vielfach angenommen. Dieses Ergebnis darf jedoch nicht darüber hinwegtäuschen, daß es in manchen Einzelfällen zu erheblichen Benachteiligungen kommt. Betroffen davon sind in der Regel größere mittelständische Personengesellschaften, deren Gesellschafter einen Durchschnittssteuersatz nahe dem Einkommensteuerspitzensatz haben und nicht auf die Ausschüttungen angewiesen sind. In solchen Fällen kommt es zu nicht unerheblichen Mehrbelastungen der Personengesellschaft gegenüber der Kapitalgesellschaft. Dies führt zu einer immerwährenden Unsicherheit der einzelnen Unternehmen in der Frage, ob sie, insbesondere auf lange Sicht gesehen, die richtige Rechtsform gewählt haben.

Vor diesem Hintergrund wird deutlich, daß in Deutschland, wie schon anfangs festgestellt, seit längerer Zeit ein hoher Reformbedarf auf dem Gebiet des Steuerrechts im allgemeinen und konkret auf dem Gebiet des Unternehmenssteuerrechts besteht. Zwar wurde – wie oben aufgezeigt – mehrmals versucht, die bestehenden Belastungsunterschiede durch Ausgleichsmechanismen[205] zu kompensieren. Dies ist jedoch nur mit wenig Erfolg gelungen. Spätestens jetzt sollte man erkennen, daß die ständige „Flickschusterei" des Gesetzgebers in den letzten Jahren und Jahrzehnten nicht mehr erfolgversprechend ist. Vielmehr ist, wie bereits einleitend festgestellt, eine umfassende Reform notwendig, die das Unternehmenssteuerrecht wieder auf seine dogmatischen Grundstrukturen unter Beachtung der verfassungsrechtlichen, europarechtlichen und internationalen Anforderungen zurückführt. Für den Bereich des Unternehmenssteuerrechts wird die Umsetzung eines rechtsformneutralen Steuersystems als Lösung angesehen.

Inwieweit das angestrebte Ziel einer rechtsformneutralen Besteuerung aus ökonomischer Sicht wünschenswert erscheint und gar ein verfassungsrechtliches Gebot darstellt, gilt es im folgenden zu untersuchen.

I. Rechtsformneutralität als ökonomischer Grundsatz

Aus ökonomischer Sicht konkretisiert die Forderung nach Rechtsformneutralität die ökonomischen Postulate der Entscheidungs-[206] und Wettbewerbsneutralität der Be-

---

[203] Zu beachten ist, daß neben dem steuerrechtlichen Aspekt insbesondere handels- und gesellschaftsrechtliche Überlegungen anzustellen sind, vgl. hierzu *Otto Jacobs*, Unternehmensbesteuerung und Rechtsform, 3. Aufl., 2002, S. 7 ff.

[204] Zu den einzelnen Einflussfaktoren vgl. *Rainer Hüttemann*, Die Besteuerung der Personenunternehmen und ihr Einfluss auf die Rechtsformwahl, in: Perspektiven der Unternehmensbesteuerung, hrsg. von Siegbert Seeger, DStJG 25 (2002), S. 123 (129); *Joachim Schiffers*, Steuersenkungsgesetz: Steuerliche Rechtsformwahl und Rechtsformoptimierung, GmbHR 2000, S. 1005 (1014).

[205] Vgl. insbesondere die Regelung des § 35 EStG.

[206] *Norbert Herzig/Christoph Watrin*, Betriebswirtschaftliche Anforderungen an eine Unternehmenssteuerreform, StuW 2000, S. 378 (379); *Johanna Hey*, Besteuerung von Unternehmensgewinnen und Rechtsformneutralität, in: Besteuerung von Einkommen, hrsg. von Iris Ebling, DStJG 24 (2001), S. 155 (157); *Dirk Löhr*, Die Brühler Empfehlungen – Wegweiser für eine Systemreform der Unternehmensbesteuerung?, StuW 2000, S. 33 (34); *Susanne Sieker*, Möglichkeiten rechtsformneutraler Besteuerung von Einkommen, in: Perspektiven der Unternehmensbesteuerung, hrsg. von Siegbert Seeger, DStJG 25 (2002), S. 145 (149); *Ingo van Lishaut*, Die Reform der Unterneh-

steuerung.[207] Die Postulate der Entscheidungs- und Wettbewerbesneutralität sind Teilaspekte der sogenannten Steuerneutralität. Weitere Teilaspekte der Steuerneutralität sind die Postulate der Finanzierungs-, der Verwendungs-, der Standort-, der Investitions- und der Betriebsgrößenneutralität. Die einzelnen Neutralitätspostulate stellen steuerliche Gestaltungsmaximen dar, an denen sich ein Steuerrecht aus betriebswirtschaftlicher Sicht zu orientieren hat.

Die ökonomische Zielvorgabe der Entscheidungsneutralität der Besteuerung zielt auf Gleichbehandlung von Handlungsalternativen dergestalt, daß ihre Rangordnung nach Besteuerung noch dieselbe wie vorher ist, also durch die Besteuerung keine Handlungsalternative begünstigt oder benachteiligt wird.[208] Die Entscheidung „nach Steuern" unterscheidet sich demnach nicht gegenüber der „vor Steuern".[209] Aus wirtschaftswissenschaftlicher Sicht beinhaltet somit Entscheidungsneutralität im Bereich des Steuerrechts die Forderung, wirtschaftliche Entscheidungen allein nach marktwirtschaftlichen Gesichtspunkten frei von staatlicher Einflussnahme durch das Steuerrecht treffen zu können.[210] Das aus nichtsteuerlichen Gründen bevorzugte Unternehmen in bestimmter Rechtsform soll durch das Steuerrecht nicht bloß zur „zweiten Wahl" werden.[211] Die Zielvorgabe der Wettbewerbsneutralität bestimmt, daß die Besteuerung gleichmäßig ohne wettbewerbsverzerrende Wirkung erfolgen soll.[212] Die Gleichmäßigkeit der Besteuerung ist somit notwendige Bedingung für das Postulat der Wettbewerbsneutralität.[213] Zusammenfassend läßt sich festhalten, daß aus ökonomischer Sicht nach den Postulaten der Entscheidungs- und Wettbewerbsneutralität steuerliche Belastungen keinen Einfluss auf wirtschaftliche Entscheidungen ausüben sollen.

---

mensbesteuerung aus Gesellschaftersicht, StuW 2000, S. 182 (187); *Franz Wagner*, Neutralität und Gleichmäßigkeit als ökonomische und rechtliche Kriterien steuerlicher Normkritik, StuW 1992, S. 2 (3).

[207] Zu berücksichtigen ist, daß die Begriffe der Entscheidungsneutralität und der Wettbewerbsneutralität keiner einheitlichen Terminologie unterliegen und zum Teil auch synonym verwendet werden. Vgl. ausführlich *Christian Weinelt*, Rechtsformneutralität der Unternehmensbesteuerung, 2006, S. 10, 15 ff. m.w.N.

[208] *Franz Wagner/Hans Dirrigl*, Die Steuerplanung der Unternehmung, 1980, S. 13 f.; vgl auch *Reiner Elschen*, Entscheidungsneutralität, Allokationseffizienz und Besteuerung nach der Leistungsfähigkeit, Gibt es ein gemeinsames Fundament der Steuerwissenschaften, StuW 1991, S. 99 (102 ff.); *Norbert Herzig/Christoph Watrin*, Betriebswirtschaftliche Anforderungen an eine Unternehmenssteuerreform, StuW 2000, S. 378 (379); *Dirk Löhr*, Die Brühler Empfehlungen – Wegweiser für eine Systemreform der Unternehmensbesteuerung?, StuW 2000, S. 33 (34); *Jochen Sigloch*, Verzerrende Wirkungen von Bemessungsgrundlagen und Tarif auf Unternehmensentscheidungen nach der Steuerreform 1990, StuW 1990, S. 229 (229).

[209] *Gerd Rose*, Überlegungen zur Steuergerechtigkeit aus betriebswirtschaftlicher Sicht, StuW 1985, S. 330 (339); *Susanne Sieker*, Möglichkeiten rechtsformneutraler Besteuerung von Einkommen, in: Perspektiven der Unternehmensbesteuerung, hrsg. von Siegbert Seeger, DStJG 25 (2002), S. 145 (149).

[210] *Franz Wagner*, Neutralität und Gleichmäßigkeit als ökonomische und rechtliche Kriterien steuerlicher Normkritik, StuW 1992, S. 2 (3).

[211] *Susanne Sieker*, Möglichkeiten rechtsformneutraler Besteuerung von Einkommen, in: Perspektiven der Unternehmensbesteuerung, hrsg. von Siegbert Seeger, DStJG 25 (2002), S. 145 (149).

[212] *Dirk Löhr*, Die Brühler Empfehlungen – Wegweiser für eine Systemreform der Unternehmensbesteuerung?, StuW 2000, S. 33 (34).

[213] *Ralf Maiterth*, Wettbewerbsneutralität der Besteuerung, 2001, S. 80.

Nach dem derzeitigen rechtsformabhängigen Unternehmenssteuerrecht spielen steuerliche Überlegungen bei der Rechtsformwahl allerdings eine erhebliche Rolle. Der Stellenwert des Faktors der Steuerbelastung ist zwar bei der Frage der Rechtsformwahl individuell verschieden. Der Faktor ist aber aufgrund der aus der Rechtsform resultierenden Belastungsunterschiede ein immer dominierenderer Entscheidungsfaktor.[214] Zahlreiche Publikationen über die steueroptimale Rechtsform belegen dieses Ergebnis.[215] Aufgrund dieser Entwicklung finden zum Beispiel die für die Wahl der Rechtsform eigentlich relevanten Bestimmungsfaktoren - wie Führung, Haftung, Kreditfähigkeit, Finanzierungsmöglichkeiten, Unternehmensnachfolge, Anpassungsfähigkeit an Veränderungen und andere mehr - nicht die ihnen gebührende Berücksichtigung. Weiterhin werden gesellschaftsrechtlich unübliche und fragwürdige Regelungen gewählt, um steuerrechtliche Vorteile zu erlangen. So werden beispielsweise von der Beraterpraxis auf der Suche nach der optimalen Rechtsform unübliche Gesellschaftsformen „entwickelt", die zu erheblichen Schwierigkeiten führen. Ein gutes Beispiel für eine solche Gesellschaftsform ist die GmbH & Co. KG.[216] Bei dieser Rechtsform wird das Unternehmen allein aus steuerrechtlichen Gründen in das Rechtskleid einer Personenhandelsgesellschaft gekleidet, obwohl zivilrechtlich eine andere Rechtsform erstrebt wäre.

Aufgrund der aktuellen Unternehmensbesteuerung besteht die Gefahr, daß die Rechtsform der wirtschaftlichen Betätigung nicht mehr nach betriebswirtschaftlichen und gesellschaftsrechtlichen, sondern nahezu ausschließlich nach steuerrechtlichen Aspekten gewählt wird.[217] Ein rechtsformabhängiges Unternehmenssteuerrecht hat demnach zur Folge, daß die Rechtsform als äußeres Gewand, in dem ein bestimmtes Unternehmen betrieben wird, zu einer wettbewerbsverzerrenden ungleichen Steuerbelastung führt. Demnach ist das Gebot der Rechtsformneutralität in den ökonomischen Postulaten der Entscheidungs- und Wettbewerbsneutralität verankert. Mithin stellt sich - zumindest aus ökonomischer Sicht - eine rechtsformneutrale Besteuerung als Konkretisierung der Postulate der Entscheidungs- und Wettbewerbsneutralität als wünschenswert heraus.[218]

---

[214] *Günter Wöhe*, Der Einfluß der Besteuerung auf die Wahl der Rechtsform, ZfbF 1980, S. 519 (519); zu den einzelnen Kriterien der steuerlichen Standortbedingungen vgl. *Dieter Endres/Manfred Günkel*, Steuerstandort Deutschland im Vergleich, WPg-Sonderheft 2006, S. 2 (7 f.).

[215] *Jörg Bauer*, Rechtsformwahl mittelständischer Unternehmen. nach der Unternehmenssteuerreform, StBJb 2000/2001, S. 117 ff.; *Kay Blaufus*, Unternehmenssteuerreform 2001: Steueroptimale Entscheidungen bei der Rechtsformwahl, StB 2001, S. 208 ff.; *Fritz Eggesiecker/Werner Schweigert*, Anleitung für Steuerbelastungsvergleiche: GmbH, Personengesellschaft oder GmbH & Co. KG?, 1978; *Otto Jacobs*, Unternehmensbesteuerung und Rechtsform, 3. Aufl., 2002; *Tobias Teufel*, Steuerliche Rechtsformoptimierung, Diss., 2002; *Thomas Freyer*, Unternehmensrechtsform und Steuern – Ertragsteuerliche Optimierungsstrategien, 2004; *Otto Jacobs*, Steueroptimale Rechtsform mittelständischer Unternehmen, WPg 1980, S. 705 ff.; *Brun- Hagen Hennerkes/Peter May*, Überlegungen zur Rechtsformwahl im Familienunternehmen, DB 1988, S. 483 ff.

[216] *Pezzer* bezeichnet diese Gesellschaftsform als das kautelarjuristische Ergebnis fehlender Rechtsformneutralität, vgl. *Heinz-Jürgen Pezzer*, Rechtfertigung der Körperschaftsteuer und ihre Entwicklung zu einer allgemeinen Unternehmenssteuer, in: Festschrift für Klaus Tipke, Die Steuerrechtsordnung in der Diskussion, Joachim Lang (Hrsg.), 1995, S. 419 (428).

[217] Vgl. bereits *Brigitte Knobbe-Keuk*, Bilanz- und Unternehmenssteuerrecht, 9. Aufl., 1993, S. 827.

[218] So auch *Dirk Kiesewetter*, Theoretische Leitbilder einer Reform der Unternehmensbesteuerung – ein vergleichende Analyse der Reformmodelle Kroatiens, Österreichs und Skandinaviens, StuW

II. Rechtsformneutralität als verfassungsrechtliches Gebot

Wie gerade gesehen, besteht unter Ökonomen dahingehend Konsens, daß Neutralität und damit auch Rechtsformneutralität unverzichtbare Gestaltungskriterien der Steuergesetzgebung sind. Aus juristischer Sicht ist jedoch sehr umstritten, ob dem Grundsatz der Rechtsformneutralitt auch rechtliche Bedeutung zukommt.

Wegen des bislang gescheiterten Bemühens um Rechtsformneutralität wird das Gebot als solches vor allem in jüngerer Zeit aus verfassungsrechtlicher Sicht immer mehr in Frage gestellt.[219] Die Anknüpfung an die Zivilrechtsform und der daraus folgende Dualismus der Unternehmensbesteuerung werden von einem Teil der Lehre als zulässige Ausübung gesetzgeberischer Gestaltungsfreiheit betrachtet.[220] Auch von anderen wird dieser Zustand als gleichsam vorgegeben hingenommen. So findet sich beispielsweise in einer Veröffentlichung des Bundesfinanzministeriums zur Unternehmenssteuerreform die Aussage, daß das deutsche Unternehmenssteuerrecht „zu keiner Zeit rechtsformneutral" gewesen sei, es habe vielmehr „stets zwei Besteuerungsregime" gegeben.[221] Diese Argumentation ist allerdings nur dann stichhaltig, wenn das Gebot der Rechtsformneutralität als bloße politische Forderung ohne verfassungsrechtlichen Inhalt anzusehen ist.

Zu dieser Frage hat das Bundesverfassungsgericht nun erstmals in seiner Entscheidung vom 21. Juni 2006 ausdrücklich Stellung bezogen.[222] Bis zu dieser Entscheidung hat das Bundesverfassungsgericht die gesetzgeberische Entscheidung der Anknüpfung an die zivile Rechtsform als vorgegeben hingenommen.[223] Die Frage, ob die Forderung nach Rechtsformneutralität ein verfassungsrechtliches Gebot darstellt, scheint jetzt entschieden: „Art. 3 Abs. 1 GG enthält kein allgemeines Verfassungsgebot der Rechtsformneutralität in dem Sinn, daß ausgeschüttete Gewinne von Kapitalgesellschaften beim Anteilseigner einkommensteuerlich ebenso zu behandeln sind wie Gewinne von Personengesellschaften."[224] Bei dieser Rechtsprechung ist allerdings zu beachten, daß diese auf der nicht mehr geltenden Tarifbegrenzung für gewerbliche Einkünfte nach § 32c EStG[225] sowie auf dem Rechtsverständnis des Jahres 1993 beruht.

1997, S. 24 (25).

219 Kritisch zum Gebot der Rechtsformneutralität *Wolfram Reiß*, Diskussionsbeitrag: Kritische Anmerkungen zu den Brühler Empfehlungen zur Reform der Unternehmensbesteuerung, DStR 1999, S. 2011 ff.

220 *Dieter Birk*, Das Leistungsfähigkeitsprinzip in der Unternehmenssteuerreform, StuW 2000, S. 328 (333); *Jürgen Pelka*, Rechtsformneutralität im Steuerrecht- Verfassungsmäßigkeit der Steuersatzsenkungen für Kapitalgesellschaften, StuW 2000, S. 389 (392 ff.); *Harald Weber*, Zu einigen rechtspolitischen Grundfragen der Besteuerung selbständiger Unternehmen – zugleich eine Stellungnahme zum Gutachten von Prof. Rainer Walz zum 53. Deutschen Juristentag 1980, JZ 1980, S. 545 (549); *ders.*, Grundgesetz, Gesellschaftsrecht und die Besteuerung der selbständigen Unternehmen, 1971, S. 64 ff.

221 *Bundesministerium der Finanzen*, Die Unternehmenssteuerreform–ein überzeugendes Konzept!, 2002, S. 2; abrufbar unter: www.Bundesministerium der Finanzen.de/BMF-.336.10621/.htm.

222 BVerfGE 116, 164 ff.

223 BVerfGE 26, 327 (335); 40, 109 (116).

224 BVerfGE 116, 164 (197).

225 BGBl. I 1993, 1569; § 32c EStG wurde mit dem Standortsicherungsgesetz vom 13.9.1993 eingeführt. § 32c EStG sah eine besondere Tarifermäßigung für dort näher bestimmte gewerbliche Ein-

Im folgenden ist daher der Frage nachzugehen, inwieweit die Argumentation des Bundesverfassungsgerichts nach dem Systemwechsel durch das Steuersenkungsgesetz auch für das geltende Recht schlüssig und konsequent ist oder ob sich die Forderung nach einer rechtsformneutralen Unternehmensbesteuerung doch als verfassungsrechtliches Gebot darstellt.[226] Als verfassungsrechtliche Grundlage für ein Gebot der Rechtsformneutralität werden verschiedene Grundrechte angeführt. Zu berücksichtigen in der folgenden Betrachtung sind Art. 3 Abs. 1, 9 Abs. 1, 12 Abs. 1 sowie 14 Abs. 1 GG.

1. Die Vereinbarkeit einer rechtsformabhängigen Besteuerung mit dem allgemeinen Gleichheitssatz, Art. 3 Abs. 1 GG

Als zentraler verfassungsrechtlicher Maßstab für die Beurteilung der Frage, ob die seit langem geforderte Rechtsformneutralität der Unternehmensbesteuerung verfassungsrechtlich geboten ist, kommt der in Art. 3 Abs. 1 GG verankerte allgemeine Gleichheitssatz in Betracht, der im Steuerrecht seine besondere Ausprägung im Leistungsfähigkeitsprinzip findet.[227]

a) Die Anforderungen des Gleichheitssatzes im allgemeinen

Der in Art. 3 Abs. 1 GG geregelte allgemeine Gleichheitssatz lautet: Alle Menschen sind vor dem Gesetz gleich. Gleichheit „vor dem Gesetz" bedeutet zunächst Rechtsanwendungsgleichheit. Bei der Anwendung eines Gesetzes durch Exekutive oder Judikative muß der allgemeine Gleichheitssatz beachtet werden. Der Gleichheitssatz verlangt aber auch Gleichbehandlung in Form von Rechtssetzungsgleichheit.[228] Der

---

künfte, nach der der Spitzensteuersatz für die begünstigten Einkünfte 47 % statt 53 % betrug; kritisch hierzu etwa *Rudolf Wendt*, Tarifbegrenzung für gewerbliche Einkünfte als Rechtsproblem, FR 1993, S. 1 ff.

[226] In diesem Sinne *Arno Graß*, Unternehmensformneutrale Besteuerung, Schriften zum Steuerrecht, Band 42, 1992, S. 55 ff.; *Johanna Hey*, Besteuerung von Unternehmensgewinnen und Rechtsformneutralität, in: Besteuerung von Einkommen, hrsg. von Iris Ebling, DStJG 24 (2001), S. 155 ff.; *Monika Jachmann*, Steuergesetzgebung zwischen Gleichheit und wirtschaftlicher Freiheit - Verfassungsrechtliche Grundlagen und Perspektiven der Unternehmensbesteuerung, 2000, S. 60 ff; *dies.*, Europa- und verfassungsrechtliche Grenzen der Unternehmensbesteuerung, in: Europa- und verfassungsrechtliche Grenzen der Unternehmensbesteuerung, hrsg. von Jürgen Pelka, DStJG 23 (2000), S. 9 ff.; *Joachim Lang*, Die Unternehmenssteuerreform - eine Reform pro GmbH, GmbHR 2000, S. 453 (459); *ders.*, Perspektiven der Unternehmenssteuerreform, Anh. Nr. 1 zu den sog. Brühler Empfehlungen zur Reform der Unternehmensbesteuerung, 1999, S. 8 ff.; *Wolfgang Schön*, Zum Entwurf des Steuersenkungsgesetzes, StuW 2000, S. 151 (152 ff.); *Klaus Tipke*, Zur Problematik einer rechtsformunabhängigen Besteuerung der Unternehmen, NJW 1980, S. 1079 ff., *Rudolf Wendt*, Reform der Unternehmensbesteuerung aus europäischer Sicht, StuW 1992, S. 66 (75). Ablehnend *Jürgen Pelka*, Rechtsformneutralität im Steuerrecht- Verfassungsmäßigkeit der Steuersatzsenkungen für Kapitalgesellschaften, StuW 2000, S. 389 (395 f.); *Dieter Birk*, Das Leistungsfähigkeitsprinzip in der Unternehmenssteuerreform, StuW 2000, S. 328 ff.; *Wolfram Reiß*, Rechtsformabhängigkeit der Unternehmensbesteuerung, in: Grundfragen der Unternehmensbesteuerung, Franz Wassermeyer (Hrsg.), DStJG 17 (1994), S. 3 ff.; *ders.*, Diskussionsbeitrag: Kritische Anmerkungen zu den Brühler Empfehlungen zur Reform der Unternehmensbesteuerung, DStR 1999, S. 2011 (2012); *Dieter Schneider*, Steuervereinfachung durch Rechtsformneutralität?, DB 2004, S. 1517 (1518 f.); *Harald Weber*, Zu einigen rechtspolitischen Grundfragen der Besteuerung selbständiger Unternehmen – zugleich eine Stellungnahme zum Gutachten von Prof. Rainer Walz zum 53. Deutschen Juristentag 1980, JZ 1980, S. 545 ff.

[227] Vgl. BVerfGE 65, 325 (354 f.); 66, 214 (223); 82, 60 (86 f.); 84, 239 (268 ff.).

[228] Vgl. *Wolfgang Rüfner*, in: Rudolf Dolzer/Klaus Vogel/Karin Graßhof (Hrsg.), Bonner Kommentar

Gesetzgeber muß ebenfalls bei Erlaß von Gesetzen den Gleichheitssatz beachten. Das Gebot der Rechtsetzungsgleichheit folgt zwar nicht aus dem Wortlaut des Art. 3 Abs. 1 GG, ergibt sich aber aus Art. 1 Abs. 3 GG, wonach auch der Gesetzgeber an die Grundrechte gebunden ist.

Ganz allgemein verbietet der Gleichheitssatz, wesentlich Gleiches ungleich und wesentlich Ungleiches gleich zu behandeln.[229] Da das Grundrecht auf Gleichbehandlung vor dem Gesetz nur einen abstrakten Gerechtigkeitsmaßstab enthält, müssen die konkreten Gerechtigkeitsmaßstäbe durch Auslegung gewonnen werden. Nach der Rechtsprechung des Bundesverfassungsgerichts[230] zum Gleichheitssatz läßt sich der Ablauf der Gleichheitsprüfung folgendermaßen beschreiben: Ausgangspunkt jeder Prüfung ist zunächst die Feststellung, ob die einander gegenüberstehenden Lebensverhältnisse, die der Gesetzgeber ungleich behandelt oder behandeln will, in für die rechtliche Wertung wesentlichen Elementen miteinander vergleichbar sind, um als Vergleichssachverhalte in Betracht zu kommen.[231] Liegen vergleichbare Sachverhalte vor, sind die Verschiedenheiten zwischen ihnen zu ermitteln und zu fragen, ob diese Verschiedenheiten ihrer Art und ihrem Gewicht nach die ungleiche Rechtsfolgensetzung auf dem jeweiligen Rechtsgebiet trotz im übrigen übereinstimmender Sachlage rechtfertigen. Art. 3 Abs. 1 GG verlangt also nicht die völlige Gleichbehandlung. Der allgemeine Gleichheitssatz verbietet nur die grundlose Gleich- beziehungsweise Ungleichbehandlung.[232]

Die Voraussetzungen für eine verfassungsrechtliche Rechtfertigung einer Ungleichbehandlung haben sich im Laufe der Zeit gewandelt. Bis 1980 interpretierte das Bundesverfassungsgericht den Gleichheitssatz als ein reines Willkürverbot.[233] Der Gleichheitssatz war danach erst dann verletzt, „wenn sich ein vernünftiger, sich aus der Natur der Sache ergebender oder sonst wie sachlich einleuchtender Grund für die gesetzliche Differenzierung oder Gleichbehandlung nicht finden läßt."[234] Mit dieser Rechtsprechung versuchte das Bundesverfassungsgericht den weiten Ermessensspielraum des Gesetzgebers anzuerkennen. Von dieser Auffassung ist das Bundesverfassungsgericht seit 1980 abgewichen. Nach der sogenannten „neuen Formel"[235] verbietet es der allgemeine Gleichheitssatz, eine Gruppe von Normadressaten im Vergleich zu einer anderen anders zu behandeln, obwohl zwischen beiden Gruppen keine Unterschiede von solcher Art und solchem Gewicht bestehen, daß sie

---

zum Grundgesetz, Stand Februar 2007, Art. 3 Rn. 2.

[229] BVerfGE 112, 268 (279); *Günter Dürig,* in: Theodor Maunz/ Günter Dürig, Grundgesetz Kommentar, 48. Auflage, Stand November 2006, Art. 3 Absatz 1 Rn. 2 ff.; *Klaus Tipke*, Die Steuerrechtsordnung, Band I, 2. Aufl., 2000, S. 295 m.w.N.

[230] BVerfGE 55, 72 (88); 60, 123 (133 f.), 68, 287 (301); 73, 301 (321); 74, 203 (217); 75, 78 (105).

[231] *Rudolf Wendt*, Spreizung von Körperschaftsteuersatz und Einkommensteuerspitzensatz als Verfassungsproblem, in: Festschrift für Karl Heinrich Friauf zum 65. Geburtstag, Staat, Wirtschaft, Steuern, 1996, S. 859 (864).

[232] So auch *Bodo Pieroth/Bernhard Schlink*, Grundrechte, 22. Auflage, 2006, Rn. 428.

[233] BVerfGE 1, 14 (52), 78, 232 (248).

[234] BVerfGE 1, 14 (52); aus neuerer Zeit BVerfGE 61, 138 (147); 68, 237 (250); 83, 1 (23); 89, 132 (141).

[235] BVerfGE 55, 72 (88); danach stetige Rechtsprechung BVerfGE 82, 126 (146); 84, 133 (157); 84, 197 (199); 84, 348 (359); 85, 191 (210); 85, 238 (244); 85, 360 (383); 87, 1 (36); 87, 234 (255); 88, 5 (12); 95, 39 (45); 102, 41 (54).

die ungleiche Behandlung rechtfertigen.[236] Zur Rechtfertigung einer vom Gesetzgeber vorgenommenen unterschiedlichen Behandlung vergleichbarer Sachverhalte genügt es daher nicht mehr, nur auf die eine oder andere zwischen ihnen bestehende Verschiedenheit hinzuweisen.[237] Nur wenn die Verschiedenheiten der Sachverhalte von hinreichender Art und hinreichendem Gewicht sind, kann eine ungleiche Rechtsfolgensetzung auf dem jeweiligen Rechtsgebiet trotz im übrigen übereinstimmender Sachlage gerechtfertigt werden.[238] So gilt eine Ungleichbehandlung erst dann als durch einen hinreichend gewichtigen Grund gerechtfertigt, wenn sie einen legitimen Zweck verfolgt, zur Erreichung dieses Zwecks geeignet und notwendig ist und auch sonst in angemessenem Verhältnis zur Bedeutung des verfolgten Zwecks steht. Das Bundesverfassungsgericht nimmt demnach nach der neuen Formel eine Verhältnismäßigkeitsprüfung vor.

Mit der „neuen Formel" ist die Interpretation des Gleichheitssatzes als Willkürverbot allerdings nicht vollständig überholt, sondern lediglich ergänzt worden. Bei der Überprüfung von Rechtfertigungen einer Ungleichbehandlung besteht eine abgestufte Kontrolldichte. Die Abstufung der Anforderungen an die Rechtfertigung hängen von der Intensität der Beeinträchtigung im konkreten Fall ab. Je nach der Intensität der Beeinträchtigung reicht der Prüfungsmaßstab von einer reinen Evidenzkontrolle bis hin zu einer umfassenden Verhältnismäßigkeitsprüfung.[239] Bei der Intensität der Beeinträchtigung wird zwischen personenbezogenen und verhaltensbezogenen Merkmalen differenziert. Da der Grundsatz, daß alle Menschen vor dem Gesetz gleich sind, in erster Linie eine ungerechtfertigte Verschiedenbehandlung von Personen verhindern soll, unterliegt der Gesetzgeber bei einer Ungleichbehandlung von Personengruppen regelmäßig einer strengeren Bindung.[240] Werden hingegen Sachverhalte ungleich behandelt, ist eine großzügigere Prüfung geboten.[241] Die Anforderungen an die Rechtfertigung einer Ungleichbehandlung steigen, je weniger der Betroffene das Kriterium der Ungleichbehandlung beeinflussen kann und je mehr die Ungleichbehandlung den Gebrauch grundrechtlicher Freiheiten beeinträchtigt.[242] Als grundsätzliche Aussage läßt sich festhalten: „Der Gleichheitssatz ist umso strikter, je mehr eine Regelung den Einzelnen als Person betrifft, und umso offener für gesetzgeberische Gestaltungen, je mehr allgemeine, für rechtliche Einwirkungen zugängliche Lebensverhältnisse geregelt werden."[243] Das bedeutet, daß bei personenbezogenen

---

[236] BVerfGE 67, 231 (236); 72, 141 (150); 78, 249 (287); 99, 165 (178); 102, 68 (87).

[237] *Rudolf Wendt*, Spreizung von Körperschaftsteuersatz und Einkommensteuerspitzensatz als Verfassungsproblem, in: Festschrift für Karl Heinrich Friauf zum 65. Geburtstag, Staat, Wirtschaft, Steuern, 1996, S. 859 (864).

[238] Vgl. bereits *Karl Heinrich Friauf*, Die verfassungsrechtliche Problematik einer Diskriminierung der im Wege des Leasing angeschafften Wirtschaftsgüter gegenüber anderen Investitionsformen im Wirtschafts- und Abgabenrecht, 1979, S. 14 f.

[239] BVerfGE 110, 274 (291); 112, 164 (174) m.w.N.

[240] So auch BVerfGE 95, 267 (316); 99, 367 (388).

[241] BVerfGE 55, 72 (89); 60, 329 (346); *Hans Jarass*, in: Hans Jarass/ Bodo Pieroth, GG-Kommentar, 8. Auflage, 2006, Art. 3 Rn. 20.

[242] BVerfGE 96, 1 (6); 99, 88 (94); *Johanna Hey*, Besteuerung von Unternehmensgewinnen und Rechtsformneutralität, in: Besteuerung von Einkommen, hrsg. von Iris Ebling, DStJG 24 (2001), S. 155, (175).

[243] So BVerfGE 96, 1 (6); 99, 88 (94); 101, 132 (138); 101, 151 (157); 101, 297 (309).

Differenzierungskriterien die strengere Verhältnismäßigkeitsprüfung, bei verhaltensbezogenen Merkmalen hingegen das Willkürverbot anzuwenden ist.

Das Ausmaß, innerhalb dessen der allgemeine Gleichheitssatz dem Gesetzgeber Differenzierungen erlaubt, hängt wesentlich von der Eigenart des betroffenen Sachgebiets ab.[244] Diese Abhängigkeit führt dazu, daß ein Vergleichsmaßstab ganz beherrschende Bedeutung erlangen kann.[245] So kommt es beispielsweise im Strafrecht darauf an, alle Straftäter zu erfassen, unabhängig von dem Unterschied, ob sie arm oder reich sind. Im Wehrrecht kommt es darauf an, alle Wehrpflichtigen zu erfassen, Gesunde und Kranke dürfen unterschiedlich behandelt werden.[246] Insoweit ist der allgemeine Gleichheitssatz in seiner steuerlichen Ausprägung zu konkretisieren.[247]

aa) Das Leistungsfähigkeitsprinzip als Konkretisierung des allgemeinen Gleichheitssatzes

Im Bereich des Steuerrechts wird aus Art. 3 Abs. 1 GG das Gebot der Steuergerechtigkeit als fundamentaler Grundsatz abgeleitet.[248] Das Prinzip der Steuergerechtigkeit verlangt, daß die Steuerpflichtigen durch ein Steuergesetz rechtlich und wirtschaftlich gleichmäßig belastet werden.[249] Um eine gleichmäßige Besteuerung aller Steuerpflichtigen zu ermöglichen, leitet sich für Fiskalzwecknormen[250] aus dem Grundsatz der Steuergerechtigkeit das Prinzip der Besteuerung nach der wirtschaftlichen Leistungsfähigkeit[251] ab.[252] Früher war dieser Gedanke ausdrücklich in Art. 134 der Weimarer Reichsverfassung[253] geregelt.[254] Da eine solch ausdrückliche Erwähnung im

---

[244] BVerfGE 63, 255 (262); 75, 108 (157); 76, 256 (329); 84, 239 (268); 93, 121 (134).

[245] *Rudolf Wendt*, Spreizung von Körperschaftsteuersatz und Einkommensteuerspitzensatz als Verfassungsproblem, in: Festschrift für Karl Heinrich Friauf zum 65. Geburtstag, Staat, Wirtschaft, Steuern, 1996, S. 859 (865).

[246] Vgl. *Klaus Tipke*, Steuergerechtigkeit in Theorie und Praxis, 1981, S. 54 f.

[247] BVerfGE 93, 121 (134).

[248] BVerfGE 6, 55 (70); 9, 3 (9 f.); 26, 302 (310); 43, 108 (118); 61, 319 (343 f.); 66, 214 (223); 74, 182 (199 f.); *Lerke Osterloh,* , in: Michael Sachs (Hrsg.), Grundgesetz Kommentar, 3. Auflage, 2006, Art. 3 Rn. 134.

[249] BVerfGE 84, 239 (268).

[250] Bei Sozialzwecknormen gelten andere Prinzipien, die eine Abweichung vom Leistungsfähigkeitsprinzip zulassen; vgl. *Joachim Lang*, Konkretisierungen und Restriktionen des Leistungsfähigkeitsprinzips, in: Walter Drenseck/Roman See, Festschrift für Heinrich Wilhelm Kruse, 2001, S. 313 (320 ff.).

[251] Zur Entwicklung des Leistungsfähigkeitsprinzips vgl. *Dieter Pohmer/Gisela Jurke*, Zur Geschichte und Bedeutung des Leistungsfähigkeitsprinzips, FA 1984, S. 445 ff.

[252] In der Rechtsprechung vgl. BVerfGE 6, 55 (67); 8, 51 (68); 55, 274 (302); 61, 319 (343 f.); 66, 214 (223); 68, 143 (152 f.); 82, 60 (86 f.); 84,239 (269); 93, 121 (135); 93, 165 (176); 97, 1 (7); 99, 216 (232). In der Literatur vgl. *Dieter Birk*, Das Leistungsfähigkeitsprinzip als Maßstab der Steuernormen, Ein Beitrag zu den Grundfragen des Verhältnisses Steuerrecht und Verfassungsrecht, 1983, S. 116 ff.; *Klaus Tipke*, Die Steuerrechtsordnung, Band I, 2. Aufl., 2000, S. 479 ff.; *Johanna Hey*, Besteuerung von Unternehmensgewinnen und Rechtsformneutralität, in: Besteuerung von Einkommen, hrsg. von Iris Ebling, DStJG 24 (2001), S. 155 ff.; *Monika Jachmann*, Europa- und verfassungsrechtliche Grenzen der Unternehmensbesteuerung, in: Europa- und verfassungsrechtliche Grenzen der Unternehmensbesteuerung, hrsg. von Jürgen Pelka, DStJG 23 (2000), S. 9 (11); *Rudolf Wendt*, Spreizung von Körperschaftsteuersatz und Einkommensteuerspitzensatz als Verfassungsproblem, in: Festschrift für Karl Heinrich Friauf zum 65. Geburtstag, Staat, Wirtschaft, Steuern, 1996, S. 859 (865).

[253] Wortlaut des ehemaligen § 134 WRV: „Alle Bürger ohne Unterschied tragen im Verhältnis ihrer Mittel zu allen öffentlichen Lasten nach Maßgabe der Gesetze bei".

Grundgesetz heute fehlt,[255] ist der Rückgriff auf die Grundrechte notwendig.[256] Dabei wird das Gebot der Besteuerung nach der wirtschaftlichen Leistungsfähigkeit primär aus dem allgemeinen Gleichheitssatz abgeleitet, ist aber auch in der Eigentumsgarantie des Art. 14 Abs. 1 GG verankert.[257]

Im Steuerrecht genießt bei der Beurteilung der Frage, ob ein unterschiedlicher Steuereingriff den Anforderungen des Gleichheitssatzes genügt, grundsätzlich das Kriterium der Besteuerung nach der wirtschaftlichen Leistungsfähigkeit Vorrang.[258] Auf dieser Grundlage dürfen zwei vergleichbare Sachverhalte grundsätzlich nur dann steuerlich verschieden behandelt werden, wenn diese zu einer unterschiedlichen Leistungsfähigkeit führen. Will der Gesetzgeber von diesem Grundsatz abweichen, so hat er eine sehr hohe Rechtfertigungsschwelle zu überwinden.[259]

Das Vorrangverhältnis des Leistungsfähigkeitsprinzips als Vergleichsmaßstab gegenüber anderen Vergleichskriterien leitet sich aus ihrer Funktion als öffentliche Last im Sinne eines Vermögensentzuges ab. Wegen des nicht abstreitbaren Charakters der Steuer als öffentlicher Last muß Gleichheit im Sinne des Gleichheitssatzes bei ihr grundsätzlich gleiche Lastenverteilung beziehungsweise Lastengleichheit bedeuten.[260] Da Steuer als Gemeinlast nicht auf besonderen Zurechnungsgründen beruht, sondern voraussetzungslos gegenüber allen Bürgern erhoben wird, ist unter Lastengleichheit zu verstehen, daß jeder nach seiner Fähigkeit besteuert wird, Steuern zu zahlen.

Dieses Ergebnis wird durch die Eigentumsgarantie des Art. 14 GG bestätigt. Wie bereits gesehen, sind die Anforderungen für eine Rechtfertigung einer Ungleichbehandlung strenger, wenn Freiheitsrechte betroffen sind. Der Staat greift bei der Steuererhebung auf das Vermögen zu, das der einzelne in Ausübung seiner grund-

---

[254] Bezüglich der Einführung eines Grundrechts auf Steuergerechtigkeit vgl. *Uwe Schneider/Klaus Tipke*, Sollten das Leistungsfähigkeitsprinzip und Steuergrenzen in die Verfassung aufgenommen werden?, StuW 1994, S. 58 ff.

[255] Zu den Gründen für die Abschaffung des Art. 134 WRV vgl. *Jürgen Vogt*, Neutralität und Leistungsfähigkeit, Eine verfassungsrechtliche und europarechtliche Untersuchung der Unternehmensbesteuerung nach dem StSenkG, 2002, S. 34 ff.

[256] *Paul Kirchhof*, Der verfassungsrechtliche Auftrag zur Besteuerung nach der finanziellen Leistungsfähigkeit, StuW 1985, S. 319 (323 ff.)

[257] Vgl. *Dieter Birk*, Das Leistungsfähigkeitsprinzip als Maßstab der Steuernormen, Ein Beitrag zu den Grundfragen des Verhältnisses Steuerrecht und Verfassungsrecht, 1983, S. 179 ff.; *Paul Kirchhof*, Der verfassungsrechtliche Auftrag zur Besteuerung nach der finanziellen Leistungsfähigkeit, StuW 1985, S. 319 (323 f.); *ders.*, Besteuerung im Verfassungsstaat, 2000, S. 17 ff.

[258] *Rudolf Wendt*, Der Gleichheitssatz, NVwZ 1988, 778 (783); *ders.*, Tarifbegrenzung für gewerbliche Einkünfte als Rechtsproblem, FR 1993, 1(6); *ders.*, in: Festschrift für Karl Heinrich Friauf zum 65. Geburtstag, Staat, Wirtschaft, Steuern, S. 859 (865); *Karl Heinrich Friauf*, Verfassungsrechtliche Anforderungen an die Gesetzgebung über die Steuern vom Einkommen und vom Ertrag, in: Steuerrecht und Verfassungsrecht, Karl Heinrich Friauf (Hrsg.), DStJG 12 (1989), S. 3 (28 f.); kritisch zum Prinzip der Leistungsfähigkeit *Hans-Wolfgang Arndt*, Gleichheit im Steuerrecht, NVwZ 1988, S. 791 ff., der dem Prinzip nahezu jeden Sinn abspricht.

[259] *Rudolf Wendt*, Der Gleichheitssatz, NVwZ 1988, S. 778 (783); *Karl Heinrich Friauf*, Verfassungsrechtliche Anforderungen an die Gesetzgebung über die Steuern vom Einkommen und vom Ertrag, in: Steuerrecht und Verfassungsrecht, Karl Heinrich Friauf (Hrsg.), DStJG 12 (1989), S. 3 (28 f.).

[260] Vgl. hierzu *Rudolf Wendt*, Empfiehlt es sich, das Einkommensteuerrecht zur Beseitigung von Ungleichbehandlungen und zur Vereinfachung neu zu ordnen?, DÖV 1988, S. 710 (712 f.)

rechtlichen Erwerbs-, Berufs- und Eigentumsfreiheit rechtens erworben hat. Das Vermögen ist gegenüber diesem Zugriff folgerichtig durch die Eigentumsgarantie des Art. 14 Abs. 1 GG geschützt.[261] Im Rahmen des Steuerrechts ist der Gesetzgeber verpflichtet, die Eigentumsfreiheit optimal zu schonen.[262] Eine optimale Schonung gelingt dem Gesetzgeber nur, wenn er alle Steuerpflichtigen in gleicher Weise belastet. Die Steuer, die voraussetzungslos zur Staatsfinanzierung erhoben wird, knüpft nicht an eine besondere Verantwortung des einzelnen an. Aus diesem Grund wird der Gesetzgeber der Verpflichtung zur sozialbindenden Schrankenziehung gemäß Art. 14 Abs. 1 Satz 2 Alt. 2, Abs. 2 GG nur gerecht, wenn er alle Steuerpflichtigen im Rahmen ihrer Leistungsfähigkeit belastet.

Für den Bereich des Steuerrechts stellt somit der Grundsatz der Besteuerung nach der wirtschaftlichen Leistungsfähigkeit[263] die primäre Grundanforderung an ein mit der Verfassung im Einklang stehendes Steuersystem dar.[264] Mit dieser Feststellung ist aber noch nichts zu der entscheidenden Frage gesagt, worin sich die Zahlungsfähigkeit und somit die wirtschaftliche Leistungsfähigkeit des Steuerpflichtigen äußert und wie sie gemessen werden soll. Die Besteuerung nach der wirtschaftlichen Leistungsfähigkeit ist ein abstrakter und daher konkretisierungsbedürftiger Steuerrechtsgrundsatz.[265] Um eine praktische Anwendung zu ermöglichen, bedarf es einer näheren Konkretisierung.[266]

---

[261] So *Rudolf Wendt*, Eigentum und Gesetzgebung, 1985, S. 316 ff.; *ders.*, Empfiehlt es sich, das Einkommensteuerrecht zur Beseitigung von Ungleichbehandlungen und zur Vereinfachung neu zu ordnen?, DÖV 1988, S. 710 (712 f.); auf diese Frage wird genauer unter E. II. 2. a) eingegangen.

[262] Zum Prinzip der eigentumsschonenden Besteuerung vgl. BVerfGE 115, 97 (113 ff.); 116, 164 (185); so bereits früh *Paul Kirchhof*, Besteuerung und Eigentum, VVDStRL 39 (1981), S. 213 (281); zur Interpretation des Art. 14 GG nach den Einheitswertbeschlüssen *Paul Kirchhof*, Die verfassubgsrechtliche Rechtfertigung der Steuern, Symposium für Klaus Vogel, 1996, S. 27, 45 ff.; *ders.*, Besteuerung im Verfassungsstaat, 2000, S. 50 ff.; *Monika Jachmann*, Steuergesetzgebung zwischen Gleichhiet und wirtschaftlicher Freiheit, 2000; *Joachim Englisch*, Eigentumsschonende Ertragbesteuerung, StuW 2003, S. 237 ff.; ablehnend das Votum von *Ernst-Wolfgang Böckenförde*, BVerfGE 93, 149 (153 ff.); *Klaus Tipke*, Die Steuerrechtsordnung, Band I, 2. Aufl., 2000, S. 444 ff.; *Joachim Wieland*, Freiheitsrechtliche Vorgaben für die Besteuerung von Einkommen, in: Besteuerung von Einkommen, Iris Ebling (Hrsg.), DStJG 24 (2001), S. 29 (35 ff.).

[263] Erstmals *Adam Smith*, Der Wohlstand der Nationen, 5. Buch, 2. Kap. 2. Teil: Steuern, Recktenwald (Hrsg.), 1990, S. 703.

[264] *Paul Kirchhof*, Der verfassungsrechtliche Auftrag zur Besteuerung nach der finanziellen Leistungsfähigkeit, StuW 1985, S. 319 (323 f.); *Klaus Tipke*, Die Steuerrechtsordnung, Band I, 2. Aufl., 2000, S. 488 ff.

[265] *Klaus Tipke*, Die Steuerrechtsordnung, Band I, 2. Aufl., 2000, S. 428 (429 ff.) m.w.N.: „ein unbestimmtes, aber kein unbestimmbares Prinzip". Teilweise wird das Leistungsfähigkeitsprinzip wegen seiner Unbestimmtheit und Vieldeutigkeit heftig kritisiert *Dieter Birk*, Das Leistungsfähigkeitsprinzip in der Unternehmenssteuerreform, StuW 2000, S. 328 (329); *Wolfgang Gassner/Michael Lang*, Leistungsfähigkeitsprinzip im Einkommen- und Körperschaftssteuerrecht, 2001, S. 117 ff. Insoweit ist allerdings zu berücksichtigen, daß ein gerechtes Besteuerungsprinzip relativ unbestimmt sein muß, um den jeweils herrschenden Gerechtigkeitsvorstellungen in der Gesellschaft gerecht zu werden. Dies sieht man insbesondere an den neueren Entwürfen für eine neue Einkommensteuer, in denen von anderen Einkunftsbegriffen ausgegangen wird und sich somit auch der Maßstab für die Bestimmung der Leistungsfähigkeit ändert. Vgl. hierzu beispielsweise den Entwurf von *Michael Elicker*, Entwurf einer proportionalen Netto- Einkommensteuer, 2004, S. 67 ff., der eine Art der nachgelagerten Besteuerung vorsieht.

[266] *Monika Jachmann*, Europa- und verfassungsrechtliche Grenzen der Unternehmensbesteuerung,

Das Gebot der Besteuerung nach der wirtschaftlichen Leistungsfähigkeit verpflichtet den Gesetzgeber, geeignete Maßstäbe für die Bemessung der Leistungsfähigkeit zu wählen. In diesem Zusammenhang hat der Gesetzgeber bei der Auswahl des Steuergegenstandes und der Bestimmung des Steuersatzes einen weit reichenden Gestaltungsspielraum.[267] Nach dem Gebot der Folgerichtigkeit ist der Gesetzgeber allerdings verpflichtet, eine einmal getroffene Belastungsentscheidung konsequent und folgerichtig umzusetzen.[268] Indikatoren für wirtschaftliche Leistungsfähigkeit können insbesondere das Einkommen (Vermögenszugang), das Vermögen (Konsum- und Investitionsfonds oder gespeicherte Vermögen) und der Konsum (Güterverbrauch) sein,[269] wobei dem Gesetzgeber bei der Steueranknüpfung seitens des Bundesverfassungsgerichts ein weitreichender Entscheidungsspielraum gewährt wird.[270] Bei diesen drei dynamischen Stromgrößen ist zu beachten, daß im Ergebnis jeder gewählte Indikator durch die Besteuerung die Höhe der jeweils anderen Indikatoren beeinflusst.[271] Eine Besteuerung des Einkommens verringert die Konsummöglichkeiten und die Vermögensbildung, ebenso wie eine Konsumbesteuerung das Einkommen und die Vermögensbildung reduziert, indem sie deren Verwendung belastet. Eine Vermögensbesteuerung verringert die Konsummöglichkeiten und schränkt das Einkommen bezihungsweise dessen Bildung ein. Im Rahmen der derzeitigen Einkommen- und Körperschaftsteuer ist Indikator steuerlicher Leistungsfähigkeit das Einkommen.[272] Weicht der Gesetzgeber von der getroffenen Belastungsentscheidung ab, bedarf es hierfür eines besonderen sachlichen Grundes; allein systematische Unterscheidungen des Gesetzgebers genügen als Rechtfertigung nicht. Dies impliziert, daß von der Ermittlung des Einkommens bis hin zum Steuertarif

---

in: Europa- und verfassungsrechtliche Grenzen der Unternehmensbesteuerung, hrsg. von Jürgen Pelka, DStJG 23 (2000), S. 9 (11, 13).

[267] BVerfGE 21, 12 (26); 50, 57 (77); bestätigend mit einer sehr extensiven Anwendung BVerfGE 116, 164 (182); vgl. auch *Christian Dorenkamp*, Spreizung zwischen Körperschaftsteuer- und Spitzensatz der Einkommensteuer, in: Unternehmenssteuerrecht, hrsg. von Jürgen Pelka, DStJG Sonderband 2001, S. 61 (69).

[268] Grundlegend das Zinssteuerurteil vom 27.6.1991, BVerfGE 84, 239, 271: Der Gesetzgeber habe zwar „bei der Auswahl des Steuergegenstandes und bei der Bestimmung des Steuersatzes einen weitreichenden Entscheidungsspielraum. Bei der Ausgestaltung dieses Ausgangstatbestandes hat er die einmal getroffene Belastungsentscheidung dann aber folgerichtig im Sinne der Belastungsgleichheit umzusetzen ..." Bestätigend BVerfGE 93, 121 (136); 93, 165 (172); 99, 88 (95); 101, 151(155); 107, 27 (47). Zum Gebot der Folgerichtigkeit vgl. *Rainer Prokisch*, Von der Sach- und Systemgerechtigkeit zum Gebot der Folgerichtigkeit, in: Festschrift für Klaus Vogel, Staaten und Steuern, Paul Kirchhof/Moris Lehner/Arndt Raupach/Michael Rodi (Hrsg.), 2000, S. 293 (305 ff.); *Klaus Tipke*, Die Steuerrechtsordnung, Band I, 2. Aufl., 2000, S. 312 ff., 327 ff. m.w.N.

[269] *Christian Reif*, Reform der Besteuerung des Einkommens, 2005, S.35.

[270] BVerfG, Urteil vom 06.03.2002 – 2 BvL 17/99, DStRE 2002, 349 ff.

[271] *Joachim Lang*, in: Klaus Tipke/Joachim Lang, Steuerrecht, 18. Aufl., 2005, § 4 Rn. 95 ff.

[272] Vgl. Entwurf eines Reichseinkommensteuergesetzes vom 29. 11. 1919, Verfassungsgebende Deutsche Nationalversammlung, Drucksache 1624, S. 17: „Die Einkommensteuer will vor allem die Besteuerung nach der Leistungsfähigkeit durchführen und sieht das Hauptmerkmal der steuerlichen Leistungsfähigkeit in dem gesamten Einkommen, das dem Pflichtigen zur Verfügung steht.“; Entwurf eines Dritten Steuerreformgesetzes, BT- Drucksache 7/1470, S. 211 f.; so auch *Rainer Walz*, Empfiehlt sich eine rechtsformunabhängige Besteuerung der Unternehmen?, Gutachten F zum 53. Deutschen Juristentag, 1980, S. 41; *Dieter Schneider*, Körperschaftsteuerreform und Gleichmäßigkeit der Besteuerung, StuW 1975, S. 97 (97); *Rudolf Wendt*, Empfiehlt es sich, das Einkommensteuerrecht zur Beseitigung von Ungleichbehandlungen und zur Vereinfachung neu zu ordnen?, DÖV 1988, S. 710 (714).

Gleichheit dahingehend gewährleistet sein muß, daß wirtschaftlich objektiv vergleichbare Sachverhalte zur Erzielung von Einnahmen auch gleich behandelt werden. Diese Feststellung gilt zumindest für den Bereich des Einkommensteuerrechts. Fraglich ist allerdings, ob das Leistungsfähigkeitsprinzip auch im Unternehmensbereich, insbesondere auf Kapitalgesellschaften, anwendbar ist.

bb) Anwendbarkeit des Leistungsfähigkeitsprinzips im Unternehmensbereich

Die Anwendbarkeit des Leistungsfähigkeitsprinzips im Unternehmensbereich ist umstritten. Die Anwendbarkeit des Leistungsfähigkeitsprinzips wird von einigen Vertretern der Wissenschaft mit dem Argument abgelehnt, daß dieses untrennbar mit dem subjektiven Nettoprinzip in Zusammenhang stehe und es bei Unternehmen wegen seiner subjektiven Ausgestaltung nicht anwendbar sei.[273] Juristische Personen wiesen im Gegensatz zu natürlichen Personen keine persönlichen Merkmale auf, welche die Berücksichtigung individueller Verhältnisse erfordern.[274] Diese Argumentation vermag nicht zu überzeugen.

Das traditionelle Verständnis des Leistungsfähigkeitsprinzips wird in erster Linie auf die Besteuerung natürlicher Personen angewendet.[275] Die Leistungsfähigkeit wird im Einkommensteuerrecht in zwei Schritten ermittelt. Im ersten Schritt wird die objektive Leistungsfähigkeit des Steuerpflichtigen festgestellt. Zur Feststellung der objektiven Leistungsfähigkeit kommt es allein auf die Zahlungsfähigkeit des Steuerpflichtigen - also vereinfacht gesprochen Erträge minus Aufwendungen - an, ohne besondere persönliche Verhältnisse zu berücksichtigen. Die objektive Leistungsfähigkeit wird in einem zweiten Schritt durch die subjektive Leistungsfähigkeit ergänzt, welche das bisher ermittelte Einkommen aufgrund besonderer persönlicher Verhältnisse korrigiert. Nach dem Grundsatz der subjektiven Leistungsfähigkeit müssen die persönlichen Verhältnisse des Steuerpflichtigen bei der Besteuerung berücksichtigt werden, insoweit sie dem Steuerpflichtigen das verfügbare Einkommen zur freien Disposition entziehen. Durch die Subjektivierung des Leistungsfähigkeitsprinzips wird die Brücke zum Sozialstaatsprinzip und zu Art. 6 GG (Schutz der Ehe und Familie) geschlagen.[276] Das Fehlen einer subjektiven Ebene bei Unternehmen stellt aber keineswegs die Geltung des Grundsatzes der Besteuerung nach der wirtschaftlichen Leistungsfähigkeit im Unternehmenssteuerrecht in Frage.[277] Auch Unternehmenträger, sofern sie in der Rechtsform der juristischen Person gemäß Art. 19 Abs. 3 GG organisiert

---

[273] *Marc Desens*, Das Halbeinkünfteverfahren, 2004, S.396 f.; *Reiner Elschen,* Institutionale oder personale Besteuerung von Unternehmensgewinnen?, 1989, S. 354; *Arno Graß*, Unternehmensformneutrale Besteuerung, Schriften zum Steuerrecht, Band 42, 1992, S. 55; *Rainer Walz*, Empfiehlt sich eine rechtsformunabhängige Besteuerung der Unternehmen?, Gutachten F zum 53. Deutschen Juristentag, 1980, S. 40, 41.

[274] *Johanna Hey*, in: Carl Herrmann/Gerhard Heuer/Arndt Raupach (Hrsg.), Einkommensteuer- und Körperschaftsteuergesetz, Kommentar, Stand März 2007, Anm. Einf. KStG Rn. 4

[275] *Arno Graß*, Unternehmensformneutrale Besteuerung, Schriften zum Steuerrecht, Band 42, 1992, S. 55; *Joachim Lang*, Prinzipien und Systeme der Besteuerung von Einkommen, in: Besteuerung von Einkommen, hrsg. von Iris Ebling, DStJG 24 (2001), S. 49 (58).

[276] *Joachim Lang*, in: Klaus Tipke/Joachim Lang, Steuerrecht, 18. Aufl., 2005, § 9 Rn. 69 ff.

[277] *Rudolf Wendt*, Spreizung von Körperschaftsteuersatz und Einkommensteuerspitzensatz als Verfassungsproblem, in: Festschrift für Karl Heinrich Friauf zum 65. Geburtstag, Staat, Wirtschaft, Steuern, 1996, S. 859 (870).

sind, genießen Grundrechtsschutz, „soweit das betroffene Grundrecht ihrem Wesen nach auf diese anwendbar ist".[278] Unter den Begriff der juristischen Person nach Art. 19 Abs. 3 GG fallen nicht nur juristische Personen im eigentlichen Sinn. Der Tatbestand umfaßt über seinen eigentlichen Wortlaut hinaus auch Personengesellschaften des Handelsrechts und die Gesellschaft bürgerlichen Rechts.[279] Demnach erfaßt das deutsche Verfassungsrecht bereits heute in der juristischen Person alle rechtlich greifbaren Wirtschaftsorganismen ungeachtet ihrer zivilrechtlichen Rechtsform.[280] Das Leistungsfähigkeitsprinzip ist dem Wesen nach auf juristische Personen im Sinne des Art. 19 Abs. 3 GG anwendbar, sofern man lediglich die objektive Komponente dieses Prinzips in die Betrachtung einbezieht. Das Leistungsfähigkeitsprinzip kann nämlich auch rein objektiv losgelöst von subjektiven Kriterien verstanden werden.[281] Es setzt nicht notwendigerweise voraus, daß persönliche Verhältnisse berücksichtigt werden. Vielmehr kann das Leistungsfähigkeitsprinzip in eine objektive und eine subjektive Komponente unterteilt werden.[282] Insoweit ist der Grundsatz der Besteuerung nach der wirtschaftlichen Leistungsfähigkeit, also der gleichen Belastung gleicher wirtschaftlicher Sachverhalte, nicht nur für die Besteuerung natürlicher Personen, sondern auch für den Unternehmensbereich brauchbar.[283] Dies gilt zumindest so weit, wie es nur um Merkmale objektiver Leistungsfähigkeit geht.[284]

Weiterhin wird die Anwendbarkeit des Leistungsfähigkeitsprinzips im Unternehmensbereich zum Teil mit dem Argument abgelehnt, daß Kapitalgesellschaften selbst kein „Einkommen" erzielten.[285] Sie erwirtschafteten keinen eigenen Gewinn und verfügten

---

[278] Vgl. Art. 19 Abs. 3 GG.

[279] So ausdrücklich: BVerfGE 4, 7 (12) - Investitionshilfe, OHG-; 10, 89 (99) - Erftverband, Handelsgesellschaften -; 19, 52 (55) - gesetzlicher Richter, KG -; 20, 283 (293) - Arzneimittelgesetz, KG .; *Horst Dreier*, in: Horst Dreier (Hrsg.), Grundgesetz-Kommentar, Bd. 1, 2. Auflage, 2004, Art. 19 Abs. 3 Rz. 26, 27.

[280] *Paul Kirchhof*, Maßstäbe für die Ertragsbesteuerung von Unternehmen, in: Perspektiven der Unternehmensbesteuerung, hrsg. von Siegbert Seeger, DStJG 25 (2002), S. 1 (5).

[281] *Monika Jachmann*, Steuergesetzgebung zwischen Gleichheit und wirtschaftlicher Freiheit. Verfassungsrechtliche Grundlagen und Perspektiven der Unternehmensbesteuerung, 2000, S. 17 f.; *dies.*, Europa- und verfassungsrechtliche Grenzen der Unternehmensbesteuerung, in: Europa- und verfassungsrechtliche Grenzen der Unternehmensbesteuerung, hrsg. von Jürgen Pelka, DStJG 23 (2000), S. 9 (16 f.); *Susanne Sieker*, Möglichkeiten rechtsformneutraler Besteuerung von Einkommen, in: Perspektiven der Unternehmensbesteuerung, hrsg. von Siegbert Seeger, DStJG 25 (2002), S. 145 (162); *Klaus Tipke*, Die Steuerrechtsordnung, Band II, 2. Aufl., 2003, S. 1031; a.A: *Frank Seifert*, Auswirkungen der Unternehmenssteuerreform auf Familienpersonengesellschaften, Diss., 2002, S. 91, der eine Trennung von objektiver und subjektiver Leistungsfähigkeit ablehnt.

[282] Vgl. die Unterscheidung in individuell persönliche Leistungsfähigkeit und sachlich-generische Leistungsfähigkeit bei *Fritz Neumark*, Grundsätze gerechter und ökonomisch rationaler Steuerpolitik, 1970, S. 132 ff.; außerdem *Monika Jachmann*, Europa- und verfassungsrechtliche Grenzen der Unternehmensbesteuerung, in: Europa- und verfassungsrechtliche Grenzen der Unternehmensbesteuerung, hrsg. von Jürgen Pelka, DStJG 23 (2000), S. 9 (12).

[283] *Ulrich Schreiber*, Rechtsformunabhängige Unternehmensbesteuerung?, 1987, S. 122; *Karl Heinrich Friauf*, Zur Frage der Nichtabzugsfähigkeit von Aufsichtsratsvergütungen im Körperschaftsteuerrecht, StuW 1973, S. 97 (107); *Dieter Endres*, Rechtsformabhängige Belastungsdifferenzen bei ehemaligen Besteuerungstatbeständen, DStR 1984, S. 224 (228).

[284] *Monika Jachmann*, Die Gewerbesteuer im System der Besteuerung von Einkommen, in: Perspektiven der Unternehmensbesteuerung, hrsg. von Siegbert Seeger, DStJG 25 (2002), S. 195 (201).

[285] Vgl. *Stefan Bach*, Die Perspektiven des Leistungsfähigkeitsprinzips im gegenwärtigen Steuerrecht, StuW 1991, S. 116 (127 f.); *Brigitte Knobbe-Keuk*, Möglichkeiten und Grenzen einer Unternehmenssteuerreform, DB 1989, S. 1303 (1306); *Dieter Schneider*, Körperschaftsteuerreform und

folglich auch nicht über eine eigene, von ihren Gesellschaftern zu trennende steuerliche Leistungsfähigkeit.[286] Gegen diese Ansicht spricht jedoch, daß die Kapitalgesellschaft selbst Steuersubjekt ist. Aus rechtlicher Sicht ist die Körperschaftsteuer Einkommensteuer, und zwar Einkommensteuer gerade der juristischen Person.[287] Sie erzielt ihr eigenes Einkommen, welches nach dem Körperschaftsteuergesetz in Verbindung mit dem Einkommensteuergesetz ermittelt wird.[288] Die Körperschaftsteuer ist somit wie die Einkommensteuer eine Personensteuer. Demnach stellt die geleistete Körperschaftsteuer gerade keine Vorauszahlung der Anteilseigner, wie teils behauptet, für die bei Ausschüttung zu entrichtende Einkommensteuer dar.[289] Vielmehr spricht der Umstand, daß die Gesellschaft eigenes Vermögen besitzt und eigenes Einkommen erzielt, für eine eigene Leistungsfähigkeit der Gesellschaft.[290] Im Falle der Thesaurierung verbleiben die Gewinne im Gesellschaftsvermögen, und die Vermögensmehrung begründet nicht, wie im Fall der Ausschüttung, eine Steigerung der wirtschaftlichen Leistungsfähigkeit auf Ebene der Gesellschafter, sondern allein eine solche bei der Gesellschaft.[291] Die Gesellschafter sind insoweit auf ihren Gewinnanspruch verwiesen, der sich erst durch den Beschluß über die Ergebnisverwendung zu einem Auszahlungsanspruch konkretisiert und zu einem fälligen, nicht mehr entziehbaren Gläubigerrecht wird. Frühestens in diesem Zeitpunkt erlangt der Anteilseigner einen realisierten Vermögenszuwachs im Umfang der ihm zustehenden Dividende.[292] Der ihrer Beteiligung entsprechende Teil des von der Gesellschaft thesaurierten Gewinns erhöht zwar den Substanzwert des Anteils, ein dadurch möglicherweise begründeter Vermögensvorteil ist indessen nicht realisiert. Unter Zugrundelegung dieser Ergebnisse verfügt die Gesellschaft jedenfalls über eine vorläufige eigene objektive Leistungsfähigkeit.[293] Die Leistungsfähigkeit ist insofern nur

---

Gleichmäßigkeit der Besteuerung, StuW 1975, S. 97 (101).

[286] *Erhard Schipporeit*, Ziele und Möglichkeiten einer Unternehmungsteuer - Grundzüge eines Reformvorschlags, StuW 1980, S. 190 (196).

[287] So auch *Rudolf Wendt*, Spreizung von Körperschaftsteuersatz und Einkommensteuerspitzensatz als Verfassungsproblem, in: Festschrift für Karl Heinrich Friauf zum 65. Geburtstag, Staat, Wirtschaft, Steuern, 1996, S. 859 (868 ff.); *Klaus Tipke*, Die Steuerrechtsordnung, Band II, 2. Aufl., 2003, S. 1031; *Werner Flume*, Die Betriebsertragsteuer als Möglichkeit der Steuerreform, DB 1971, S. 692 (693); *Johanna Hey*, Harmonisierung der Unternehmensbesteuerung in Europa, 1997, S. 254.

[288] *Joachim Lang*, Prinzipien und Systeme der Besteuerung von Einkommen, in: Besteuerung von Einkommen, hrsg. von Iris Ebling, DStJG 24 (2001), S. 49 (58 f.); *Klaus Tipke*, Die Steuerrechtsordnung, Band II, 2. Aufl., 2003, S. 734 ff., 1031, *Monika Jachmann*, Europa- und verfassungsrechtliche Grenzen der Unternehmensbesteuerung, in: Europa- und verfassungsrechtliche Grenzen der Unternehmensbesteuerung, hrsg. von Jürgen Pelka, DStJG 23 (2000), S. 9 (17); *Roman Seer*, Verfassungsrechtliche Grenzen der Gesamtbelastung von Unternehmen, in: Europa- und verfassungsrechtliche Grenzen der Unternehmensbesteuerung, hrsg. von Jürgen Pelka, DStJG 23 (2000), S. 87 (90).

[289] Das Argument der Vorsteuer ist mit Einführung des Halbeinkünfteverfahrens weiter entkräftet worden; vgl. hierzu *Klaus Tipke*, Die Steuerrechtsordnung, Band II, 2. Aufl., 2003, S. 1173 f.

[290] *Werner Flume*, Die Betriebsertragsteuer als Möglichkeit der Steuerreform, DB 1971, S. 692 (692); *Johanna Hey*, Harmonisierung der Unternehmensbesteuerung in Europa, 1997, S. 253.

[291] *Joachim Lang*, Prinzipien und Systeme der Besteuerung von Einkommen, in: Besteuerung von Einkommen, hrsg. von Iris Ebling, DStJG 24 (2001), S. 49 (59); *Johanna Hey*, Besteuerung von Unternehmensgewinnen und Rechtsformneutralität, in: Besteuerung von Einkommen, hrsg. von Iris Ebling, DStJG 24 (2001), S. 155 (217 f.),

[292] *Klaus Tipke*, Die Steuerrechtsordnung, Band II, 2. Aufl., 2003, S. 739.

[293] Vgl. BVerfGE 116, 164 (199); so bereits früher *Georg Crezelius*, Verhältnis der Erbschaftsteuer zur

vorläufig, als diese nur vorübergehend bis zum Zeitpunkt der Ausschüttung des Gewinns an die Gesellschafter besteht.[294] Somit kommen Kapitalgesellschaften als Zuordnungssubjekt objektiver steuerlicher Leistungsfähigkeit genauso wie natürliche Personen in Betracht.[295] Folglich ist das Leistungsfähigkeitsprinzip beschränkt auf seine objektive Komponente auch im Unternehmensbereich anwendbar.

b) Die Vergleichbarkeit der Sachverhalte

Um das Leistungsfähigkeitsprinzip und somit den ihm zugrunde liegenden allgemeinen Gleichheitssatz als verfassungsrechtliches Gebot für eine rechtsformneutrale Besteuerung im Unternehmenssteuerrecht heranziehen zu können, ist weiterhin erforderlich, daß Personenunternehmen und Kapitalgesellschaften überhaupt ertragsteuerlich miteinander vergleichbar sind. An dieser Frage entzünden sich die gegensätzlichen Meinungen in der Literatur. Für beziehungsweise gegen eine Vergleichbarkeit werden unterschiedliche Gesichtspunkte angeführt.

Einkommen- und Körperschaftsteuer, in: Steuern auf Erbschaft und Vermögen, Dieter Birk (Hrsg.), DStJG 22 (1999), S. 73 (108); *Joachim Hennrichs*, Dualismus der Unternehmensbesteuerung aus gesellschaftsrechtlicher und steuersystematischer Sicht - Oder: Die nach wie vor unvollendete Unternehmenssteuerreform, StuW 2002, S. 201 (205); *Johanna Hey*, Besteuerung von Unternehmensgewinnen und Rechtsformneutralität, in: Besteuerung von Einkommen, hrsg. von Iris Ebling, DStJG 24 (2001), S. 155 (254 ff.); *Joachim Lang*, Prinzipien und Systeme der Besteuerung von Einkommen, in: Besteuerung von Einkommen, hrsg. von Iris Ebling, DStJG 24 (2001), S. 49 (59).

[294] *Johanna Hey*, Besteuerung von Unternehmensgewinnen und Rechtsformneutralität, in: Besteuerung von Einkommen, hrsg. von Iris Ebling, DStJG 24 (2001), S. 155 (254 ff.).

[295] BVerfGE 116, 164 (199); *Dieter Birk*, Das Leistungsfähigkeitsprinzip in der Unternehmenssteuerreform, StuW 2000, S. 328 (333); *Walter Frenz*, Unternehmensteuerkonzeptionen im Lichte des Eigentumsgrundrechts und des Leistungsfähigkeitsprinzips, StuW 1997, S. 116 (124); *Karl Heinrich Friauf*, Zur Frage der Nichtabzugsfähigkeit von Aufsichtsratsvergütungen im Körperschaftsteuerrecht, StuW 1973, S. 97 (107); *Paul Kirchhof*, Der verfassungsrechtliche Auftrag zur Besteuerung nach der finanziellen Leistungsfähigkeit, StuW 1985, S. 319 (324); *Joachim Hennrichs*, Dualismus der Unternehmensbesteuerung aus gesellschaftsrechtlicher und steuersystematischer Sicht - Oder: Die nach wie vor unvollendete Unternehmenssteuerreform, StuW 2002, S. 201 (205); *Joachim Lang*, Prinzipien und Systeme der Besteuerung von Einkommen, in: Besteuerung von Einkommen, hrsg. von Iris Ebling, DStJG 24 (2001), S. 49 (58 f.); *Heinz-Jürgen Pezzer*, Rechtfertigung und Rechtsnatur der Körperschaftsteuer, in: Besteuerung der GmbH und ihrer Gesellschafter, Siegfried Widmann (Hrsg.), DStJG 20 (1997), S. 5 (13); *Erhard Schipporeit*, Ziele und Möglichkeiten einer Unternehmungsteuer - Grundzüge eines Reformvorschlags, StuW 1980, S. 190 (196); *Roman Seer*, Verfassungsrechtliche Grenzen der Gesamtbelastung von Unternehmen, in: Europa- und verfassungsrechtliche Grenzen der Unternehmensbesteuerung, hrsg. von Jürgen Pelka, DStJG 23 (2000), S. 87 (90); *Susanne Sieker*, Möglichkeiten rechtsformneutraler Besteuerung von Einkommen, in: Perspektiven der Unternehmensbesteuerung, hrsg. von Siegbert Seeger, DStJG 25 (2002), S. 145 (154, 161), *Klaus Tipke*, Die Steuerrechtsordnung, Band II, 2. Aufl., 2003, S. 733 f.; *ders.*, Über die Einheit der Steuerrechtsordnung, in: Festschrift für Karl Heinrich Friauf zum 65. Geburtstag, Staat, Wirtschaft, Steuern, 1996, S. 741 (754); *Rudolf Wendt*, Spreizung von Körperschaftsteuersatz und Einkommensteuerspitzensatz als Verfassungsproblem, in: Festschrift für Karl Heinrich Friauf zum 65. Geburtstag, Staat, Wirtschaft, Steuern, 1996, S. 859 (868 f.); *ders.*, Reform der Unternehmensbesteuerung aus europäischer Sicht, StuW 1992, S. 66 (71); ablehnend *Stefan Bach*, Die Perspektiven des Leistungsfähigkeitsprinzips im gegenwärtigen Steuerrecht, StuW 1991, S. 116 (127 f.); *Arno Graß*, Unternehmensformneutrale Besteuerung, Schriften zum Steuerrecht, Band 42, 1992, S. 55; *Werner Flume*, Die Betriebsertragsteuer als Möglichkeit der Steuerreform, DB 1971, S. 692 (692); *Brigitte Knobbe-Keuk*, Möglichkeiten und Grenzen einer Unternehmenssteuerreform, DB 1989, S. 1303 (1306); *Dieter Schneider*, Körperschaftsteuerreform und Gleichmäßigkeit der Besteuerung, StuW 1975, S. 97 (100 ff.).

aa) Unterschiedliche gesetzliche Regelungen

Gegen die Vergleichbarkeit wird zunächst eingewendet, daß die Vergleichbarkeit des zugrunde liegenden Sachverhalts wegen der unterschiedlichen gesetzlichen Besteuerungssystematik von Personenunternehmen und Kapitalgesellschaften abzulehnen sei.[296] Der Gesetzgeber habe sich bewusst für die Differenzierung zwischen Einkommen- und Körperschaftsteuer entschieden. Während die Körperschaftsteuer nur das Unternehmen erfasse, liege der Besteuerung von Personengesellschaften das Durchgriffsprinzip zugrunde. Bei Personengesellschaften werde also bewusst, nicht wie bei Kapitalgesellschaften, zwischen einer Unternehmer- und einer Unternehmensebene unterschieden. Bereits aus diesem Grund sei eine Vergleichbarkeit der Sachverhalte bereits ausgeschlossen. Weiterhin seien aufgrund des bestehenden Dualismus der Unternehmensbesteuerung auch unterschiedliche Steuertarife geboten. Der progressive Steuertarif beruhe bei natürlichen Personen auf deren subjektiver Leistungsfähigkeit.[297] Juristischen Personen komme hingegen gerade, wie bereits erläutert, keine subjektive, sondern nur eine objektive Leistungsfähigkeit zu.[298] Auch habe eine progressive Tarifgestaltung im Körperschaftsteuerrecht wenig Erfolgsaussichten, da größere Unternehmen, die Gesellschaft in mehrere kleinere Gesellschaften zerlegen könnten, um auf diesem Wege der Progression zu entgehen. Aus dieser Artverschiedenheit von Körperschaft- und Einkommensteuertarif folge die Verschiedenartigkeit der Sachverhalte, so daß der allgemeine Gleichheitssatz keine Anwendung finde.

Diese Argumentation vermag nicht zu überzeugen. Bei diesen Unterschieden handelt es sich nämlich nicht um vorrechtliche, sondern vom Gesetzgeber selbst gesetzte Unterschiede, wie die unterschiedliche Besteuerungssystematik und Tarifgestaltung, die selbst auf ihre Verfassungsmäßigkeit hin zu überprüfen sind.[299] Zwar ist der Gesetzgeber bei der Ausübung des ihm eingeräumten Gestaltungsspielraums nicht ge-

---

[296] Vgl. *Frank Seifert*, Auswirkungen der Unternehmenssteuerreform auf Familienpersonengesellschaften, Diss., 2002, S. 90, der die Vergleichbarkeit mit diesem Argument ablehnt, gleichfalls aber in Art. 3 Abs. 1 GG ein Gebot der Wettbewerbsneutralität in Form der Thesaurierungsneutralität verankert sieht. So auch *Weber*, der zwischen Personen- und Kapitalgesellschaften solche Unterschiede sieht, daß der Gesetzgeber sogar gehalten sei, diese Rechtsformen ungleich zu behandeln, vgl. *Harald Weber*, Zu einigen rechtspolitischen Grundfragen der Besteuerung selbständiger Unternehmen – zugleich eine Stellungnahme zum Gutachten von Prof. Rainer Walz zum 53. Deutschen Juristentag 1980, JZ 1980, S. 545 (549); vgl. außerdem *Thomas Stapperfend*, Die Unternehmensbesteuerung in den Entwürfen zur Reform des Einkommensteuerrechts, FR 2005, S. 74 (77).

[297] *Jürgen Pelka*, Rechtsformneutralität im Steuerrecht- Verfassungsmäßigkeit der Steuersatzsenkungen für Kapitalgesellschaften, StuW 2000, S. 389 (394 f.)

[298] *Dieter Birk*, Das Leistungsfähigkeitsprinzip in der Unternehmenssteuerreform, StuW 2000, S. 328 (335); *Jürgen Pelka*, Rechtsformneutralität im Steuerrecht- Verfassungsmäßigkeit der Steuersatzsenkungen für Kapitalgesellschaften, StuW 2000, S. 389 (394); *Harald Weber*, Zu einigen rechtspolitischen Grundfragen der Besteuerung selbständiger Unternehmen – zugleich eine Stellungnahme zum Gutachten von Prof. Rainer Walz zum 53. Deutschen Juristentag 1980, JZ 1980, S. 545 (549).

[299] So auch *Johanna Hey*, Besteuerung von Unternehmensgewinnen und Rechtsformneutralität, in: Besteuerung von Einkommen, hrsg. von Iris Ebling, DStJG 24 (2001), S. 155 (169); a.A. *Jürgen Pelka*, Rechtsformneutralität im Steuerrecht- Verfassungsmäßigkeit der Steuersatzsenkungen für Kapitalgesellschaften, StuW 2000, S. 389 (395), der die Unterschiede als „systemimmanent" hinnimmt.

zwungen, die Rechtsfolgen allein an vorrechtliche Gleichheiten oder Ungleichheiten anzuknüpfen, sondern kann auch an selbst geschaffene Differenzierungen anknüpfen.[300] Die Freiheit des Gesetzgebers, eigene Differenzierungen zu treffen, wird aber durch die Grundrechte begrenzt. Wie bereits gesehen, ist der Gesetzgeber über Art. 1 Abs. 3 GG an die Grundrechte gebunden.[301] Der Gesetzgeber kann die Grundrechte, insbesondere den allgemeinen Gleichheitssatz, nicht auf die Weise „umgehen", indem er dem Grunde nach vergleichbare Sachverhalte in zwei verschiedenen Gesetzen regelt. Vielmehr muß in solchen Fällen ein „transsystematischer" Vergleich kommensurabler Sachverhalte möglich sein, innerhalb dessen die Rechtfertigung der vom Gesetzgeber getroffenen Ungleichbehandlung überprüft wird. Zutreffender erscheint es daher, die Einkommen- und Körperschaftsteuer nicht als voneinander isoliert anzusehen, sondern sie als Teilsysteme eines umfassenden Steuersystems zu betrachten, das zum einen die Besteuerung von natürlichen Personen und zum anderen die Besteuerung von juristischen Personen regelt.[302]

Für dieses Ergebnis, die Besteuerung von Körperschaften und Personenunternehmen als Teilsysteme eines umfassenden Systems der direkten Besteuerung zu begreifen, sprechen sowohl die Systematik als auch der historische Hintergrund von Einkommen- und Körperschaftsteuerrecht. Der grundsätzliche Verweis des Körperschaftsteuergesetzes auf die Gewinnermittlungsvorschriften des Einkommensteuergesetzes gemäß § 8 Abs. 1 StG zeigt, daß der Gesetzgeber im Rahmen der Gewinnermittlung von vergleichbaren Sachverhalten ausgeht. Diese These wird durch einen historischen Rückblick weiter bestärkt. Noch bis zum Jahr 1920 wurde das Einkommen natürlicher und juristischer Personen einheitlich der Einkommensteuer unterworfen. Erst seit dem Reichskörperschaftsteuergesetz von 1920[303] unterliegt das Einkommen juristischer Personen einer eigenen Körperschaftsteuer. Demnach hat sich das Körperschaftsteuerrecht aus dem Einkommensteuerrecht entwickelt und kann nicht als völlig von der Einkommensteuer unabhängiges System betrachtet werden.

bb) Unterschiedliche gesellschaftsrechtliche Strukturen

Weiterhin wird die Vergleichbarkeit der Sachverhalte mit dem Argument abgelehnt, daß die Unternehmen unterschiedliche gesellschaftsrechtliche Strukturen aufwiesen.[304] Auch diese Argumentation ist nicht schlüssig. Unternehmen werden grund-

---

[300] Die Gestaltungsfreiheit des Gesetzgebers im Bereich der Steuern aufzeigend BVerfGE 13, 181 (203); 74, 182 (200); 81, 108 (117); 93, 121 (136).

[301] *Bodo Pieroth/Bernhard Schlink*, Grundrechte, 22. Auflage, 2006, Rn. 428.

[302] So auch *Rudolf Wendt*, Spreizung von Körperschaftsteuersatz und Einkommensteuerspitzensatz als Verfassungsproblem, in: Festschrift für Karl Heinrich Friauf zum 65. Geburtstag, Staat, Wirtschaft, Steuern, 1996, S. 859 (867); *Johanna Hey*, Besteuerung von Unternehmensgewinnen und Rechtsformneutralität, in: Besteuerung von Einkommen, hrsg. von Iris Ebling, DStJG 24 (2001), S. 155 (169).

[303] Reichskörperschaftsteuergesetz (RKStG) vom 30. 3. 1920, RGBl. S. 393.

[304] Vgl. *Dieter Birk*, Das Leistungsfähigkeitsprinzip in der Unternehmenssteuerreform, StuW 2000, S. 328 (394); *Jürgen Pelka*, Rechtsformneutralität im Steuerrecht- Verfassungsmäßigkeit der Steuersatzsenkungen für Kapitalgesellschaften, StuW 2000, S. 389 (394); *Harald Weber*, Zu einigen rechtspolitischen Grundfragen der Besteuerung selbständiger Unternehmen – zugleich eine Stellungnahme zum Gutachten von Prof. Rainer Walz zum 53. Deutschen Juristentag 1980, JZ 1980, S. 545 (549).

sätzlich in zwei Unternehmenstypen untergliedert. Man unterscheidet personenbezogene und kapitalorientierte Unternehmen voneinander. Nach der ursprünglichen Intention des Gesetzgebers sollte die Kapitalgesellschaft dadurch geprägt sein, daß ihre einander unbekannten Gesellschafter ihre Investition lediglich als vermögenswerte Anlage ansehen und eine nähere persönliche Bindung zur Gesellschaft nicht besteht. Die Personengesellschaft sollte hingegen einen starken Personenbezug aufweisen, indem sie eher von weniger Personen geführt wird und den Gesellschaftern zur Finanzierung des Lebensunterhalts dient.[305] Diese theoretischen Unterschiede in der Gesellschaftsstruktur der einzelnen Rechtsformen sind allerdings heute in der Praxis nicht mehr erkennbar. Im Gesellschaftsrecht bestehen aufgrund zahlreicher dispositiver Vorschriften viele verschiedene Möglichkeiten, die Gesellschaftsstrukturen den individuellen Verhältnissen und Bedürfnissen anzupassen. Auf diesem Weg kann sowohl bei der Kapitalgesellschaft eine Personenbezogenheit hergestellt werden als auch eine gewisse „Verselbständigung" der Personengesellschaft.[306] Das Leitbild der personenbezogengen Personengesellschaft und der kapitalorientierten Körperschaft ist daher heute nicht mehr zutreffend. Somit sprechen die gesellschaftsrechtlichen Strukturunterschiede nicht gegen eine Anwendung des allgemeinen Gleichheitssatzes.

cc) Gleichartige Betätigung und Wettbewerbslage

Für eine Vergleichbarkeit der zugrundeliegenden Sachverhalte ergibt sich weiterhin unter dem Gesichtspunkt der gleichartigen Betätigung und Wettbewerbslage der unterschiedlichen Unternehmen. Sowohl Kapitalgesellschaften als auch Einzelunternehmer und Personengesellschaften erwirtschaften ihren Gewinn auf der Grundlage gleichartiger wirtschaftlicher Leistungen.[307] Sie stehen innerhalb der gleichen Wirtschaftsbereiche in Wettbewerb zueinander, ohne daß es darauf ankommt, in welcher Rechtsform das jeweilige Unternehmen betrieben wird.[308] Unternehmen sind in allen Wirtschaftzweigen in unterschiedlichen Rechtsformen vertreten und stehen in Konkurrenz zueinander. Aus der Teilnahme am gleichen, vom Wettbewerb beherrschten Markt leitet sich eine Vergleichbarkeit der unternehmerischen Tätigkeit in unterschiedlichen Rechtsformen ab.[309]

dd) Ergebnis

Zusammenfassend ist die Vergleichbarkeit der Unternehmen unterschiedlicher Rechtsformen im Hinblick auf Art. 3 Abs. 1 GG gegeben. Kapitalgesellschaften, Personengesellschaften und Einzelunternehmen sind im Hinblick auf die Besteuerung ihrer unternehmerischen Tätigkeit miteinander vergleichbar.

---

[305] *Curt Fischer*, Um ein Unternehmungs-Steuerrecht, StuW 1942, Sp. 601 (615).

[306] *Anders Kraft*, Rechtsformabhängige Besteuerung mittelständischer Unternehmen, Diss., 2005, S. 2.

[307] So auch *Frank Seifert*, Auswirkungen der Unternehmenssteuerreform auf Familienpersonengesellschaften, Diss., 2002, S. 93.

[308] *Rudolf Wendt*, Spreizung von Körperschaftsteuersatz und Einkommensteuerspitzensatz als Verfassungsproblem, in: Festschrift für Karl Heinrich Friauf zum 65. Geburtstag, Staat, Wirtschaft, Steuern, 1996, S. 859 (866).

[309] Vgl. *Hermann Otto Solms*, Liberale Reform der direkten Steuern (Berliner Entwurf der FDP), 2005, S. 8.

c) Rechtfertigung einer nicht neutralen Besteuerung

Zur Rechtfertigung der bestehenden Ungleichbehandlung kommen zwei unterschiedliche Ansatzpunkte in Betracht. [310] Erstens stellt die bloße Rechtsformbezogenheit der Steuer als solche so lange keine verfassungswidrige Ungleichbehandlung im Sinne des allgemeinen Gleichheitssatzes dar, wie den Unternehmen in unterschiedlicher Rechtsform eine unterschiedliche wirtschaftliche Leistungsfähigkeit zuzuschreiben ist.[311] Sollte zwischen den Unternehmen unterschiedlicher Rechtsform eine voneinander abweichende wirtschaftliche Leistungsfähigkeit festzustellen sein, so läge aufgrund der unterschiedlichen steuerlichen Belastung der einzelnen Unternehmen kein Verstoß gegen den allgemeinen Gleichheitssatz vor. Sie wäre vielmehr die konsequente Umsetzung des aus dem allgemeinen Gleichheitssatz abgeleiteten Grundsatzes der Besteuerung nach der wirtschaftlichen Leistungsfähigkeit.[312] Im Falle einer unterschiedlichen Leistungsfähigkeit wäre eine unterschiedliche steuerliche Behandlung gerade geboten. Sollte zwischen den Unternehmen in unterschiedlicher Rechtsform hingegen keine generelle unterschiedliche Leistungsfähigkeit festzustellen sein, so muß die Abweichung vom Leistungsfähigkeitsprizip durch sachliche Gründe gerechtfertigt werden. Zur Rechtfertigung der unterschiedlichen steuerlichen Behandlung der Unternehmen werden verschiedende Argumente, wie zum Beispiel die Unerheblichkeit der Belasungstungunterschiede, die Freiheit der Rechtsformwahl oder die Einheit der Rechtsordnung vorgebracht.

Ob unter Zugrundlegung dieser verschiedenen Ansatzpunkte eine Rechtfertigung der Ungleichbehandlung in Betracht kommt, gilt es im folgenden zu untersuchen.

aa) Unterschiedliche objektive Leistungsfähigkeit

Um die steuerliche Ungleichbehandlung von Einzelunternehmern und Personengesellschaften einerseits und Kapitalgesellschaften andererseits zu rechtfertigen, müsste die Anknüpfung an die jeweilige Rechtsform die Folge einer generellen unterschiedlichen objektiven Leistungsfähigkeit der einzelnen Unternehmensformen sein.

(1) Anknüpfung an die Rechtsform

Die Rechtsform als solche enthält keinerlei Aussagegehalt hinsichtlich der Leistungsfähigkeit eines Unternehmens. Zwischen der Rechtsform und der Leistungsfähigkeit eines Unternehmens besteht kein innerer Zusammenhang, so daß von einer bestimmten Rechtsform nicht auf eine gesteigerte oder verminderte Leistungsfähigkeit geschlossen werden darf. Dieser Ansicht ist auch das Bundesverfassungsgericht auf

---

[310] Vgl. *Arno Graß*, Unternehmensformneutrale Besteuerung, Schriften zum Steuerrecht, Band 42, 1992, S. 147 f.

[311] So bereits *Otto Jacobs*, Empfiehlt sich eine rechtsformunabhängige Besteuerung der Unternehmung? – Betriebswirtschaftliche Überlegungen zum diesbezüglichen Thema des 53. Deutschen Juristentages, ZGR 1980, S. 289 (291); außerdem *Joachim Hennrichs*, Dualismus der Unternehmensbesteuerung aus gesellschaftsrechtlicher und steuersystematischer Sicht - Oder: Die nach wie vor unvollendete Unternehmenssteuerreform, StuW 2002, S. 201 (202); *Joachim Lang*, Prinzipien und Systeme der Besteuerung von Einkommen, in: Besteuerung von Einkommen, hrsg. von Iris Ebling, DStJG 24 (2001), S. 49 (100).

[312] Zum Leistungsfähigkeitsprinzip vgl. E. II. 1. a) aa).

dem Gebiet des Umsatzsteuerrechts gefolgt.[313] In dieser Entscheidung hat das Gericht eine Besteuerung für verfassungswidrig erklärt, die Belastungsunterschiede allein danach bemaß, ob ärztliche Leistungen in der Rechtsform einer GmbH & Co KG oder von einem Freiberufler erbracht wurden.[314]

Strittig ist, ob diese Entscheidung auf die Unternehmensbesteuerung übertragbar ist.[315] Das Bundesverfassungsgericht hat in seiner Entscheidung vom 12. Juni 2006 jedenfalls ausdrücklich darauf hingewiesen, daß aus der sogenannten Schwarzwaldklinik-Entscheidung kein allgemeines Gebot der Rechtsformneutralität folge.[316] Die Begründung des Zweiten Senats lautet: „Da die Umsatzsteuer darauf angelegt ist, auf den Verbraucher überwälzt zu werden, folgerichtige Steuerbefreiungen also auf die Entlastung der Verbraucher abzielen, kann es nach der umsatzsteuerlichen Grundentscheidung nicht auf unterschiedliche Rechtsformen leistender Unternehmen ankommen. Diese Aussagen berühren die Ausgestaltung der direkten Steuern auf Einkommen und Gewerbeertrag nur insoweit, als auch hier entsprechende Anforderungen an die folgerichtige Umsetzung der Belastungsgrundentscheidungen zu beachten sind. Die das deutsche Steuerrecht traditionell prägende Annahme, daß in der abgeschirmten Vermögenssphäre einer Kapitalgesellschaft eine eigenständige, objektive Leistungsfähigkeit entsteht, nicht jedoch bei Einzelunternehmen und Personengesellschaften, bildet ein mögliches Differenzierungskriterium, das mit dem Belastungsgrund wirtschaftlicher Leistungsfähigkeit durch Vermehrung des Betriebsvermögens vereinbar ist und das den Gesetzgeber zwar nicht zwingt, bei Ertrags- bzw. Einkommensbesteuerung anhand der Rechtsform zu unterscheiden, es ihm aber auch nicht grundsätzlich verbietet."[317] Das Bundesverfassungsgericht hat demnach die Übertragbarkeit der Schwarzwaldklinikentscheidung auf andere Steurrechtsgebiete nur in bezug auf ein verfassungsrechtliches Gebot der Rechtsformneutralität, nicht jedoch in bezug auf die Übertragbarkeit der sonstigen in der Entscheidung festgelegten Grundsätze im ganzen abgelehnt. Die auf andere Steuergesetze übertragbare Verallgemeinerung dieser Entscheidung lautet demnach:[318]

---

[313] BVerfGE 101, 151 (156 f.) - Schwarzwaldklinik; 101, 132 (139) -Heileurhythmist.

[314] BVerfGE 101, 151 (156 f.) - Schwarzwaldklinik.

[315] Für eine Übertragbarkeit *Susanne Sieker*, Möglichkeiten rechtsformneutraler Besteuerung von Einkommen, in: Perspektiven der Unternehmensbesteuerung, hrsg. von Siegbert Seeger, DStJG 25 (2002), S. 145 (153); *Johanna Hey*, Besteuerung von Unternehmensgewinnen und Rechtsformneutralität, in: Besteuerung von Einkommen, Iris Ebling (Hrsg.), DStJG 24 (2001), S. 155 (164); *Heinz-Jürgen Pezzer,* Rechtfertigung und Rechtsnatur der Körperschaftsteuer, in: Besteuerung der GmbH und ihrer Gesellschafter, hrsg. von Siegfried Widmann, DStJG 20 (1997), S. 5 (48); dagegen: *Dieter Birk*, Das Leistungsfähigkeitsprinzip in der Unternehmenssteuerreform, StuW 2000, S. 328 (333); *Roman Seer*, Unternehmenssteuerreform – Verfassungsrechtliche Aspekte, StbJB 2000/2001, S. 15 (22).

[316] BVerfGE 116, 164 (199).

[317] BVerfGE 116, 164 (199 ff.); zur Argumentation des Bundesverfassungsgerichts im einzelnen vgl. E. II. 1. e).

[318] So auch *Johanna Hey*, Besteuerung von Unternehmensgewinnen und Rechtsformneutralität, in: Besteuerung von Einkommen, hrsg. von Iris Ebling, DStJG 24 (2001), S. 155 (164); *Paul Kirchhof*, Der Karlsruher Entwurf und seine Fortentwicklung zu einer Vereinheitlichten Ertragsteuer, StuW 2002, S. 3 (11); *ders.*, Maßstäbe für die Ertragsbesteuerung von Unternehmen, in: Perspektiven der Unternehmensbesteuerung, hrsg. von Siegbert Seeger, DStJG 25 (2002), S. 1 (7); *Joachim Lang*, Unternehmenssteuerreform im Staatenwettbewerb, BB 2006, S. 1769 (1771); *Heinz-Jürgen Pezzer,* Die Besteuerung des Anteilseigners, in: Perspektiven der Unternehmensbesteuerung,

Der allgemeine Gleichheitssatz verbietet eine unterschiedliche steuerliche Behandlung der Unternehmen aufgrund der Rechtsform, wenn die Unterscheidung durch den Belastungsgrund des Steuergesetzes nicht gerechtfertigt ist.[319] Daher stellt die Rechtsform eines Unternehmens keinen sachlichen Grund für eine steuerliche Ungleichbehandlung dar.[320] Der Gesetzgeber muß also an einen tatsächlichen Unterschied anknüpfen, der aus der unterschiedlichen Rechtsform und den damit einhergehenden Regelungen folgt.[321] Im folgenden sind daher die der Rechtsform zugrunde liegenden Sachverhalte zu ermitteln und zu prüfen, inwiefern aus diesen eine generell unterschiedliche Leistungsfähigkeit resultiert.

(2) Zivilrechtliche Strukturunterschiede

Die unterschiedliche Behandlung der Unternehmen in unterschiedlicher Rechtsform wird mit den zivilrechtlichen Strukturunterschieden zu rechtfertigen versucht. Als für das Steuerrecht relevante gesellschaftsrechtliche Unterschiede werden insbesondere der Umfang der Haftung, die Gebundenheit des Gewinns sowie die Zuweisung der Gewinne und Verluste genannt. Im Rahmen des Steuerrechts ist allerdings zu beachten, daß als sachlich hinreichende Begründung nur solche Gegebenheiten in Betracht kommen, die Einfluss auf die wirtschaftliche Leistungsfähigkeit des betroffenen Steuersubjekts haben.

Das entscheidende Kriterium, mit dem eine unterschiedliche objektive Leistungsfähigkeit begründet wird, ist das Haftungsmerkmal.[322] Bei der Personengesellschaft haften deren Gesellschafter grundsätzlich unbeschränkt für Verbindlichkeiten der Gesellschaft,[323] während eine direkte Haftung der Gesellschafter einer Kapitalgesellschaft für deren Verbindlichkeiten regelmäßig ausgeschlossen ist.[324] Aus der begrenzten Haftung einer Gesellschaft mit beschränkter Haftung und dem damit einhergehenden geringeren finanziellen Risiko der Gesellschafter soll eine generell höhere Leistungsfähigkeit zu begründen sein. Dieses Ergebnis läßt sich aber anhand keinerlei Tatsachen nachweisen[325] und läßt sich mit entgegengesetzter Argumentati-

---

hrsg. von Siegbert Seeger, DStJG 25 (2002), S. 37 (48); *Wolfgang Schön*, Zum Entwurf des Steuersenkungsgesetzes, StuW 2000, S. 151 (152); a.A. *Dieter Birk*, Das Leistungsfähigkeitsprinzip in der Unternehmenssteuerreform, StuW 2000, S. 328 (333); *Roman Seer*, Unternehmenssteuerreform – Verfassungsrechtliche Aspekte, StbJB 2000/2001, S. 15 (22); *Thomas Stapperfend*, Die Unternehmensbesteuerung in den Entwürfen zur Reform des Einkommensteuerrechts, FR 2005, S. 74 (76).

[319] *Susanne Sieker*, Möglichkeiten rechtsformneutraler Besteuerung von Einkommen, in: Perspektiven der Unternehmensbesteuerung, hrsg. von Siegbert Seeger, DStJG 25 (2002), S. 145 (153).

[320] BVerfGE 101, 151 (156 f.) - Schwarzwaldklinik; 101, 132 (139) -Heileurhythmist.

[321] BVerfGE 13, 331 (352), so auch *Frank Balmes*, Rechtsformneutralität der Unternehmensbesteuerung, in: Unternehmenssteuerrecht, hrsg. von Jürgen Pelka, DStJG Sonderband 2001, S. 25 (36).

[322] Vgl. *Rainer Hüttemann*, Die Besteuerung der Personenunternehmen und ihr Einfluss auf die Rechtsformwahl, in: Perspektiven der Unternehmensbesteuerung, hrsg. von Siegbert Seeger, DStJG 25 (2002), S. 123 (140) und S. 188 (Diskussion).

[323] *Hartwig Sprau*, in: Palandt, Bürgerliches Gesetzbuch- Kommentar, 65. Auflage, 2006, § 714 Rn. 11; § 171 Abs. 1 HGB enthält z.B. eine Ausnahme von diesem Grundsatz für den Kommanditisten.

[324] Eine Ausnahme enthält § 32a GmbHG.

[325] So auch *Johanna Hey*, Besteuerung von Unternehmensgewinnen und Rechtsformneutralität, in: Besteuerung von Einkommen, hrsg. von Iris Ebling, DStJG 24 (2001), S. 155 (252 f.); *Monika Jachmann*, Europa- und verfassungsrechtliche Grenzen der Unternehmensbesteuerung, in: Euro-

on ebenso umkehren. Die Einheit von Herrschaft und Risiko kann nämlich ebenfalls dazu führen, daß das Streben des unbeschränkt Haftenden, nicht in Anspruch genommen zu werden, unter Umständen zu mehr Arbeitseinsatz und damit möglicherweise zu höheren Gewinnen führt. Darüber hinaus ist darauf hinzuweisen, daß sich die Haftungslage wirtschaftlich häufig ganz anders darstellt als bei rein rechtlicher Sicht. Will eine Gesellschaft mit beschränkter Haftung ohne ausreichende Eigenkapitalbasis einen Kredit erhalten, so ist dies in der Regel nur dann möglich, wenn ein Gesellschafter Sicherheiten aus seinem Privatvermögen leistet. Wirtschaftlich wird damit die Haftung der Gesellschafter einer Gesellschaft mit beschränkter Haftung im Kreditbereich vergleichbar mit derjenigen eines Einzelunternehmers oder Komplementärs.[326] Andererseits kann auch durch entsprechende gesellschaftsrechtliche Regelungen die Haftung der natürlichen Personen beschränkt werden.[327] Daher läßt sich aus dem zivilrechtlichen Merkmal der Haftung kein für das Steuerrecht relevanter Unterschied feststellen, der eine unterschiedliche Behandlung rechtfertigt.[328]

Diese Ausführungen sind nicht dahin falsch zu verstehen, daß die unterschiedliche zivilrechtliche Haftung keinerlei Auswirkungen auf die wirtschaftliche Leistungsfähigkeit hat. Die unterschiedliche Haftung führt zwar, wie festgestellt, nicht zu einer generell höheren oder verminderten Leistungsfähigkeit des einzelnen Unternehmens in unterschiedlicher Rechtsform. Dennoch muß das gesellschaftsrechtliche Merkmal der unterschiedlichen Haftung bei der konkreten Ausgestaltung des Steuerrechts im Rahmen der Möglichkeiten der Verlustberücksichtigung berücksichtigt werden.[329] Die Berücksichtigung von entstehenden Verlusten bei voll haftenden Gesellschaftern hat anders zu erfolgen als die bei nur beschränkt haftenden Gesellschaftern. Eine Verrechnung von im Unternehmen entstandenen Verlusten mit anderweitigen positiven Einkünften der am Unternehmen beteiligten natürlichen Personen ist nur dann gerechtfertigt, aber auch erforderlich, wenn der Gesellschafter für den im Unternehmen entstandenen Verlust persönlich mit anderen Einkünften haftet. Nur unter diesen Umständen müssen anderweitige Einkünfte zur Tilgung unternehmerischer Schulden eingesetzt werden, so daß es zu einer Minderung der Leistungsfähigkeit beim Gesellschafter kommt. Dieses Ergebnis wird durch die Vorschrift des § 15a EStG belegt. § 15a EStG regelt die Verlustberücksichtigung des Kommanditisten. Während bei Einzelunternehmern und Komplementären grundsätzlich ein voller Verlustabzug

---

pa- und verfassungsrechtliche Grenzen der Unternehmensbesteuerung, hrsg. von Jürgen Pelka, DStJG 23 (2000), S. 9 (20).

[326] So auch *Otto Jacobs*, Empfiehlt sich eine rechtsformunabhängige Besteuerung der Unternehmung? – Betriebswirtschaftliche Überlegungen zum diesbezüglichen Thema des 53. Deutschen Juristentages, ZGR 1980, S. 289 (293).

[327] Als Beispiel läßt sich die GmbH u. Co. KG anführen.

[328] Im Ergebnis *Joachim Hennrichs*, Dualismus der Unternehmensbesteuerung aus gesellschaftsrechtlicher und steuersystematischer Sicht - Oder: Die nach wie vor unvollendete Unternehmenssteuerreform, StuW 2002, S. 201 (211).

[329] Vgl. hierzu *Johanna Hey*, Besteuerung von Unternehmensgewinnen und Rechtsformneutralität, in: Besteuerung von Einkommen, hrsg. von Iris Ebling, DStJG 24 (2001), S. 155 (193); *Rainer Hüttemann*, Die Besteuerung der Personenunternehmen und ihr Einfluss auf die Rechtsformwahl, in: Perspektiven der Unternehmensbesteuerung, hrsg. von Siegbert Seeger, DStJG 25 (2002), S. 123 (139); *Susanne Sieker*, Möglichkeiten rechtsformneutraler Besteuerung von Einkommen, in: Perspektiven der Unternehmensbesteuerung, hrsg. von Siegbert Seeger, DStJG 25 (2002), S. 145 (174).

und –ausgleich möglich ist, wird dieser beim Kommanditisten durch § 15a EStG beschränkt. Ein Kommanditist haftet gemäß §§ 171 Abs. 1 Halbs. 1, 172 Abs. 1 HGB im Außenverhältnis für Schulden der Kommanditgesellschaft grundsätzlich nur bis zur Höhe seiner im Handelsregister eingetragenen Haftungssumme. Nach § 15a EStG findet ein Ausgleich von Verlusten nicht statt, wenn ein Gesellschafter nur beschränkt haftet und die Haftungssumme bereits durch zuvor zugerechnete Verluste erreicht ist. Das dann entstehende sogenannte negative Kapitlakonto stellt keine wirtschaftliche Belastung dar und mindert daher auch nicht die Leistungsfähigkeit des Kommanditisten.[330]

Weiterhin wird als relevanter struktureller Unterschied die Gebundenheit des Gewinns angeführt. So begründete beispielsweise der Gesetzgeber selbst in dem Entwurf eines Steuersenkungsgesetzes die Ungleichbehandlung damit, „daß die Mittel bei einer Körperschaft gebunden sind und nur für unternehmerische Zweck verwendet werden können, während der Personenunternehmer regelmäßig über die Mittel auch für seinen privaten Bedarf frei verfügen kann.[331] Diese Argumentation allein vermag jedoch nicht zu überzeugen, da sie nur beim Leitbild einer solchen Rechtsform zutrifft. Die Argumentation ist dann nicht mehr zutreffend, wenn es sich bei der Körperschaft beispielsweise um eine personalistisch organisierte Gesellschaft mit beschränkter Haftung, insbesondere eine Ein-Mann-GmbH, handelt. In der personalistisch organisierten GmbH sind thesaurierte Gewinne ebenfalls jederzeit ausschüttbar und für die Gesellschafter verfügbar, nicht anders als bei einer Personengesellschaft. Umgekehrt stellt sich der Fall bei kapitalistisch organisierten Personengesellschaften dar. Dem Kommanditisten einer Publikums-Kommanditgesellschaft wird es kaum gelingen, Gewinne, die aufgrund gesellschaftsrechtlichen Beschlusses in der Gesellschaft thesauriert wurden, zu entnehmen.[332] Nicht ausgeschüttete Gewinne begründen auch in diesem Fall für die Gesellschafter noch keine tatsächliche Leistungsfähigkeitssteigerung.[333] Dem kann nicht entgegengehalten werden, der Gesellschafter verwende mit dem gesellschaftsrechtlichen Beschluß bereits bei ihm realisiertes Einkommen. Diese Ansicht läßt nämlich offen, warum die Besteuerung bei der Gesellschaft mit beschränkter Haftung anders erfolgen soll. Auch bei der Gesellschaft mit beschränkter Haftung entscheiden die Gesellschafter über die Gewinnverwendung.[334] Dennoch unterliegen die thesaurierten Gewinne nicht der Besteuerung

---

[330] Ausführlich zu § 15a EStG *Brigitte Knobbe-Keuk*, Bilanz- und Unternehmenssteuerrecht, 9. Aufl., 1993, S. 482 ff.

[331] BT- Drucksache 14/2683, 139 f.; zustimmend *Dieter Schneider*, Steuervereinfachung durch Rechtsformneutralität?, DB 2004, S. 1517 (1520).

[332] *Roman Seer*, Unternehmenssteuerreform - Verfassungsrechtliche Aspekte, StbJB 2000/2001, S. 15 (22).

[333] *Joachim Hennrichs*, Dualismus der Unternehmensbesteuerung aus gesellschaftsrechtlicher und steuersystematischer Sicht - Oder: Die nach wie vor unvollendete Unternehmenssteuerreform, StuW 2002, S. 201 (208); *Brigitte Knobbe-Keuk*, Möglichkeiten und Grenzen einer Unternehmenssteuerreform, DB 1989, S. 1303 (1306); außerdem *Werner Flume*, Die Betriebsertragsteuer als Möglichkeit der Steuerreform, DB 1971, S. 692 (693); *Rainer Hüttemann*, Die Besteuerung der Personenunternehmen und ihr Einfluss auf die Rechtsformwahl, in: Perspektiven der Unternehmensbesteuerung, hrsg. von Siegbert Seeger, DStJG 25 (2002), S. 123 (142); *Wolfgang Schön*, Der Große Senat des Bundesfinanzhofs und die Personengesellschaft, StuW 1996, S. 275 (281 ff.).

[334] Vgl. § 46 Nr. 1 GmbHG.

auf Ebene der Gesellschafter. Somit läßt sich auch diesem zivilrechtlichen Strukturunterschied kein Argument für eine unterschiedliche Leistungsfähigkeit entnehmen.

(3) Fazit

Demnach stellen sowohl die Rechtsform als solche als auch die gesellschaftsrechtlichen Strukturunterschiede keinen sachlichen Indikator für eine unterschiedliche Leistungsfähigkeit der einzelnen Unternehmen in unterschiedlicher Rechtsform dar. Diese Kriterien können deshalb nicht als sachliche Rechtfertigung für die steuerliche Ungleichbehandlung der unternehmerischen Gewinne herangezogen werden.[335]

Daher bedarf es anderer sachlicher Gründe, die ein Abweichen vom Grundsatz der Besteuerung nach der wirtschaftlichen Leistungsfähigkeit rechtfertigen.

bb) Unerheblichkeit der Belastungsunterschiede

Zum Teil werden die bestehende Ungleichbehandlung und die daraus resultierenden Belastungsunterschiede als unbeachtlich und deshalb als nicht rechtfertigungsbedürftig angesehen.[336] Diese Begründung vermag allerdings aus mehreren Gründen nicht zu überzeugen.

Zum einen trifft die „geringe“ Steuersatzspreizung von 6,67 % nur bei einer Anwendung des Einkommensteuerspitzensatzes auf Thesaurierungsebene zu. Die Spreizung kann jedoch im Falle von niedrigeren Gewinnen, die den Spitzensteuersatz nicht erreichen, und auch im Falle der Ausschüttung auf Grund der Ungenauigkeiten des Halbeinkünfteverfahrens höher ausfallen. Weiterhin ist zu berücksichtigen, daß die Spreizung von 6,67 % auf einer vereinfachten Veranlagungssimulation beruht, die nicht sämtliche Unterschiede in der Ermittlung der Bemessungsrundlage erfaßt. Durch solche Faktoren können die Belastungsunterschiede noch wesentlich stärker auseinanderklaffen. Das Argument der Unbeachtlichkeit kann die bestehenden Belastungsunterschiede daher nicht rechtfertigen. Dieses Argument vermag somit im Hinblick auf die Rechtsformneutralität der Unternehmensbesteuerung nicht zu überzeugen.

cc) Ausgleich von Mehr- und Minderbelastungen

Der oben angestellte Rechtsformvergleich hat gezeigt, daß sich keine generelle Aussage über die steuerliche Vorteilhaftigkeit eines Unternehmens in bestimmter Rechtsform in quantitativer Hinsicht machen läßt. Vielmehr hängt die steuerliche Vorteilhaftigkeit vom konkreten Einzelfall - maßgeblich von der Höhe des Gewinns - ab. So werden im Thesaurierungsfall ertragsstarke Personenunternehmen benachteiligt, währenddessen ertragsschwache Personenunternehmen vom Progressionseffekt profitieren. Im Ausschüttungsfall ist die Kapitalgesellschaft grundsätzlich nicht vorteilhaft. Auf diesen Ergebnissen basierend wird versucht, die bestehenden Ungleichbehandlungen zwischen den einzelnen Unternehmen in unterschiedlicher Rechtsform mit dem Argument zu rechtfertigen, daß sich die Vorteile im einen Fall

---

[335] Vgl. *Joachim Hennrichs*, Dualismus der Unternehmensbesteuerung aus gesellschaftsrechtlicher und steuersystematischer Sicht - Oder: Die nach wie vor unvollendete Unternehmenssteuerreform, StuW 2002, S. 201 (206).

[336] So *Wolfgang Schön*, Zum Entwurf des Steuersenkungsgesetzes, StuW 2000, S. 151 (153).

mit den Nachteilen im anderen Fall verrechnen lassen.[337] Diese Begründung mag allerdings einer rechtlichen Prüfung nicht standzuhalten. Im Rahmen einer Prüfung am Maßstab des allgemeinen Gleichheitssatzes werden immer nur vergleichbare Sachverhalte einander gegenübergestellt. Eine Ungleichbehandlung zu Lasten ertragsstarker Personenunternehmen kann nicht mit einer Privilegierung ertragsschwacher Personenunternehmen gerechtfertigt werden.[338] Eine gleichheitsgerechte Besteuerung läßt sich demnach immer nur bezogen auf wirtschaftlich vergleichbare Unternehmen feststellen.[339] Ein wirtschaftlich anders gelagerter Fall darf in den Besteuerungsvergleich nicht einbezogen werden. Somit läßt sich auch aus dieser Argumentation keine Rechtfertigung für die Belastungsunterschiede herleiten.[340]

dd) Freiheit der Rechtsformwahl als Rechtfertigung

Fraglich ist, ob die Freiheit der Wahl der Rechtsform und der steuerneutralen[341] Umwandlung zur Rechtfertigung herangezogen werden kann.[342] Teilweise wird vertreten, daß eine ungleiche Besteuerung von Personenunternehmen und Kapitalgesellschaften aufgrund der Freiheit der Rechtsformwahl nicht zu beanstanden sei.[343] Der Unternehmer könne bei der Gründung und auch im weiteren Verlauf im Wege der Umwandlung die Rechtsform frei wählen.[344] Somit sei das Ausmaß der Belastung des Unternehmensgewinns durch die Wahl der Rechtsform beeinflussbar.[345] Dieses Argument vermag jedoch ebenfalls nicht zu überzeugen.

Es entspricht nicht den Zielvorstellungen der Rechtsordnung, daß die Rechtsformwahl primär durch steuerliche Folgen motiviert ist. Vielmehr sollten die unterschiedlichen zivilrechtlichen Regelungen selbst den Ausschlag für die Wahl der Rechtsform

---

[337] Im Ansatz *Rainer Hüttemann*, Die Besteuerung der Personenunternehmen und ihr Einfluss auf die Rechtsformwahl, in: Perspektiven der Unternehmensbesteuerung, hrsg. von Siegbert Seeger, DStJG 25 (2002), S. 123 (129); *Jochen Thiel*, Die Ermäßigung der Einkommensteuer für gewerbliche Einkünfte, StuW 2000, S. 413 (416 f.).

[338] *Rudolf Wendt*, Spreizung von Körperschaftsteuersatz und Einkommensteuerspitzensatz als Verfassungsproblem, in: Festschrift für Karl Heinrich Friauf zum 65. Geburtstag, Staat, Wirtschaft, Steuern, 1996, S. 859 (885).

[339] So auch *Rainer Hüttemann*, Die Besteuerung der Personenunternehmen und ihr Einfluss auf die Rechtsformwahl, in: Perspektiven der Unternehmensbesteuerung, hrsg. von Siegbert Seeger, DStJG 25 (2002), S. 123 (129 f.).

[340] So auch *Marc Desens*, Das Halbeinkünfteverfahren, 2004, S. 20.

[341] Problematisch bei Beteiligung ausländischer Gesellschafter im Hinblick auf § 20 Abs. 3 UmwStG.

[342] So z.B. *Wissenschaftlicher Beirat des Fachbereichs Steuern bei Ernst & Young AG*, BB 2005, S. 1653 (1653 ff.); *SVR/MPI/ZEW*, Reform der Einkommens- und Unternehmensbesteuerung durch die Duale Einkommensteuer, Arbeitspapier vom 13. 2. 2006, S. 3, abzurufen unter: http://www.zew.de/de/presse/presse.php?action=article_show&LFDNR=552; a.A. *Ekkehart Wilk*, Anforderungen an Reformvorschläge zur Unternehmensbesteuerung, BB 2006, S. 245 (247).

[343] *Dieter Birk*, Das Leistungsfähigkeitsprinzip in der Unternehmenssteuerreform, StuW 2000, S. 328 (335), *Christoph Watrin*, Rechtsformneutrale Unternehmensbesteuerung: Heilmittel oder Sündenfall?, DStZ 1999, S. 238 (241).a.A. *Johanna Hey*, Besteuerung von Unternehmensgewinnen und Rechtsformneutralität, in: Besteuerung von Einkommen, hrsg. von Iris Ebling, DStJG 24 (2001), S. 155 (175).

[344] Vgl. *Dieter Birk*, Das Leistungsfähigkeitsprinzip in der Unternehmenssteuerreform, StuW 2000, S. 328 (335).

[345] *Christoph Watrin*, Rechtsformneutrale Unternehmensbesteuerung: Heilmittel oder Sündenfall?, DStZ 1999, S. 238 (241).

geben.[346] Ansonsten würde die zivilrechtliche Bedeutung der Rechtsformen im Hinblick auf die verschiedenen gesellschaftsrechtlichen Haftungssysteme und die damit einhergehenden Gesellschafterstrukturen, die unterschiedlichen Formen der Mitbestimmung und die kapitalmarktrechtlichen Unterschiede weitestgehend zurückgedrängt. Das Steuersystem sollte als Eingriffsrecht aus sich heraus sachgerecht sein und nicht den einzelnen faktisch dazu zwingen, die eigene Steuerlast durch eigene Gestaltung zu minimieren.[347] Ferner ist zu berücksichtigen, daß bei einem größeren Gesellschafterkreis de facto kein Rechtsformwechsel möglich ist.

Die Beeinflussbarkeit des Ausmaßes der Belastung des Unternehmensgewinns durch die Wahl der Rechtsform hat somit höchstens Auswirkungen auf die Intensität der Beeinträchtigung, schließt aber einen Verstoß gegen Art. 3 Abs. 1 GG nicht aus.[348] Wie bereits oben erläutert, hängen die Anforderungen an die verfassungsrechtliche Rechtfertigung von der Intensität der Beeinträchtigung ab. Zwar erweist sich das Merkmal der Rechtsform aus der Sicht der am Unternehmen beteiligten natürlichen Personen als ein abänderbares verhaltensbezogenes Merkmal, so daß unter diesem Gesichtspunkt keine all zu hohen Anforderungen an die verfassungsrechtliche Rechtfertigung zu stellen sind. Diese Sichtweise ließe jedoch die Ebene des Unternehmens außer Betracht. Wendet man nämlich den Blick von der Ebene des Gesellschafters auf die Ebene des Untenehmens, so stellt die Möglichkeit der freien Wahl der Rechtsform im Hinblick auf Art. 19 Abs. 3 GG kein verhaltenbezogenes, sondern ein für das Unternehmen unabänderliches personenbezogenes Merkmal dar.[349] Daher läßt sich aus der Möglichkeit der freien Wahl der Rechtsform auch keine allgemeine Aussage hinsichtlich der Intensität der Beeinträchtigung und damit einhergehend hinsichtlich der Rechtfertigungsanforderungen treffen. Vielmehr ist im konkreten Einzelfall zu überprüfen, ob die jeweilige steuerliche Ungleichbehandlung an ein verhaltenbezogenes oder an ein personenbezogenes Merkmal anknüpft, um die Anforderungen an eine Rechtfertigung festzulegen.

ee) Einheit der Rechtsordnung: Anknüpfung des Steuerrechts an das Zivilrecht

Weiterhin wird zur Rechtfertigung der Ungleichbehandlung das Argument der Einheit der Rechtsordnung[350] angeführt.[351] Dieser Ansatz wird damit begründet, daß sich

---

[346] So bereits *Carl Boettcher*, Vorschlag eines Betriebsteuerrechts, StuW 1947, Sp. 67 (69).

[347] *Michael Elicker*, Entwurf einer proportionalen Netto- Einkommensteuer, 2004, S. 169; *Johanna Hey*, Besteuerung von Unternehmensgewinnen und Rechtsformneutralität, in: Besteuerung von Einkommen, hrsg. von Iris Ebling, DStJG 24 (2001), S. 155 (216); *Wolfram Reiß*, Individualbesteuerung von Mitunternehmern nach dem Steuersenkungsgesetz, StuW 2000, S. 399 (400 f.).

[348] *Johanna Hey*, Besteuerung von Unternehmensgewinnen und Rechtsformneutralität, in: Besteuerung von Einkommen, hrsg. von Iris Ebling, DStJG 24 (2001), S. 155 (175).

[349] Vgl. *Monika Jachmann*, Steuergesetzgebung zwischen Gleichheit und wirtschaftlicher Freiheit. Verfassungsrechtliche Grundlagen und Perspektiven der Unternehmensbesteuerung, 2000, S. 16 ff., 104 f.

[350] Vgl. *Werner Flume*, Steuerwesen und Rechtsordnung, in: Festschrift für Rudolf Smend zum 70. Geburtstag, Rechtsprobleme in Staat und Kirche, 1952, S. 59 ff.; *Klaus Tipke*, Über die Einheit der Steuerrechtsordnung, in: Festschrift für Karl Heinrich Friauf zum 65. Geburtstag, Staat, Wirtschaft, Steuern, 1996, S. 741 (757).

[351] So zum Beispiel *Ingo van Lishaut*, Die Reform der Unternehmensbesteuerung aus Gesellschaftersicht, StuW 2000, S. 182 (187 f.); *Harald Weber*, Zu einigen rechtspolitischen Grundfragen der Be-

das Steuerrecht aus Gründen der Einheit der Rechtsordnung an der zivilrechtlichen Unterscheidung von Personengesellschaften, die Gesamthandsgesellschaften mit nur beschränkter Rechtsfähigkeit oder ohne Rechtsfähigkeit seien, einerseits und Kapitalgesellschaften als juristische Personen andererseits zu orientieren habe.[352] Während das Trennungsprinzip der zivilrechtlichen Selbständigkeit der Kapitalgesellschaft Rechnung trage, entspreche das Konzept steuerlicher Transparenz der zivilrechtlichen Rechtslage der Personengesellschaft. Unabhängig davon, inwieweit Personengesellschaften überhaupt noch als Gesamthandsgesellschaften mit nur beschränkter Rechtsfähigkeit oder ohne eigene Rechtsfähigkeit anzusehen sind[353], vermag dieser Ansatz bereits aus anderen Gründen nicht zu überzeugen. Denn Einheit der Rechtsordnung bedeutet nicht, daß Differenzierungen, die ein Rechtsgebiet vornimmt, auch zwingend für alle anderen Rechtgebiete gelten. Vielmehr bedeutet Einheit der Rechtsordnung, daß Wertungen, die ein Rechtsgebiet enthält, nicht durch Regelungen innerhalb eines anderen Rechtsgebiets negiert oder umgekehrt werden.[354]

Früher hat das Bundesverfassungsgericht[355] eine Anknüpfung der steuerlichen Behandlung an die Zivilrechtsform im Interesse der Einheit der Rechtsordnung nicht nur für zulässig, sondern sogar für geboten erachtet.[356] Diese Entscheidungen des Bundesverfassungsgerichts, welche auch heute noch vom Schrifttum als Anhaltspunkt für diese Argumentation angeführt wird, stammen allerdings aus einer Zeit, in der das Bundesverfassungsgericht das Steuerrecht noch als eine Art unselbständiges Folgerecht des Zivilrechts erachtete.[357] Von diesem Verständnis wird allerdings sowohl in der Lehre[358] als auch in der Rechtsprechung[359] immer mehr Abstand genommen. Das Steuerrecht und Zivilrecht werden mittlerweile vielmehr als zwei nebeneinander stehende Rechtsgebiete angesehen, die denselben Sachverhalt aus unterschiedli-

---

steuerung selbständiger Unternehmen - zugleich eine Stellungnahme zum Gutachten von Prof. Rainer Walz zum 53. Deutschen Juristentag 1980, JZ 1980, S. 545 (549 ff.).

[352] *Harald Weber*, Zu einigen rechtspolitischen Grundfragen der Besteuerung selbständiger Unternehmen – zugleich eine Stellungnahme zum Gutachten von Prof. Rainer Walz zum 53. Deutschen Juristentag 1980, JZ 1980, S. 545 (550).

[353] Vgl. C. II. 1.

[354] *Harald Weber*, Zu einigen rechtspolitischen Grundfragen der Besteuerung selbständiger Unternehmen - zugleich eine Stellungnahme zum Gutachten von Prof. Rainer Walz zum 53. Deutschen Juristentag 1980, JZ 1980, S. 545 (547).

[355] BVerfG vom 24. 1. 1962 – 1 BvR 845/58, BVerfGE 13, 331, 340; zunehmend davon abrückend BVerfGE 15, 313 (318 ff.); 18, 224 (232 ff.); 24, 112 (117 ff.); 25, 309 (313); 26, 327 (334 f.).

[356] BVerfGE 13, 331 (340).

[357] So auch *Rainer Prokisch*, Von der Sach- und Systemgerechtigkeit zum Gebot der Folgerichtigkeit, in: Festschrift für Klaus Vogel, Staaten und Steuern, Paul Kirchhof/ Moris Lehner/Arndt Raupach/Michael Rodi (Hrsg.), 2000, S. 293 (299 f.).

[358] Vgl. BVerfGE 18, 224 (234 f.); 26, 327 (334 f.); *Arndt Raupach*, Darf das Steuerrecht andere Teile der Rechtsordnung stören? Zur Eigenständigkeit des Steuerrechts und deren Grenzen, in: Festschrift für Klaus Tipke, Die Steuerrechtsordnung in der Diskussion, Joachim Lang (Hrsg.), 1995, S.105 (106 ff.); *Klaus Tipke*, Die Steuerrechtsordnung, Band I, 2. Aufl., 2000, S. 92 ff.; *Rainer Walz*, Steuergerechtigkeit und Rechtsanwendung. Grundlinie einer relativ autonomen Steuerrechtsdogmatik, 1980, S. 353 ff.; a.A. *Georg Crezelius*, Steuerrechtliche Rechtsanwendung und allgemeine Rechtsordnung, 1983, S. 178 ff.

[359] Vgl. BVerfGE 24, 113 (117); BVerfG, StuW 1992, 168 (187); zur Entwicklung der Rechtsprechung des BVerfG vgl. *Dorothee Hallerbach*, Die Personengesellschaft im Einkommensteuerrecht - Zivilrechtliche Einordnung und einkommenssteuerliche Folgen, 1999, S. 75 ff.

chen Perspektiven unter verschiedenen Zielsetzungen betrachten.[360] Während das Zivilrecht den Interessenausgleich zwischen privaten Rechtssubjekten regelt, dient das Steuerrecht der gerechten Verteilung der Gesamtsteuerlast am Maßstab des Leistungsfähigkeitsprinzips.[361] Ein Verstoß gegen den Grundsatz der Einheit der Rechtsordnung liegt aus genannten Gründen im Bereich des Unternehmenssteuerrechts nur vor, wenn die Ziele des Gesellschaftsrechts vereitelt werden. Dies wäre beispielsweise der Fall, wenn Sachverhalte im Rahmen der Besteuerung begünstigt werden, die nach gesellschaftsrechtlichen Grundsätzen unerwünscht oder gar unzulässig sind. Das Steuerrecht knüpft daher nur soweit an das Zivilrecht an, wie die Zielvorstellungen des Steuerrechts mit denen des Zivilrechts im Einklang stehen. Sollte aus steuerrechtlichen Gesichtspunkten ein anderes Ergebnis geboten sein, so wird von der zivilrechtlichen Sichtweise abgewichen.[362] Dies geht beispielsweise eindeutig aus den §§ 39 ff. AO hervor.[363] Nach § 39 ff. AO soll nicht die zivilrechtliche Form, sondern nur die in ihr enthaltenen wirtschaftlichen Auswirkungen erfaßt werden.

Ein rechtsformabhängiges Unternehmenssteuerrecht dient allerdings nicht der Verwirklichung der Zielvorstellungen des Zivilrechts. Vielmehr werden die Zielvorstellungen des Zivilrechts durch ein rechtsformabhängiges Unternehmenssteuerrecht vereitelt, indem bei der Wahl der Rechtsform die zivilrechtlichen Merkmale bei der Wahl der Rechtsform aufgrund der steuerlichen Belastungsunterschiede der Unternehmen in unterschiedlicher Rechtsform in den Hintergrund treten. Eine zwingende generelle Zugrundelegung der gesellschaftsrechtlichen Regelungen für das Steuerrecht läßt sich demnach aus dem Grundsatz der Einheit der Rechtsordnung gerade nicht ableiten.[364]

ff) Sozialzwecknormen als Rechtfertigung

Die Ungleichbehandlung könnte weiterhin durch Sozialzwecke gerechtfertigt sein.[365] Eine steuerliche Ungleichbehandlung, die dem Grundsatz einer gleichmäßigen Besteuerung widerspricht, kann „dennoch vor dem Gleichheitssatz gerechtfertigt sein,

---

[360] So auch *Walter Frenz*, Unternehmensteuerkonzeptionen im Lichte des Eigentumsgrundrechts und des Leistungsfähigkeitsprinzips, StuW 1997, S. 116 (126).

[361] *Dorothee Hallerbach*, Die Personengesellschaft im Einkommensteuerrecht - Zivilrechtliche Einordnung und einkommenssteuerliche Folgen, 1999, S. 83 ff.; *Klaus Tipke*, Die Steuerrechtsordnung, Band I, 2. Aufl., 2000, S. 50.

[362] *Klaus Tipke*, Die Steuerrechtsordnung, Band II, 2. Aufl., 2003, S. 1285 ff.; bestätigt durch BVerfG vom 25.07.1968, 1 BvR 58/67, BVerfGE 25, 112 ff.; BVerfG vom 15.07.1969, 1BvR 457/66, BVerfGE 66, 327 ff., so auch BFH vom 25.06.1984, GrS 4/82, BStBl. II 1984, S. 751; BFH vom 14.12.1994, XI R 37/94, BStBl. II 1995, S. 329, 330.

[363] Zur wirtschaftlichen Betrachtungsweise vgl. *Klaus Tipke*, in: Klaus Tipke/Joachim Lang, Steuerrecht, 18. Aufl., 2005, § 5 Rn. 65 ff.

[364] So ausdrücklich BVerfGE 116, 164 (198 f.); vgl. ferner *Arndt Raupach*, Darf das Steuerrecht andere Teile der Rechtsordnung stören? Zur Eigenständigkeit des Steuerrechts und deren Grenzen, in: Festschrift für Klaus Tipke, Die Steuerrechtsordnung in der Diskussion, Joachim Lang (Hrsg.), 1995, S.105 (106 ff.); *Klaus Tipke*, Die Steuerrechtsordnung, Band I, 2. Aufl., 2000, S. 92 ff.; *Rainer Walz*, Steuergerechtigkeit und Rechtsanwendung. Grundlinie einer relativ autonomen Steuerrechtsdogmatik, 1980, S. 353 ff.

[365] Zur Zulässigkeit von Sozialzwecknormen im Steuerrecht vgl. *Joachim Lang*, in: Klaus Tipke/Joachim Lang, Steuerrecht, 18. Aufl., 2005, § 4 Rn. 124; *Fritz Neumark*, Grundsätze gerechter und ökonomisch rationaler Steuerpolitik, 1970, S. 223 ff.

wenn der Gesetzgeber dadurch das wirtschaftliche oder sonstige Verhalten des Steuerpflichtigen aus Gründen des Gemeinwohls fördern oder lenken will".[366] Im Gegensatz zu Fiskalzwecknormen zielt der Gesetzgeber bei Lenkungsnormen nicht auf die gerechte Lastenverteilung, sondern darauf, daß der Steuerpflichtige zu einem bestimmten gemeinwohlförderlichen Verhalten angeregt wird. Steuerliche Lenkungsnormen, die einen vom Gesetzgeber beabsichtigten lenkenden Hauptzweck, aber nur einen sekundären fiskalischen Nebenzweck haben, weichen somit vom Leistungsfähigkeitsprinzip gezielt ab.[367]

Sozialzwecknormen sind unter bestimmten Voraussetzungen verfassungsrechtlich anerkannt.[368] Um mit dem Instrument der Steuer auch andere als bloße Ertragswirkungen zu erzielen, müssen die zur Rechtfertigung herangezogenen Förderungs- und Lenkungsziele von einer erkennbaren gesetzgeberischen Entscheidung getragen werden. Der Lenkungszweck muß hinreichend bestimmt und erkennbar sein und gemeinwohlbezogen zu rechtfertigen sein.[369]

Demnach müssten die gesetzlichen Regelungen zum Unternehmenssteuerrecht lenkungssteuerliche Begünstigungen für eine bestimmte Rechtsform enthalten. Verfolgt der Gesetzgeber Sozialzwecke im Steuerrecht, so ist er verpflichtet, den Lenkungszweck mit hinreichender Bestimmtheit tatbestandlich zu präzisieren. Die im Jahr 2000 durchgeführte Steuerreform sollte nach der Intention des Gesetzgebers gezielt der Mittelstandsförderung dienen.[370] Den Mittelstand prägen Personengesellschaften und Einzelunternehmer. Fraglich ist daher, ob nach den gesetzlichen Regelungen gerade diese Unternehmensformen gegenüber anderen generell steuerlich privilegiert werden. Diese Zielrichtung geht allerdings, wie bereits erläutert, aus den geltenden, steuerlichen Regelungen nicht hervor.[371] Vielmehr läßt sich die Besteuerung der einzelnen Unternehmen in unterschiedlicher Rechtsform als eine Ansammlung vieler sich teilweise aufhebender Vor- und Nachteile beschreiben, die je nach Einzelfall zu unterschiedlichen Begünstigungen oder Belastungen führen.[372]

Ein in der politischen Diskussion entscheidendes Indiz für eingeräumte Privilegierungen sind die Steuersätze. Allein hieran läßt sich bereits die nicht einheitlich verwirklichte Privilegierung der Personenunternehmen erkennen. Im Falle der Thesaurierung erfolgt keine generelle Privilegierung der Personenunternehmen. Auch im

---

[366] BVerfGE 93, 121 (147); 99, 280 (296); 105, 73 (112); 116, 164 (182).

[367] *Dieter Birk*, Steuerrecht, 9. Auflage, 2006, Rn. 168 ff.

[368] BVerfGE 38, 61 (79 ff.); 67, 256 (282); 84, 239 (247); 93, 121 (147 f.); 98, 106 (117); 99, 280 (296); 105, 73 (112).

[369] Vgl. *Dieter Birk*, Das Leistungsfähigkeitsprinzip als Maßstab der Steuernormen, Ein Beitrag zu den Grundfragen des Verhältnisses Steuerrecht und Verfassungsrecht, 1983, S. 240; BVerfGE 99, 280 (296); 105, 73 (112 f.); 110, 274 (293), 116, 164 (182).

[370] BMF vom 06.12.2000, IV A 1, „Steuerreform 2000 ist gezielte Mittelstandsförderung".

[371] So auch *Frank Balmes*, Rechtsformneutralität der Unternehmensbesteuerung, in: Unternehmenssteuerrecht, hrsg. von Jürgen Pelka, DStJG Sonderband 2001, S. 25 (36); *Dietrich Jacobs*, Rechtsformwahl nach der Unternehmenssteuerreform: Personenunternehmung oder Kapitalgesellschaft?, DStR 2001, S. 806 ff.

[372] Vgl. *Wolfgang Schön*, Zum Entwurf des Steuersenkungsgesetzes, StuW 2000, S. 151 (152); *Johanna Hey*, Besteuerung von Unternehmensgewinnen und Rechtsformneutralität, in: Besteuerung von Einkommen, hrsg. von Iris Ebling, DStJG 24 (2001), S. 155 ff.

Falle der Ausschüttung kommt es auf den jeweiligen Einkommensteuertarif des Unternehmers an, welche Rechtsform für ihn günstiger ist.

Auch wenn der Steuertarif meist als maßgebliche Vergleichsgröße herangezogen wird, so kommt es noch auf viele weitere Faktoren an, um die Vorteilhaftigkeit eines Unternehmens in bestimmter Rechtsform zu ermitteln. Die Vorteilhaftigkeit hängt neben dem jeweiligen Steuertarif maßgeblich von der Ertragslage und der Gewinnverwendung des Unternehmens, also von außerhalb des Unternehmens liegenden Faktoren ab, deren wichtigster der persönliche Einkommensteuersatz des Gesellschafters ist.

Daher läßt sich, wie bereits im Rahmen des angestellten Belastungsvergleichs gesehen, keine allgemeingültige Aussage über die Vorteilhaftigkeit der einen oder anderen Rechtsform treffen. Aus den gesetzlichen Regelungen läßt sich gerade keine klare Präferenz zugunsten einer Rechtsform ableiten. Ohne auf die sonstigen Rechtfertigungsvoraussetzungen von Sozialzwecknormen einzugehen, ist bereits aus diesem Grund eine Rechtfertigung der Ungleichbehandlung durch Sozialzwecke auszuschließen.

gg) Typisierungsspielraum des Gesetzgebers

Eine Rechtfertigung der bestehenden Belastungsunterschiede könnte sich weiterhin unter dem Gesichtspunkt des Typisierungsspielraums des Gesetzgebers ergeben. Unabhängig davon, ob mit einer Steuernorm allein Fiskalzwecke oder auch Förderungs- und Lenkungsziele verfolgt werden, ist die Befugnis des Gesetzgebers zur Vereinfachung und Typisierung zu beachten. Jede gesetzliche Regelung muss verallgemeinern.[373] Bei der Ordnung von Massenerscheinungen ist der Gesetzgeber berechtigt, die Vielzahl der Einzelfälle in dem Gesamtbild zu erfassen, das nach den ihm vorliegenden Erfahrungen die regelungsbedürftigen Sachverhalte zutreffend wiedergibt.[374] Auf dieser Grundlage darf er grundsätzlich generalisierende, typisierende und pauschalierende Regelungen treffen, ohne wegen der damit unvermeidlich verbundenen Härten gegen den allgemeinen Gleichheitssatz zu verstoßen.[375] Er darf jedoch für eine gesetzliche Typisisierung keinen atypischen Fall als Leitbild wählen, sondern muss realitätsgerecht den typischen Fall als Maßstab zu Grunde legen.[376] Zu beachten ist, daß das Bundesverfassungsgericht dem Gesetzgeber mit seiner Entscheidung vom 21. Juni 2006 einen sehr weiten Typisierungsspielraum eingeräumt hat.[377]

Wie bereits oben festgestellt,[378] enthält die Rechtsform als solche keinen Aussagegehalt hinsichtlich der Leistungsfähigkeit eines Unternehmens. Den einzelnen Unternehmen ist aufgrund ihrer unterschiedlichen Rechtsform gerade keine generell voneinander abweichende Leistungsfähigkeit zuzuschreiben. Aus diesem Grund kommt eine Rechtfertigung der rechtsformabhängigen Besteuerung unter dem Ge-

---

[373] BVerfGE 96, 1 (6); 99, 280 (299); 105, 73 (127).
[374] BVerfGE 78, 214 (226 f.); 82, 126 (151 f.); 99, 280 (290); 105, 73 (127).
[375] Vgl. BVerfGE 84, 348 (359); 99, 280 (290); 105, 73 (127).
[376] BVerfGE 112, 164 (180 f.); 112, 268 (280 f.).
[377] Vgl. BVerfGE116, 164 (182 ff.).
[378] Vgl. E. II. 1.d. aa. (1).

sichtspunkt der Typisierungsbefugnis des Gesetzgebers nur in Betracht, wenn die unterschiedlichen Besteuerungsregeln in der Regel zu einer der Höhe nach gleichen Besteuerung führen und nur in Einzelfällen hohe Belastungsunterschiede bei der Besteuerung der Unternehmen unterschiedlicher Rechtsform entstehen. Dieser Zustand wird mit dem aktuellen Unternehmenssteuerrecht aber nicht verwirklicht. Zwar hat der Gesetzgeber immer wieder durch verschiedene Maßnahmen, wie zum Beispiel die Anpassung der Steuertarife oder die Einführung der Anrechnungsvorschrift des § 35 EStG, versucht, Belastungsgleichheit bei der Besteuerung der Unternehmen herzustellen. Der oben angestellte Belastungsvergleich hat allerdings gezeigt, daß die unterschiedlichen Besteuerungsregeln zu völlig unterschiedlichen steuerlichen Belastungen führen und nicht geeignet sind, Belastungsgleichheit bei der Unternehmensbesteuerung herzustellen. Somit führen die unterschiedlichen Besteuerungsregeln in der Regel nicht zu einer der Höhe nach gleichen Besteuerung. Aus diesem vermag das Argument der Typisierungsbefugnis des Gesetzgebers zur Rechtfertigung einer rechtsformabhängigen Besteuerung nicht zu überzeugen.

d) Die neue Rechtsprechung des Bundesverfassungsgerichts

Fraglich ist, ob auch das Bundesverfassungsgericht in seiner neuen Rechtsprechung dem bisherigen Ergebnis folgt. Das Bundesverfassungsgericht hat erstmals mit der Entscheidung vom 21. Juni 2006[379] zur Verfassungsmäßigkeit der Tarifbegrenzung für gewerbliche Einkünfte nach § 32c EStG ausdrücklich Stellung zum Gebot der Rechtsformneutralität bezogen. Bis zu dieser Entscheidung hat das Bundesverfassungsgericht die gesetzgeberische Entscheidung der Anknüpfung an die zivile Rechtsform als vorgegeben hingenommen.[380] Ein Teil der Literatur kommt aufgrund dieser Rechtsprechung zu dem Schluß, daß es sich bei der Anknüpfung an die Zivilrechtsform um eine zulässige Ausübung des gesetzgeberischen Gestaltungsspielraums handelt.[381] Dieser Ansicht scheint das Bundesverfassungsgericht in seiner neuen Entscheidung gefolgt zu sein.[382] Die Entscheidung befaßte sich unter anderem mit der Frage, ob ausgeschüttete Gewinne von Kapitalgesellschaften beim Anteilseigner ebenso zu behandeln seien wie entnommene Gewinne von Personengesellschaften. Hierzu hat das Bundesverfassungsgericht in seiner Entscheidung ausgeführt: „Art. 3 Abs. 1 GG enthält kein allgemeines Verfassungsgebot der Rechtsformneutralität in dem Sinn, daß ausgeschüttete Gewinne von Kapitalgesellschaften beim Anteilseigner einkommensteuerlich ebenso zu behandeln sind wie Gewinne von Personengesellschaften."[383]

---

[379] BVerfGE 116, 164 ff.

[380] BVerfGE 26, 327 (335); 40, 109 (116).

[381] Vgl. *Dieter Birk*, Das Leistungsfähigkeitsprinzip in der Unternehmenssteuerreform, StuW 2000, S. 328 (333); *Jürgen Pelka*, Rechtsformneutralität im Steuerrecht- Verfassungsmäßigkeit der Steuersatzsenkungen für Kapitalgesellschaften, StuW 2000, S. 389 (392 ff.); *Harald Weber*, Zu einigen rechtspolitischen Grundfragen der Besteuerung selbständiger Unternehmen – zugleich eine Stellungnahme zum Gutachten von Prof. Rainer Walz zum 53. Deutschen Juristentag 1980, JZ 1980, S. 545 (549).

[382] BVerfGE 116, 164 (198 f.).

[383] BVerfGE 116, 164 (197).

aa) Die Argumentation des Bundesverfassungsgerichts

Als Begründung führt das Bundesverfassungsgericht an, daß der Gesetzgeber bei der Ausgestaltung der Unternehmensbesteuerung zwei unterschiedlichen Betrachtungsweisen folgen könne. Das Bundesverfassungsgericht differenziert in seiner Entscheidung zwischen der materiellen und der formellen Betrachtungsweise. Nach der materiellen (wirtschaftlichen) Betrachtungsweise[384] kommt es für eine gleichheitsgerechte Besteuerung nur auf die wirtschaftliche Leistungsfähigkeit unabhängig von der jeweiligen Rechtsform an. Die Rechtsform, mit deren Hilfe die Einkünfte erzielt werden, stellt demnach kein hinreichendes belastbares Differenzierungskriterium dar. Demnach müssten alle Unternehmen unabhängig von ihrer Rechtsform nach der wirtschaftlichen Leistungsfähigkeit besteuert werden. Ein anderer Ansatz liegt der formellen Betrachtungsweise zugrunde. Hier steht die Kapitalgesellschaft im Vordergrund, die rechtlich selbständig ist und als juristische Person losgelöst von den dahinter stehenden Personen arbeitet.[385] Nach der formellen Betrachtungsweise ist aufgrund der bestehenden rechtlichen Trennung zwischen Kapitalgesellschaft und Anteilseigener eine unterschiedliche Besteuerung im Vergelich zu Personenunternehmen zulässig. Nach Ansicht des Bundesverfassungsgerichts steht dem Gesetzgeber ein weitgehender Gestaltungsspielraum dahingehend zu, welcher der beiden Betrachtungsalternativen er bei der Ausgestaltung des Unternehmenssteuersystems folge: „Die das deutsche Steuerrecht traditionell prägende Annahme, daß in der abgeschirmten Vermögenssphäre einer Kapitalgesellschaft eine eigenständige, objektive Leistungsfähigkeit entsteht, nicht jedoch bei Einzelunternehmern und Personengesellschaften, bildet ein mögliches Differenzierungskriterium, das mit dem Belastungsgrund wirtschaftlicher Leistungsfähigkeit durch Vermehrung des Betriebsvermögens vereinbar ist und das den Gesetzgeber zwar nicht zwingt, bei der Ertrags- bzw. Einkommensbesteuerung anhand der Rechtsform zu unterscheiden, es ihm aber auch nicht grundsätzlich verbietet".[386]

Weiter führt das Bundesverfassungsgericht aus, daß sich der Gesetzgeber durch seine Ausgestaltung der formellen Betrachtungsweise angeschlossen habe. Der Gesetzgeber habe für das Steuerrecht die zivilrechtliche Grundentscheidung aufgenommen, nach der bei Personengesellschaften das Gesellschaftsvermögen den Gesellschaftern zugerechnet wird, während das Vermögen der Kapitalgesellschaften gegenüber dem ihrer Gesellschafter grundsätzlich selbständig ist. Dies bewirke, daß in der abgeschirmten Vermögenssphäre eine eigenständige und objektive Leistungsfähigkeit entstehe, die von der individuellen und subjektiven Leistungsfähigkeit der hinter der Kapitalgesellschaft stehenden Personen getrennt sei und unabhängig von ihr besteuert werden darf. Aus diesem Grund sei die Anknüpfung an die zivile Rechtsform vom Gestaltungsspielraum des Gesetzgebers gedeckt und die unterschiedliche Belastung von ausgeschütteten Gewinnen bei Kapitalgesellschaften gegenüber entnommenen Gewinnen von Personengesellschaft verfassungsrechtlich unbedenklich.

---

[384] Dieser Betrachtungsweise folgte der X. Senat des BFH, der die Entscheidung des BVerfG durch seine Vorlage (BFH vom 24.2.1999 – X R 171/96, BStBl. II 1999, 450 = FR 1999, 586) herbeigeführt hat.

[385] BVerfGE 116, 164 (199).

[386] BVerfGE 116, 164 (200).

bb) Bewertung

Mit der Entscheidung des Bundesverfassungsgerichts scheint auf den ersten Blick der Streit, ob es sich beim Grundsatz der Rechtsformneutralität um ein verfassungsrechtliches Gebot handelt, entschieden zu sein. Bei dieser Rechtsprechung ist jedoch zu berücksichtigen, daß sich das Bundesverfassungsgericht in seiner Entscheidung mit der Rechtslage von 1992 beschäftigt hat und nur zu der damaligen Rechtslage Stellung bezogen hat. Die Argumentation des Bundesverfassungsgerichts ist sowohl unter gesellschaftsrechtsdogmatischen als auch unter systematischen Gesichtspunkten auf die heutige Rechtslage nicht übertragbar.

Aus gesellschaftsrechtsdogmatischer Sicht ist die Argumentation des Bundesverfassungsgerichts überholt.[387] Der Zweite Senat geht in seiner nur sehr knappen Begründung von der Grundannahme aus, daß „bei Personengesellschaften das Gesellschaftsvermögen, anders als bei den Kapitalgesellschaften, nicht gegenüber dem Vermögen der Gesellschafter „selbständig" sei, sondern unmittelbar den Gesellschaftern „zugerechnet" werde. Hingegen sei bei Kapitalgesellschaften von einer strikten Trennung zwischen der Ebene der Gesellschaft und der Ebene der Gesellschafter auszugehen. Als Begründung für die Annahme einer eigenständigen Unternehmensebene bei der Körperschaftsteuer stellt das Bundesverfassungsgericht darauf ab, daß die Körperschaftsteuer den Ertrag derjenigen Rechtsgebilde belasten soll, denen die Rechtsordnung eigenständige Rechtsfähigkeit zuschreibt. Das im Körperschaftsteuerrecht geltende Trennungsprinzip und damit die Differenzierung zwischen Unternehmens- und Unternehmerebene basiert demnach auf dem Verständnis, daß mit der zivilrechtlichen Selbständigkeit des Unternehmensträgers auch eine eigene steuerliche Selbständigkeit des Unternehmensträgers einhergeht, so daß sich Unternehmer und Unternehmensträger als unabhängige Rechtssubjekte gegenüberstehen.[388] Demnach wird die steuerrechtliche Selbständigkeit der Kapitalgesellschaft unmittelbar aus der zivilrechtlichen Rechtsfähigkeit gefolgert.[389]

Diese Rechtsprechung widerspricht allerdings dem heutigen Verständnis bezüglich der Rechtsfähigkeit von Personengesellschaften. Früher wurden Personengesellschaften zivilrechtlich als bloße Gesamthandsgemeinschaften mit nur eingeschränkter Rechtsfähigkeit angesehen. Von dieser Ansicht wird allerdings immer mehr abgerückt. Nach heute herrschender Ansicht im Zivilrecht ist die Personengesellschaft selbst Träger des Vermögens, und die Vermögenssphären der Gesellschaft und der Gesellschafter sind ähnlich der Kapitalgesellschaft voneinander getrennt.[390]

---

[387] So auch *Joachim Hennrichs/Ulrike Lehmann*, Reform der Unternehmensbesteuerung, StuW 2007, S. 16 (18).

[388] Grundsätzlich hierzu mit weiteren Nachweisen *Johanna Hey,* in: Carl Herrmann/ Gerhard Heuer/ Arndt Raupach (Hrsg.), Einkommensteuer- und Körperschaftsteuergesetz, Kommentar, Stand März 2007, Anm. Einf. KStG Rn. 16 ff.

[389] Insoweit ist allerdings zu berücksichtigen, daß sich die Steuerrechtsfähigkeit nicht notwendigerweise mit der zivilrechtlichen Rechtsfähigkeit deckt. Auch zivilrechtlich nicht rechtsfähige Personenmehrheiten können unter bestimmten Voraussetzungen steuerrechtsfähig sein. Dennoch stellt die zivilrechtliche Rechtsfähigkeit ein starkes Indiz für die steuerrechtliche Selbständigkeit dar.

[390] Vgl. *Barbara Grunewald*, Gesellschaftsrecht, 6. Aufl., 2005, 1.B Rz. 33, *Joachim Hennrichs*, Dualismus der Unternehmensbesteuerung aus gesellschaftsrechtlicher und steuersystematischer Sicht- Oder: Die nach wie vor unvollendete Unternehmenssteuerreform, StuW 2002, S. 201 (206 f.).

Nach § 124 HGB ist die Offene Handelsgesellschaft kraft gesetzlicher Anordnung eine rechtsfähige Personengesellschaft. Für die Kommanditgesellschaft gilt § 124 Abs. 1 HGB über § 161 Abs. 2 HGB. Auch auf die Gesellschaft bürgerlichen Rechts wird § 124 Abs. 1 HGB analog angewendet.[391] Demnach ist Träger der Rechte und Pflichten die Gesellschaft selbst und nicht ihre Gesellschafter. Über diese Vorschrift, die der Formulierung nach sehr dem § 13 Abs. 1 GmbHG ähnelt, ist es der Gesellschaft zivilrechtlich selbst möglich, Eigentümer von Sachen zu sein und wirksam Verträge mit ihren Gesellschaftern abzuschließen. Insoweit ist festzustellen, daß der Gesetzgeber im Bereich des Zivilrechts die früher bestehenden Unterschiede zwischen Kapitalgesellschaften und Personengesellschaften in bezug auf die Abschirmung der Vermögenssphäre zum großen Teil abgeschafft hat.

Auch im Steuerrecht hat sich das Bild der Personengesellschaft gewandelt. Nach der früher vertretenen Bilanzbündeltheorie[392] sollten Personengesellschaften dem Einzelunternehmer nicht nur hinsichtlich der Belastung, sondern auch im theoretischen Konzept der Besteuerung gleichgestellt werden. Nach dieser Theorie ging man davon aus, daß jeder Gesellschafter den Betrieb der Gesellschaft in dem seinem Anteil entsprechenden Umfang als eigenen Betrieb führt und sich aus den einzelnen Bilanzen der Gesellschafter als „Bündel" die Steuerbilanz der Personengesellschaft ergibt.[393] Die Gesellschafter einer Personengesellschaft sollten behandelt werden, als führe jeder Gesellschafter für sich unabhängig von den anderen einen eigenen Gewerbebetrieb. Auf diesem Verständnis aufbauend schien die Angleichung der Personengesellschaft an die des Einzelunternehmers konsequent. Allerdings negierte die Bilanzbündeltheorie in mehrfacher Hinsicht verschiedene Regelungen des Zivilrechts.[394] Aus diesen Gründen wurde die Bilanzbündeltheorie vollständig aufgegeben und durch das Modell der zweistufigen Gewinnermittlung bei den Mitunternehmerschaften ersetzt. Die Angleichung der Personengesellschaft an den Einzelunternehmer wurde somit in bezug auf die Art und Weise der Gewinnermittlung vollständig aufgegeben. Es erfolgte eine einkommensteuerrechtliche Verselbständigung der Personengesellschaft.[395] Zwar sind bis heute Personengesellschaften keine eigenständigen Steuerrechtssubjekte, aber Subjekte der Gewinnfeststellung und -ermittlung, für die spezielle Gewinnermittlungsvorschriften gelten. Dies war der erste Schritt, durch den die Personengesellschaft als eigenständiges Rechtssubjekt und nicht nur als bloßes Konglomerat mehrerer Gewerbetreibenden im Steuerrecht anerkannt wurde.

---

[391] Vgl. *Joachim Hennrichs*, Dualismus der Unternehmensbesteuerung aus gesellschaftsrechtlicher und steuersystematischer Sicht - Oder: Die nach wie vor unvollendete Unternehmenssteuerreform, StuW 2002, S. 201 (206) m.w.N.

[392] Vgl. die Ausführungen von *Reinmar Pinkernell*, Einkünftezurechnung bei Personengesellschaften, Diss., 2001, S. 20 ff.

[393] *Dieter Birk*, Steuerrecht, 9. Auflage, 2006, Rn. 1001 m.w.N.

[394] Zur Kritik an der Bilanzbündeltheorie vgl. *Werner Flume*, Gesellschaft und Gesamthand, ZHR 136 (1972), S. 177 ff.

[395] *Georg Döllerer*, Zur Realteiung bei Personenhandelsgesellschaften - Anmerkungen zu dem BFH-Urteil vom 19. Januar 1982 VIII R 21/77 -, DStZ 1982, S. 267 (271).

Die vom Bundesverfassungsgericht geführte Argumentation erweist sich vor diesem Hintergrund somit für das heutige Rechtsverständnis als unzutreffend.[396] Die Personengesellschaft hat sich im Laufe der Zeit sowohl aus zivilrechtlicher als auch aus steuerrechtlicher Sicht immer mehr der Kapitalgesellschaft angeglichen.[397] Der Zweite Senat ist von einer nicht mehr bestehenden Grundentscheidung ausgegangen. Die formelle Betrachtungsweise ist mit dem heutigen gesellschaftsrechtlichen Verständnis nicht mehr vereinbar.[398]

Bereits aus diesem Grund ist die Entscheidung des Bundsverfassungsgerichts nicht auf die aktuelle Rechtslage übertragbar. Doch selbst wenn man die formelle Betrachtungsweise weiterhin als zulässig erachtet, ist die Argumentation des Zweiten Senats aus anderen Gründen nicht überzeugend. Folgt der Gesetzgeber im Unternehmenssteuerrecht der formellen Betrachtungsweise, so muß die Besteuerung auf der Grundlage einer strikten Trennung zwischen der Ebene der Kapitalgesellschaft und der ihrer Gesellschafter erfolgen. Von einer solchen strikten Trennung geht der Gesetzgeber aber seit dem Steuersenkungsgesetz gerade nicht mehr aus. Der Gesetzgeber hat mit dem Steuersenkungsgesetz eine neue gesetzgeberische Grundentscheidung für die Unternehmensbesteuerung getroffen.

Maßgebliches Ziel des Steuersenkungsgesetzes war die Einführung eines rechtsformneutralen Steuersystems. Dies geht eindeutig aus der Gesetzesbegründung hervor.[399] Der Gesetzgeber wollte mit dem Steuersenkungsgesetz die Gewinne sowohl auf der Ebene des Unternehmens als auch auf Ebene der Gesellschafter einheitlich besteuern. Auch wenn dem Gesetzgeber die Verwirklichung dieses Ziel nicht gelungen ist, so hat er zumindest versucht, die Steuerbelastung von Personenunternehmen und Kapitalgesellschaften einander anzunähern. Durch das Steuersenkungsgesetz wurde der Körperschaftsteuersatz zur Verbesserung der internationalen Wettbewerbsfähigkeit auf 25 % gesenkt. Da sich der Gesetzgeber aber einen so niedrigen Steuersatz im Rahmen der Einkommensteuer nicht vorstellen konnte, führte der Gesetzgeber neben der Absenkung des Einkommensteuerspitzensatzes von 45 % auf 42 % für Gewerbetreibende die Anrechnung der Gewerbesteuer nach § 35 EStG ein.[400] Mit dieser Regelung verfolgte der Gesetzgeber zwei Ziele. Zum einen sollte sichergestellt werden, daß Kapitalgesellschaften im Falle der Thesaurierung gegenüber Personenunternehmen nicht übermäßig entlastet werden. Während Kapitalgesellschaften neben der Körperschaftsteuer auch mit der Gewerbesteuer belastet sind, können Personenunternehmen die gezahlte Gewerbesteuer im Rahmen der Einkommensteuer pauschal anrechnen. Zum anderen sollte auch im Falle der Ausschüttung eine annähernde Belastungsgleichheit geschaffen werden. Die Ausschüttung von Gewinnen an die Gesellschafter unterliegt bei Kapitalgesellschaften nicht der Gewerbesteuer und die bereits auf der Ebene der Kapitalgesellschaft erfolgte

---

[396] So auch *Thomas Keß*, Verfassungsgebot rechtsformneutraler Besteuerung?, FR 2006, S. 869 (873).
[397] So auch *Anders Kraft*, Rechtsformabhängige Besteuerung mittelständischer Unternehmen, 2005, S. 52 f.
[398] Vgl. *Joachim Hennrichs/Ulrike Lehmann*, Reform der Unternehmensbesteuerung, StuW 2007, S. 16 (19).
[399] So ausdrücklich BT-Drucksache 14/2683 vom 15.02.2000, S. 94 ff.
[400] Begründung BT-Drucksache 14/2683, S. 97.

Besteuerung wird durch das Halbeinkünfteverfahren berücksichtigt. Die Anrechnung der Gewerbesteuer dient somit der Vermeidung von sonst bestehenden Steuersatzspreizungen sowohl auf der Ebene des Unternehmens als auch auf der Ebene des Unternehmers. Spätestens mit Einführung dieser Systemänderungen kann somit nicht mehr davon ausgegangen werden, daß der Gesetzgeber weiter an einer formellen Betrachtungsweise festhält. Auch wenn der Gesetzgeber das verfolgte Ziel nicht erreicht hat, so hat er sich dennoch im Laufe der letzten Jahre eindeutig einer materiellen Betrachtungsweise zugewandt. Der Gesetzgeber stellt nicht mehr auf die förmliche Trennung zwischen Kapitalgesellschaftern und Gesellschaftern ab, sondern wendet vielmehr das Leistungsfähigkeitsprinzip umfassend im Unternehmensbereich an, indem er sowohl die Ebene des Unternehmens als auch die des Unternehmers im Hinblick auf das Gebot der Leistungsfähigkeit betrachtet.[401] Dieses Ergebnis wird durch die aktuellen Reformvorhaben weiter gestützt. In dem beschlossenen Gesetz, welches die Unternehmensteuerreform 2008 verwirklicht, versucht der Gesetzgeber, unternehmerische Gewinne im Fall der Thesaurierung über eine sogenannte Optionsmöglichkeit gleich zu behandeln.[402] Demnach hat sich der Gesetzgeber von der formellen Betrachtungsweise abgewendet und sich vielmehr der materiellen Betrachtungsweise, die sich am Leistungsfähigkeitsprizip orientiert, zugewendet.

Somit kann die nur sehr knappe Argumentation des Bundesverfassungsgerichts im Hinblick auf die heutige Rechtslage nicht überzeugen. Wendet man die vom Zweite Senat aufgestellten Grundsätze konsequent auf das geltende Unternehmenssteuerrecht an, so spricht die Entscheidung gerade für ein verfassungsrechtliches Gebot der Rechtsformneutralität.[403] Der Gesetzgeber ist durch die Entscheidung des Bundesverfassungsgerichts aufgerufen, ein am Leistungsfähigkeitsprinzip orientiertes Unternehmenssteuerrecht folgerichtig umzusetzen.

e) Die Rolle des Einzelunternehmers

Das Hauptproblem bei der Begründung eines verfassungsrechtlich verankerten Gebots der Rechtsformneutralität stellt die Behandlung des Einzelunternehmers dar. Zum Teil wird eine Vergleichbarkeit der Besteuerung des Einzelunternehmers mit der Besteuerung von Kapitalgesellschaften mit dem Argument abgelehnt, daß eine unterschiedliche steuerliche Behandlung aufgrund der strukturellen Unterschiede des Einzelunternehmers möglich ist und nicht gegen den allgemeinen Gleichheitssatz verstößt.[404] Beim Einzelunternehmer sei eine Trennung zwischen Unternehmensebene und Unternehmerebene bereits zivilrechtlich nicht möglich und daher sei eine andere steuerliche Behandlung zwar nicht geboten, aber zulässig.[405]

---

[401] So auch BFH vom 24.2.1999 – X R 171/96, BStBl. II 1999, 450 = FR 1999, 586.

[402] Zur Optionsmöglichkeit vgl. G. VI.

[403] So auch *Joachim Hennrichs/Ulrike Lehmann*, Reform der Unternehmensbesteuerung, StuW 2007, S. 16 (20 f.)

[404] *Anders Kraft*, Rechtsformabhängige Besteuerung mittelständischer Unternehmen, Diss., 2005, S. 25.

[405] *Roman Seer*, Rechtsformabhängige Unternehmensbesteuerung - Kritische Bestandsaufnahme der derzeitigen Rechtslage-, StuW 1993, S. 114 (116).

Diese Argumentation ist aber meines Erachtens mit der Entscheidung des Bundesverfassungsgerichts nicht vereinbar. Eine Vergleichbarkeit der Sachverhalte kann nicht mit der Begründung abgelehnt werden, daß dem Einzelunternehmer eine selbständige Unternehmensebene fehle. Dieses Ergebnis beruht nämlich auf der formellen Betrachtungsweise. Nur bei der formellen Betrachtungsweise kommt es auf die zivilrechtliche Rechtsfähigkeit und die damit einhergehende Selbständigkeit des Unternehmens an. Wie allerdings bereits festgestellt, hat sich der Gesetzgeber mittlerweile der materiellen Betrachtungsweise zugewandt. Nach der materiellen Betrachtungsweise kommt es allein auf eine vergleichbare Leistungsfähigkeit der betroffenen Unternehmen an. Demnach kann es nach der materiellen Betrachtungsweise gerade keinen Unterschied machen, ob ein Einzelunternehmer sich bezüglich seiner Tätigkeit keiner besonderen Rechtsform bedient oder ob er eine Ein-Mann-GmbH gründet. Daher ist auch beim Einzelunternehmer das Gebot der Rechtsformneutralität zu beachten. Auch hier ist der Gesetzgeber aufgerufen, durch entsprechende Regelungen das Gebot der Besteuerung nach der wirtschaftlichen Leistungsfähigkeit umzusetzen. Hierfür ist allerdings erforderlich, daß der Gesetzgeber das Einzelunternehmen steuerrechtlich verselbständigt und die Formen und Nachweispflichten für die steuerlich anzuerkennenden Rechtsbeziehungen zwischen Unternehmer und Inhaber selbst schafft.

f) Zusammenfassung

Nach den bisherigen Untersuchungen bleibt im Ergebnis festzuhalten, daß die steuerliche Ungleichbehandlung weder durch eine generelle unterschiedliche Leistungsfähigkeit der Unternehmen unterschiedlicher Rechtsform noch durch sonstige Gründe gerechtfertigt werden kann. Daher verstößt das derzeitige deutsche Unternehmenssteuerrecht gegen das Leistungsfähigkeitsprinzip und somit gegen den allgemeinen Gleichheitssatz. Dieses Ergebnis wird durch die Entscheidung des Bundesverfassungsgerichts bestätigt, sofern man die in der Entscheidung aufgestellten Grundsätze konsequent auf die heutige Rechtslage anwendet.

Eine unterschiedliche Besteuerung der einzelnen Unternehmen unterschiedlicher Rechtsform kann nur im Einzelfall gleichheitssatzkonform sein, sofern im konkreten Einzelfall aufgrund eines unterschiedlichen wirtschaftlichen Sachverhalts eine unterschiedliche Leistungsfähigkeit der unterschiedlichen Rechtsformen feststellbar ist.[406] Sachliche Gründe für eine generelle Ungleichbehandlung sind hingegen nicht ersichtlich. Das Gebot der Rechtsformneutralität ist somit eine verfassungsrechtliche Konkretisierung des allgemeinen Gleichheitssatzes.

2. Ableitung aus den Freiheitsgrundrechten

Weiterhin könnte sich ein verfassungsrechtliches Gebot der Rechtsformneutralität aus den Freiheitsrechten ableiten. Ursprünglich wurden nur Art. 14 Abs. 1 und Art. 12 Abs. 1 GG zur Herleitung eines verfassungsrechtlichen Gebots der Rechts-

---

[406] Eine unterschiedliche Leistungsfähigkeit ergibt sich beispielsweise im Falle der Verlustberücksichtigung. Während bei einem unbeschränkt haftenden Gesellschafter eine volle Verlustberücksichtigung möglich sein muß, liegt beim nur beschränkt haftenden Gesellschafter eine Minderung seiner Leistungsfähigkeit nur bis zur Höhe seiner eigenen Haftung vor.

formneutralität herangezogen.[407] Nach einem neuen Ansatz von *Paul Kirchhof* soll auch Art. 9 Abs. 1 GG für eine solche Herleitung in Betracht kommen.[408]

a) Art. 12 Abs. 1 GG

Die Bedeutung des Art. 12 Abs. 1 GG in bezug auf Steuervorschriften ist bislang in der Rechtsprechung des Bundesverfassungsgerichts sehr gering geblieben.[409] Auch die Literatur ist sich uneinig, inwieweit Art. 12 Abs. 1 GG durch steuerliche Vorschriften verletzt werden kann.[410]

Die bisher geringe Bedeutung des Art. 12 Abs. 1 GG im Zusammenhang mit steuerlichen Vorschriften beruht darauf, daß die Schwelle für die Annahme eines Eingriffs in die Berufsfreiheit von der Rechtsprechung sehr hoch angesiedelt wird. Für die Frage, ob Steuern in Art. 12 Abs. 1 GG eingreifen, stellte das Bundesverfassungsgericht in seiner früheren Rechtsprechung darauf ab, ob sie „infolge ihrer Gestaltung in einem engen Zusammenhang mit der Ausübung eines Berufs stehen und objektiv eine berufsregelnde Tendenz deutlich erkennen lassen".[411] Infolge des Merkmals „infolge ihrer Gestaltung" kam es für das Vorliegen eines Eingriffs auf die Regelungsintention des Gesetzgebers ab. Die Intention des Gesetzgebers liegt beim Erlaß von Steuerrechtsnormen aber in der Regel nicht in der Beschränkung der Berufsfreiheit, sondern in der Erzeilung von Einnahmen zur Sicherung des Finanzbedarfs des Staates. Dieser sehr enge Eingriffsbegriff im Rahmen der Berufsfreiheit wurde insbesondere von Seiten der Literatur kritisiert.[412] Die Kritik beruhte im wesentlichen darauf, daß der Staat ebenso intensiv durch mittelbar-faktische Maßnahmen die Freiheit des einzelnen verkürzen kann. Aus der Sicht des Grundrechtsträgers kommt es für die Intensität der Beeinträchtigung nicht darauf an, ob der Staat unmittelbar oder nur mittelbar in seine Freiheitssphäre eingreift. Diesem sogenannten weiten Eingriffsbegriff folgt nun auch das Bundesverfassungsgericht. Zwar hat das Bundesverfassungsgericht auch im Verpackungssteuerurteil auf seine bisherige Rechtsprechung verwiesen. Allerdings hat es die Defintion des Eingriffsbegriffs dahingehend modifiziert, daß es nicht mehr auf die Intention des Gesetzgebers ankommt, sondern auf die Frage der beruflichen Wirkung beim Grundrechtsträger.[413] Allerdings werden auch an diesen erweiterten Eingriffsbegriff strenge Voraussetzungen gestellt. Die

---

[407] *Dieter Birk*, Das Leistungsfähigkeitsprinzip in der Unternehmenssteuerreform, StuW 2000, S. 328 (333 f.); *Monika Jachmann*, Steuergesetzgebung zwischen Gleichheit und wirtschaftlicher Freiheit. Verfassungsrechtliche Grundlagen und Perspektiven der Unternehmensbesteuerung, 2000, S. 62 f.

[408] Vgl. *Paul Kirchhof*, Rückwirkung von Steuergesetzen, StuW 2000, S. 221 (230); *ders.*, Der Auftrag der Erneuerung des Einkommensteuerrechts, in: Besteuerung von Einkommen, hrsg. von Iris Ebling, DStJG 24 (2001), S. 9 (19).

[409] *Jürgen Vogt*, Neutralität und Leistungsfähigkeit, Eine verfassungsrechtliche und europarechtliche Untersuchung der Unternehmensbesteuerung nach dem StSenkG, 2002, S. 13.

[410] Vgl. die Darstellung bei *Harald Hohlmann*, Berufsfreiheit (Art. 12 GG) und Besteuerung - Eine Würdigung der Rechtsprechung des Bundesverfassungsgerichts-, DÖV 2000, S. 406 (409 f.).

[411] BVerfGE 13, 181 (184 ff.); 16, 147 (163 ff.); 29, 327 (333 ff.); 31, 8 (16 ff.); 37, 1 (17 ff.), 38, 61 (85 ff.).

[412] Vgl. *Karl Heinrich Friauf*, Verfassungsrechtlichen Grenzen der Wirtschaftslenkung und Sozialgestaltung durch Steuergesetze, Recht und Staat Nr. 325/326, 1966, S. 39 ff; *Paul Kirchhof*, Besteuerungsgewalt und Grundgesetz, 1973, S. 56 ff.

[413] BVerfGE 98, 106 (117 f.).

faktische Maßnahme muß zum einen mit der Ausübung des Berufs im Zusammenhang stehen und es muß eine objektiv erkennbare berufsregelnde Tendenz vorliegen. Bei Steuergesetzen fehlt es jedenfalls an diesen Voraussetzungen, solange diesen keine erdrosselende Wirkung zukommt.[414] Diese Einschränkung ist bereits aus Art. 14 Abs. 1 GG bekannt und wie bei Art. 14 Abs.1 GG sehr eng auszulegen. Somit ist auch Art. 12 Abs. 1 GG - wenn auch in nur engen Grenzen - bei der Überprüfung steuerrechtlicher Vorschriften zu berücksichtigen.[415]

Allerdings scheidet das Grundrecht der Berufsfreiheit trotz möglicher Betroffenheit des Schutzbereichs als Grundlage eines verfassungsrechtlichen Gebots der Rechtsformneutralität unter einem anderen Gesichtspunkt aus. Art. 12 Abs. 1 GG stellt ein Freiheitsgrundrecht dar. Freiheitsgrundrechte zielen primär auf ein Unterlassen des Staates, auf die Abwehr staatlicher Eingriffe. Sie dienen also dazu, „die Freiheitssphäre des einzelnen vor Eingriffen der öffentlichen Gewalt zu sichern".[416] Die Freiheitsgrundrechte begrenzen somit grundsätzlich den Gesetzgeber in der Ausgestaltung des Steuersystems nur hinsichtlich der Frage einer möglichen Grenzbelastung des einzelnen Steuerpflichtigen.[417] Sie legen folglich eine Obergrenze für staatliche Eingriffe fest.[418] Die Freiheitsgrundrechte enthalten demnach grundsätzlich gerade keinen eigenen Vergleichsmaßstab.[419] Aus diesem Grund kann aus Art. 12 Abs. 1 GG kein selbständiges Gleichbehandlungsgebot abgeleitet werden. Auch wenn die Berufsfreiheit nicht geeignet ist, um aus ihr ein selbständiges Gleichbehandlungsgebot abzuleiten, so kommt ihr dennoch eine wesentliche Bedeutung im Rahmen des allgemeinen Gleichheitssatzes zu. Wie bereits oben gesehen, sind die Anforderungen für eine Rechtfertigung einer Ungleichbehandlung strenger, wenn Freiheitsrechte betroffen sind. Somit kommt Art. 12 Abs. 1 GG jedenfalls innerhalb der Rechtfertigung von Ungleichbehandlungen wertsetzende Bedeutung zu. Die Berufsfreiheit als eigenständiges Gleichbehandlungsgebot auszulegen, widerspricht der Systematik des Grundgesetzes zu widersprechen. Art. 12 Abs. 1 GG enthält somit selbst keine unmittelbare Aussage, ob eine rechtsformneutrale Besteuerung verfassungsrechtlich geboten ist. Demnach kann dieses Grundrecht unabhängig von der Reichweite seines Schutzbereichs und der Auslegung des Eingriffsbegriffs nicht zur Herleitung eines verfassungsrechtlichen Gebots der Rechtsformneutralität herangezogen werden.

---

[414] *Monika Jachmann*, Freiheitsgrundrechtliche Grenzen steuerlicher Belastungswirkungen, in: Festschrift für Hartmut Schiedermair, Dieter Dörr (Hrsg.), 2001, S. 391 (396).

[415] So im Ergebnis *Monika Jachmann*, Freiheitsgrundrechtliche Grenzen steuerlicher Belastungswirkungen, in: Festschrift für Hartmut Schiedermair, Dieter Dörr (Hrsg.), 2001, S. 391 (395 f.); *Ferdinand Kirchhof*, Der Weg zur verfassungsrechtlichen Besteuerung – Bestand, Fortschritt, Zukunft -, StuW 2002, S. 185 (194).

[416] BVerfGE 7, 198 (204); 50, 290 (337); 68, 193 (205); *Joachim Englisch*, Eigentumsschonende Ertragsbesteuerung, StuW 2003, S. 237 (237).

[417] Vgl. *Rudolf Wendt*, Besteuerung und Eigentum, NJW 1980, S. 2111 (2216); eine Ausnahme ergibt sich bei Art. 14 Abs. 1 GG, auf dessen Bedeutung für ein verfassungsrechtliches Gebot der Rechtsformneutralität genauer unter E. II. 2 b. eingegangen wird.

[418] Vgl. *Monika Jachmann*, Freiheitsgrundrechtliche Grenzen steuerlicher Belastungswirkungen, in: Festschrift für Hartmut Schiedermair, Dieter Dörr (Hrsg.), 2001, S. 391 (392); *Jürgen Vogt*, Neutralität und Leistungsfähigkeit, Eine verfassungsrechtliche und europarechtliche Untersuchung der Unternehmensbesteuerung nach dem StSenkG, 2002, S. 48.

[419] So auch *Heinrich Weber-Grellet*, Steuern im modernen Verfassungsstaat, 2001, S. 29.

b) Art. 14 Abs. 1 GG

Während der Schutzbereich des Art. 12 Abs. 1 GG den Erwerbsvorgang erfaßt, wird vom Schutzbereich des Art 14 Abs. 1 GG im wesentlichen das Erworbene, sprich das Ergebnis der beruflichen Tätigkeit geschützt.

Die Eigentumsfreiheit spielte wie die Berufsfreiheit lange Zeit nur eine sehr untergeordnete Rolle im Bereich des Steuerrechts. Der Einfluß der Eigentumsfreiheit im Bereich des Steuerrechts scheint allerdings in letzter Zeit zuzunehmen. Insbesondere durch die neuere Rechtsprechung des Bundesverfassungsgerichts hat Art. 14 Abs. 1 GG im Bereich des Steuerrechts erheblich an Bedeutung für die Besteuerung gewonnen.[420]

Art. 14 Abs. 1 GG ist ein „elementares Grundrecht", das eine „Wertentscheidung ... von besonderer Bedeutung" enthält.[421] Die darin garantierte Eigentumsgarantie soll dem Grundrechtsträger einen Freiheitsraum im vermögensrechtlichen Bereich sichern und ihm damit die Entfaltung und eigenverantwortliche Gestaltung des Lebens ermöglichen.[422] Träger des Eigentumsrechts sind alle natürlichen und – gemäß Art 19 Abs. 3 GG – juristischen Personen des Privatrechts,[423] aber auch nicht rechtsfähige Personenvereinigungen.[424]

Im Bereich des Steuerrechts wird eine Betroffenheit des Schutzbereichs des Art. 14 Abs. 1 GG häufig mit der pauschalen Aussage abgelehnt, daß die Eigentumsfreiheit nur konkrete Vermögensrechte und nicht das Vermögen als solches schütze.[425] Der Steuereingriff stelle sich als Begründung einer Zahlungsverpflichtung im Sinn einer abstrakten Geldschuld dar. Es fehle deshalb der Bezug zu einem konkreten Vermögensrecht. Somit sei durch eine solche Zahlungsverpflichtung auf den ersten Blick nicht eine hinreichend konkrete Eigentumsposition, sondern lediglich das Vermögen als solches beeinträchtigt.[426]

Ohne diese Aussage in Frage zu stellen,[427] ist dennoch die Reichweite des Schutzbereichs der Eigentumsfreiheit besonders im Bereich des Steuerrechts umstritten. Es lassen sich bereits seit längerer Zeit Tendenzen sowohl in der Rechtsprechung des Bundesverfassungsgerichts als auch in der Literatur feststellen, die unter besonde-

---

[420] Vgl. *Rudolf Wendt,* in: Michael Sachs (Hrsg.), Grundgesetz Kommentar, 4. Auflage, 2007, Art. 14 Rn. 143.

[421] So *Rudolf Wendt*, in: Michael Sachs (Hrsg.), Grundgesetz Kommentar, 4. Auflage, 2007, Art. 14 Rn. 4; BVerfGE 14, 263 (277); 102, 1 (14).

[422] BVerfGE 30, 292 (334). 53, 257 (290); 68, 193 (222); 79, 292 (303 f.); 97, 350 (370 f.); 100, 1 (32); 102, 1 (15).

[423] BVerfGE 4, 7 (17); 53, 336 (345); 66, 116 (130).

[424] *Hans Hofmann*, in: Bruno Schmidt-Bleibtreu/ Franz Klein, Kommentar zum Grundgesetz, 10. Aufl., 2004, Art. 14 Rn. 3.

[425] So die frühere Rechtsprechung des Bundesverfassungsgerichts, BVerfGE 4, 7 (17).

[426] Vgl. *Monika Jachmann*, Freiheitsgrundrechtliche Grenzen steuerlicher Belastungswirkungen, in: Festschrift für Hartmut Schiedermair, Dieter Dörr (Hrsg.), 2001, S. 391 (393) m.w.N.

[427] BVerfGE 4, 7 (17); 74, 129 (148); 78, 232 (243); 81, 108 (122); 95, 267 (300); 96, 375 (397); vgl auch *Hans-Jürgen Papier*, in: Theodor Maunz/ Günter Dürig, Grundgesetz Kommentar, 48. Auflage, 2007, Art. 14 Rn. 160; *Rudolf Wendt*, Eigentum und Gesetzgebung, 1985, S. 36 ff.

ren Umständen den Schutzbereich auch im Bereich des Steuerrechts als eröffnet ansehen.

Zunächst ist auf die unterschiedliche Rechtsprechung der beiden Senate des Bundesverfassungsgerichts einzugehen. Der erste Senat hält seit 1954 dem Grunde nach in ständiger Rechtsprechung an der Auffassung fest, daß Art. 14 GG nicht das Vermögen als solches gegen Eingriffe durch die Auferlegung abstrakter Geldleistungspflichten schützt.[428] Dennoch sieht es den Schutzbereich des Art. 14 Abs. 1 GG dann für eröffnet an, wenn dem Gesetz „erdrosselnde Wirkung"[429] zukommt.[430] Unklar ist dabei, ob in diesem Fall lediglich eine Beeinträchtigung des Eigentums, eine Enteignung oder eine Verletzung des Eigentumsrechts vorliegen soll.[431] Eine dogmatische Begründung für die Eröffnung des Schutzbereichs im diesem besonderen Fall liefert das Bundesverfassungsgericht ebenfalls nicht.[432]

Vom Zweiten Senat wurde der Schutzbereich des Art. 14 Abs. 1 GG in dem Beschluß zur Vermögensteuer durch die sogenannten Einheitswertbeschlüsse noch weiter ausgedehnt.[433] Zwar hat der zweite Senat sich nicht ausdrücklich auf Art. 14 Abs. 1 GG gestützt, da er damit seine Kompetenzen überschritten hätte.[434] Er gibt aber in diesen Entscheidungen dennoch zu erkennen, daß er das Vermögen von Art. 14 Abs. 1 GG geschützt hält.[435] Nach Ansicht des zweiten Senats folgt aus Art. 14 Abs. 1 GG das Gebot, daß „dem Steuerpflichtigen ein Kernbestand des Erfolges eigener Betätigung im wirtschaftlichen Bereich als Ausdruck der grundsätzlichen Privatnützigkeit des Erworbenen und der grundsätzlichen Verfügungsbefugnis über die geschaffenen vermögenswerten Rechtspositionen erhalten" bleiben muß.[436] Es sei zu berücksichtigen, „daß Steuergesetze in die allgemeine Handlungsfreiheit gerade in deren Ausprägung als persönliche Entfaltung im vermögensrechtlichen und beruflichen Bereich (Art. 14 Abs. 1, Art. 12 Abs. 1 GG) eingreifen."[437] Mit den Einheitswerbeschlüssen effektuierte das Bundesverfassungsgericht die Eigentumsgarantie des Art. 14 GG gegen übermäßige Besteuerung nach dem Prinzip eigentumsschonender Besteuerung.[438] Die Gesamtbelastung des Sollertrages müsse bei typisierender Betrachtung von Einahmen, abziehbaren Aufwendungen und sonstigen Entlastungen in der Nähe einer hältigen Teilung zwischen privater und öffentlicher Hand verbleiben (sogenannter Halbteilungsgrundsatz). In seinen neueren Entscheidungen zu Art. 14 GG erwähnt der Zweite Senat des Bundesverfassungsgerichts nun das Prinzip der

---

[428] BVerfGE 4, 7 (17); 95, 267 (300).
[429] BVerfGE 30, 250 (272); 63, 312 (327); 82, 159 (190); 87, 153 (169).
[430] Bisher hat das Bundesverfassungsgericht eine Verletzung von Art. 14 GG durch die Auferlegung von Geldleistungspflichten noch nie für gegeben erachtet. Daran erkennt man, daß das Bundesverfassungsgericht das Merkmal der Erdrosselung sehr eng auslegt.
[431] Vgl. *Jan Sieckmann*, in: Karl Heinrich Friauf/Wolfram Höfling (Hrsg.), Berliner Kommentar zum Grundgesetz, Band 1, Stand Nov. 2006, Art. 14 Rn. 106 m.w.N.
[432] Vgl. *Rudolf Wendt*, Eigentum und Gesetzgebung, 1985, S. 41.
[433] BVerfGE 93, 121 ff.; 93, 165 ff.
[434] So in BVerfGE 93, 121 (149 ff.) – Sondervotum Böckenförde.
[435] Vgl. *Joachim Wieland*, in: Horst Dreier (Hrsg.), Grundgesetz-Kommentar, Bd. 1, 2. Auflage, 2004, Art. 14 Rn. 54; so nun ausdrücklich in BVerfGE 115, 97 (110 ff.); 116, 164 (185):
[436] BVerfGE 93, 121 (137).
[437] BVerfGE 87, 153 (169); 93, 121 (137); 97, 67 (79); 115, 97 (112 f.).
[438] Vgl hierzu *Joachim Lang*, in: Klaus Tipke/Joachim Lang, Steuerrecht, 18. Aufl., 2005, § 4 Rn. 214.

eigentumsschonenden Besteuerung ausdrücklich[439] und liefert nun auch erstmals eine dogmatische Begründung für die Eröffnung des Schutzbereichs und die Herleitung des Prinzips der eigentumsschonenden Besteuerung. Der Zweite Senat läßt zwar in seinen Ausführungen zur Eröffnung des Schutzbereichs die Frage offen, ob das Vermögen als Ganzes von Art. 14 GG geschützt ist.[440] Er sieht aber jedenfalls die Einkommen- und Gewerbesteuer als Beeinträchtigung konkreter subjektiver Rechtspositionen an. Hierzu führt der zweite Senat aus: „Einkünfte - Gewinn oder Überschuss - im Sinne des Einkommensteuerrechts sind das, was der Steuerpflichtige im Laufe eines Jahres erworben hat. Art. 14 GG schützt zwar nicht den Erwerb, wohl aber den Bestand des Hinzuerworbenen. Das ist etwa beim gewerblichen Gewinn der Zuwachs an bilanzierungsfähigen Wirtschaftsgütern, die geschützte Rechtsgüter oder Rechte im Verfügungsbereich des Gewerbetreibenden sind. Bei Arbeitnehmern sind zivilrechtliche Lohnansprüche oder sonstwie erhaltene Zuwendungen geschützte vermögenswerte Rechte. Auch in den übrigen Einkunftsarten werden die Zugänge an geldwerten Gegenständen und dinglichen oder obligatorischen Rechten steuerlich erfasst. Diese bilden den Anknüpfungspunkt für die - im Einzelnen nach Bewertung und Berücksichtigung der Abzüge - zu ermittelnde Steuerpflicht. Der innerhalb einer Besteuerungsperiode erfolgte Hinzuerwerb von Eigentum im Sinne des Art. 14 GG ist tatbestandliche Voraussetzung für die belastende Rechtsfolgenanordnung sowohl des Einkommen- als auch des Gewerbesteuergesetzes. Der Steuerpflichtige muss zahlen, weil und soweit seine Leistungsfähigkeit durch den Erwerb von Eigentum erhöht ist. Daß die Zahlungspflicht für sich genommen dem Steuerpflichtigen die Wahl lässt, aus welchen Mitteln er den staatlichen Steueranspruch erfüllt, ändert nichts daran, daß das Hinzuerworbene tatbestandlicher Anknüpfungspunkt der belastenden Rechtsfolge ist.[441] Zwar mag die Auferlegung von Geldleistungspflichten für sich genommen die Eigentumsgarantie grundsätzlich unberührt lassen[442], für die Anknüpfung von Geldleistungspflichten an den Erwerb vermögenswerter Rechtspositionen gilt dies nicht."[443]

Aus diesen Ausführungen geht eindeutig hervor, daß der Zweite Senat im Falle der Einkommensteuer und Gewerbesteuer und damit auch im Falle der Körperschaftsteuer als Einkommensteuer der juristischen Person von einer generellen Eröffnung des Schutzbereichs der Eigentumsgarantie ausgeht. Zur dogmatischen Begründung des Prinzips der eigentumsschonenden Besteuerung führt der Zweite Senat aus, daß steuerliche Schrankenbestimmungen des Eigentums wie andere Schrankenziehungen den allgemeinen Eingriffsbegrenzungen unterliegen. Die Gestaltungsfreiheit des Gesetzgebers wird bei der Schrankenbestimmung durch Auferlegung von Steuerlasten, die an vermögenswerte Rechtspositionen anknüpfen, durch die allgemeinen Grundsätze der Verhältnismäßigkeit begrenzt. Im Rahmen der Angemessenheit sei zum einen die grundsätzliche Privatnützigkeit der vermögenswerte Rechte gemäß Art. 14 Abs. 1 Satz 2 GG zu beachten. Zum anderen diene der Gebrauch des Eigentums gemäß Art. 14 Abs. 2 GG zugleich dem Wohl der Allgemeinheit. Die widerstrei-

---

[439] BVerfGE 115, 97 (115); 116, 164 (185).
[440] Vgl. BVerfGE 115, 97 (112).
[441] So bereits früh *Rudolf Wendt*, Eigentum und Gesetzgebung, 1985, S. 38 ff.
[442] Vgl. BVerfGE 14, 221 (241).
[443] BVerfGE 115, 97 (112 f.).

tenden Interssen, also das öffentliche Interesse an der Steuererhebung und das private Interesse an einer eigentumsschonenden Besteuerung, seien in einen gerechten Ausgleich zu bringen.[444] Somit leitet der Zweite Senat das Prinzip der eigentumsschonenden Besteuerung aus der Privatnützigkeit des Eigenums nach Art. 14 Abs. 1 Satz 2 GG ab. Auf genaue Grenzen, wann gegen das Prinzip verstoßen wird, geht der Zweite Senat in seiner Entscheidung vom 18. Januar 2006 nicht ein. Vielmehr hat er klargestellt, daß der in den Einheitswertbeschlüssen aufgestellte Halbteilungsgrundsatz keine verfassungsrechtliche Obergrenze für die Gesamtbelastung mit der Einkommen- und Gewerbesteuer entnehmen läßt.[445] Demnach ist es eine Frage der Abwägung im konkreten Einzelfall, wann gegen das Prinzip der eigentumsschonenden Besteuerung verstoßen wird.

Zusammenfassend läßt sich festhalten, daß die Rechtsprechung der beiden Senate des Bundesverfassungsgerichts in bezug auf den Schutzbereich der Eigentumsfreiheit nicht einheitlich ausfällt.[446] Dennoch kann festgehalten, werden, daß sich beide Senate unter bestimmten Voraussetzung den Rückgriff auf die grundgesetzliche Gewährleistung der Eigentumsgarantie vorbehalten.[447]

Wie in der Rechtsprechung herrscht auch im Schrifttum keine Einigkeit darüber, wie die Bindung der Steuergewalt an Art. 14 GG im einzelnen zu begründen ist. Generell hat die Rechtsprechung des Zweiten Senats Zustimmung erhalten.[448] Ein erheblich wachsender Teil in der Literatur bejaht einen Schutz des Vermögens gegenüber der Belastung mit Steuern und Abgaben.[449] Der dogmatische Ansatz ist insoweit allerdings stark verschieden.[450]

Nach einer Ansicht soll auch das Vermögen als solches unmittelbar vom Schutzbereich des Art. 14 Abs. 1 GG umfaßt sein. Es sei unverständlich, daß ausgerechnet das Grundrecht von der Besteuerung „unberührt" bleibe, das die Quelle der Besteue-

---

[444] Vgl. BVerfGE 115, 97 (113 f.).

[445] BVerfGE 115, 97 (114).

[446] Der Zweite Senat des Bundesverfassungsgerichts ließ diese Frage bewußt offen, vgl. BVerfGE 115, 97 (113).

[447] So auch *Joachim Wieland*, in: Horst Dreier (Hrsg.), Grundgesetz-Kommentar, Bd. 1, 2. Auflage, 2004, Art. 14 Rn. 54, der diese Aussage allerdings auf „Extremfälle" beschränkt.

[448] *Hermann Butzer*, Der Halbteilungsgrundsatz und seine Ableitung aus dem Grundgesetz, StuW 1999, S. 227 ff.; *Monika Jachmann*, Freiheitsgrundrechtliche Grenzen steuerlicher Belastungswirkungen, in: Festschrift für Hartmut Schiedermair, Dieter Dörr (Hrsg.), 2001, S. 391 ff.; *Roman Seer*, Verfassungsrechtliche Grenzen der Gesamtbelastung von Unternehmen, in: Europa- und verfassungsrechtliche Grenzen der Unternehmensbesteuerung, hrsg. von Jürgen Pelka, DStJG 23 (2000), S. 87 ff. Ablehnend *Dieter Birk*, Rechtfertigung der Besteuerung des Vermögens aus verfassungsrechtlicher Sicht, in: Steuern auf Erbschaft und Vermögen, Dieter Birk (Hrsg.), DStJG 22 (1999), S. 7 (20 ff.).

[449] Vgl. *Karl Heinrich Friauf*, Eigentumsgarantie und Steuerrecht, DÖV 1980, S. 480 (487); *Wolfgang Martens*, Grundrechte im Leistungstaat, VVDStRL 30, S. 7 (15 f.); *Karl Meessen*, Vermögensbildungspläne und Eigentumsgarantie, DÖV 1973, S. 812 (814 ff.); *Bruno Schmidt-Bleibtreu/Hans-Jürgen Schäfer*, Besteuerung und Eigentum, DÖV 1980, S. 489 (494 f.); *Rudolf Wendt*, Eigentum und Gesetzgebung, 1985, S. 36 f.; *ders.*, in: Michael Sachs (Hrsg.), Grundgesetz Kommentar, 3. Auflage, 2006, Art. 14 Rn. 38 ff.

[450] Vgl. hierzu ausführlich *Joachim Englisch*, Eigentumsschonende Ertragsbesteuerung, StuW 2003, S. 237 (238 ff.).

rung schütze."[451] Das Vermögen als ganzes aus dem Schutzbereich auszuklammern, sei „unlogisch".[452] Diese Argumentation scheint allerdings eher an Plausibilitätserwägungen, als an dogmatischen Grundstrukturen anzusetzen. Bis auf gewisse Grenzen ist die Bestimmung der geschützten Eigentumsgüter die Aufgabe des Gesetzgebers. Dies ergibt sich unmittelbar aus Art. 14 Abs. 1 Satz 2 GG. Wie bereits gesehen, unterliegen dem Eigentumsbegriff nur konkrete vermögenswerte Rechtspositionen. Wirtschaftliche Werte fallen demnach als solche nicht in den Schutzbereich des Art. 14 GG, sondern genießen nur dann den Schutz der Eigentumsgarantie, wenn der demokratisch legitimierte Gesetzgeber sie zu einem subjektiven Recht verfestigt. Der Gesetzgeber hat das Vermögen als solches nicht als Recht ausgestaltet.[453] Dies scheint auch mit der Institutsgarantie der Eigentumsfreiheit vereinbar.

Richtig ist daher, daß das Vermögen als solches kein eigenständiges Schutzgut des Art. 14 Abs. 1 GG darstellt. Dies heißt allerdings nicht, daß abstrakte Geldleistungspflichten nicht in den Schutzbereich des Art. 14 Abs. 1 GG fallen können. Ein Schutz kann sich zumindest mittelbar über den Eigentumsschutz konkreter Rechtspositionen ergeben.[454] Nach diesem Ansatz wird der Steuerzugriff als Eingriff in diejenigen vermögenswerten Rechtspositionen verstanden, die der Steuerschuldner zur Erfüllung seiner Steuerschuld aufgibt.[455] Zwar bleibt es im Ermessen des Steuerpflichtigen, auf welche konkreten Vermögenswerte dieser zugreift, um seine Steuern zu begleichen. Gerade diese verbleibende Freiheit soll unter dem Gesichtspunkt des Art. 14 GG unerheblich sein. Vielmehr kommt es darauf, an, daß der Steuerzugriff „eine Verminderung des Gesamtbestandes der im Vermögen zusammengefaßten eigentumsgeschützten Gegenstände und Werte erzwingt."[456] Diese Ansicht widerspricht somit nicht der Grundaussage, daß das Vermögen nicht unmittelbar vom Schutzbereich des Art. 14 Abs.1 GG umfaßt ist. Diese Grundaussage wird mit Hilfe dieser Argumentation gerade nicht negiert. Vielmehr sieht diese Ansicht das Vermögen mittelbar über die einzelnen Vermögenswerte als geschützt an. Diese Ansicht entspricht auch der oben dargestellten Sichtweise des Zweiten Senats des Bundesverfassungsgerichts.

---

[451] *Klaus Vogel/Hannfried Walter,* in: Rudolf Dolzer/Klaus Vogel/Karin Graßhof (Hrsg.), Bonner Kommentar zum Grundgesetz, Stand Februar 2007, Art. 105 Rn. 39; *Wolfgang Martens*, Grundrechte im Leistungsstaat, VVDStRL 30, S. 7 (15 f.); *Karl Meessen*, Vermögensbildungspläne und Eigentumsgarantie, DÖV 1973, S. 812 (816).

[452] *Otto Kimminich*, in: Rudolf Dolzer/Klaus Vogel/Karin Graßhof (Hrsg.), Bonner Kommentar zum Grundgesetz, Stand Februar 2007, Art. 14 Rn 65; *ders.*, Das Grundrecht auf Eigentum, Jus 1978, S. 217 (218).

[453] *Rudolf Wendt*, Besteuerung und Eigentum, NJW 1980, S. 2111 (2115); *Joachim Wieland*, Freiheitsrechtliche Vorgaben für die Besteuerung von Einkommen, in: Besteuerung von Einkommen, hrsg. von Iris Ebling, DStJG 24 (2001), S. 29 (40) m.w.N.

[454] *Rudolf Wendt*, Eigentum und Gesetzgebung, 1985, S. 40; *ders.*, in: Michael Sachs (Hrsg.), Grundgesetz Kommentar, 3. Auflage, 2006, Art. 14 Rn. 38.

[455] *Otto Depenheuer*, in: Hermann v. Mangoldt/ Friedrich Klein/ Christian Starck (Hrsg.), Das Bonner Grundgesetz, Kommentar, 5. Auflage, 2005, Art. 14 Rn. 89, 173; *Rudolf Wendt*, Eigentum und Gesetzgebung, 1985, S. 38 ff.

[456] So *Rudolf Wendt*, in: Michael Sachs (Hrsg.), Grundgesetz Kommentar, 3. Auflage, 2006, Art. 14 Rn. 38.

Nach alledem wird deutlich, daß mittlerweile auch Art. 14 Abs. 1 GG neben Art. 3 Abs. 1 GG einen hohen Stellenwert im Bereich des Steuerrechts einnimmt. Es ist ersichtlich geworden, daß sowohl die Rechtsprechung des Bundesverfassungsgerichts, als auch ein erheblicher Teil in der Literatur mit unterschiedlicher Begründung den Schutzbereich des Art. 14 Abs. 1 GG durch Geldleistungspflichten für betroffen ansehen. Somit kommt Art. 14 Abs. 1 GG grundsätzlich als Grundlage für die Begründung eines verfassungsrechtlichen Gebots der Rechtsformneutralität in Betracht.

Die Eigentumsfreiheit stellt wie die Berufsfreiheit ein Freiheitsgrundrecht dar. Wie bereits im Rahmen der Berufsfreiheit gesehen, stellen Freiheitsgrundrechte grundsätzlich nur Obergrenzen für die Besteuerung auf. Die Gleichbehandlung der Steuerpflichtigen unterhalb dieser Obergrenze wird durch den allgemeinen Gleichheitssatz sichergestellt. Demnach ist zu überlegen, ob auch Art. 14 Abs. 1 GG ebenfalls lediglich nur eine Obergrenze für die Besteuerung festlegt oder ob er möglicherweise auch Aussagen hinsichtlich der Besteuerung der Steuerpflichtigen untereinander enthält.

Wie bereits innerhalb der Untersuchung des Leistungsfähigkeitsprinzips erläutert, leitet sich aus Art. 14 GG aufgrund der Privatnützigkeit des Eigentums das Gebot einer möglichst eigentumsschonenden Besteuerung ab.[457] Das Gebot einer möglichst eigentumsschonenden Besteuerung konkretisiert das Leistungsfähigkeitsprinzip dahingehend, daß der vermögende Steuerpflichtigte gegenüber dem weniger Vermögenden eine erhöhte Leistungsfähigkeit aufweist und deshalb einer höheren Besteuerung unterworfen werden kann. Auf das Unternehmenssteuerrecht übertragen bedeutet dies, daß Gewinne von Unternehmen nur dann unterschiedlich hoch belastet werden dürfen, wenn die erzielten Gewinne der Höhe nach unterschiedlich sind. Unter diesem Gesichtspunkt setzt Art. 14 Abs. 1 GG dem Gesetzgeber nicht nur eine starre Obergrenze hinsichtlich der Höhe der Besteuerung, sondern stellt gleichzeitig besondere Anforderungen bezüglich der Höhe der Besteuerung der Steuerpflichtigen untereinander.

Aus diesem Grund ist das Gebot der Rechtsformneutralität nicht nur in Art. 3 Abs. 1 GG, sondern auch in Art. 14 Abs. 1 GG verankert.

c) Art. 9 Abs. 1 GG

Als verfassungsrechtliche Grundlage des Gebots der Rechtsformneutralität wird neuerdings insbesondere von *Paul Kirchhof* auch Art. 9 Abs. 1 GG angeführt.[458] Die Vereinigungsfreiheit ist wie die Eigentums- und Berufsfreiheit ein Freiheitsgrundrecht. Aus dem Grundrecht der Vereinigungsfreiheit könnte sich insoweit ein Gebot der Rechtsformneutralität ableiten, daß der Staat dem einzelnen gegenüber verpflichtet sei, den Zugang zu sämtlichen Rechtsformen unter gleichen steuerlichen Voraussetzungen zu ermöglichen. Auf dieser Grundlage basierend wird vertreten, daß die Vereinigungsfreiheit gegenüber Art. 3 Abs. 1 GG einen speziellen Gleichheitssatz ent-

---

[457] Vgl. BVerfGE 115, 97 (113 ff.); 116, 164 (185); weitere Nachweise vgl. Fn. 262.

[458] *Paul Kirchhof*, Der Auftrag der Erneuerung des Einkommensteuerrechts, in: Besteuerung von Einkommen, hrsg. von Iris Ebling, DStJG 24 (2001), S. 1 (19); *ders.*, Erläuterungen zum Karlsruher Entwurf zur Reform des Einkommensteuergesetzes, DStR 2001, S. 913 f.

halte.[459] So sei eine Eröffnung des Schutzbereichs vorstellbar, wenn sich die Gesellschafter einer zivilrechtlichen Gesellschaftsform veranlaßt sehen, die Rechtsform der steuerlichen Diskriminierung halber zu wechseln.[460]

Nach *Paul Kirchhof* gewährleistet die Vereinigungsfreiheit die Freiheit, daß sich Unternehmen in freier Auswahl unter den möglichen Gesellschaftsformen organisieren und in Wahrnehmung ihrer negativen Vereinigungsfreiheit nicht auf Grund der steuerlichen Vor- oder Nachteile nicht in eine bestimmte Rechtsform gedrängt werden. [461]

Die Ansicht *Kirchhofs* kann aber unter mehreren Gesichtspunkten nicht überzeugen. Zunächst ist die von *Kirchhof* angesprochene Freiheit gerade nicht vom Schutzbereich des Art. 9 Abs. 1 GG nicht erfaßt. Art. 9 Abs. 1 GG gewährleistet dem Wortlaut nach „das Recht, Vereine und Gesellschaften zu bilden". Die Freiheit zur Vereinbildung umfaßt unstreitig neben dem Recht auf Entstehen und Bestehen auch die Entscheidung über die Mitgliedschaft in schon bestehenden Vereinigungen, also über den Beitritt und das Verbleiben, sowie über den Fortbestand oder die Auflösung.[462] Von dem Recht zur Selbstorganisation ist als einer internen Betätigung ist die nach außen gerichtete Betätigung zu unterscheiden. Art. 9 Abs. 1 GG schützt grundsätzlich keine Außenaktivitäten, die den Vereinigungszweck realisieren und durch die die Vereinigung „wie jedermann im Rechtsverkehr"[463] tätig wird.[464] Diese Aktivitäten werden gerade durch die anderen Grundrechte -insbesondere Art. 12 Abs. 1, 14 Abs. 1 und 3 Abs. 1 GG- gewährleistet.[465] Der grundrechtliche Schutz gemeinschaftlichen, zweckverfolgenden Handelns reicht nicht weiter als der grundrechtlische Schutz individualer Zweckverfolgung. Für das organisierte, koordinierte wie für das individuale, nicht vereinsmäßige Verhalten gelten dieselben Grundrechte und Grundrechtsschranken. Betätigungen, die auf die externe Verfolgung des Vereinszwecks gerichtet sind, sind demnach ebenfalls grundrechtlich geschützt, allerdings nicht nach Art. 9 Abs. 1 GG, sondern nach den sonstigen Grundrechten.[466]

---

[459] *Paul Kirchhof*, Die Widerspruchsfreiheit im Steuerrecht als Verfassungspflicht, StuW 2000, S. 316 (319).

[460] *Paul Kirchhof*, Verfassungsrechtliche Maßstäbe der Unternehmensteuerreform, Stbg 2000, S. 552 (556).

[461] *Paul Kirchhof*, Der Auftrag der Erneuerung des Einkommensteuerrechts, in: Besteuerung von Einkommen, hrsg. von Iris Ebling, DStJG 24 (2001), S. 1(19).

[462] Vgl. *Michael Kempner*, in: v. Mangoldt/Klein/Stark, Kommentar zum Grundgesetz, Band 1, 5. Auflage, 2005, Art. 9 Abs. 1 Rn. 2 m.w.N.

[463] BVerfGE 70, 1 (25).

[464] Vgl. *Thomas Schmidt*, Die Freiheit verfassungswidriger Parteien und Vereinigungen, 1983, S. 60, 62 ff.: „die Gewährleistung der Vereinigungsbetätigung fällt nicht unter Art. 9 Abs. 1 GG"; *Norbert Nolte/Markus Planker*, Vereinigungsfreiheit und Betätigung, Jura 1993, S. 635 (639): „Beschränkung des Schutzbereichs auf den Vereinsbestand und die zur Sicherungvon Selbstbestimmung und Bestanderhalt erforderlichen (zweckeneutralen) Vereinstätigkeiten".

[465] *Wolfgang Löwer*, in: Ingo von Münch/Philip Kunig (Hrsg.), Grundgesetz-Kommentar, 5. Auflage, 2000, Art. 9 Rn. 31; *Rupert Scholz*, in: Theodor Maunz/Günter Dürig, Grundgesetz Kommentar, 48. Auflage 2007, Stand November 2006, Art. 9 Rn. 86.

[466] *Wolfram Höfling*, in: Michael Sachs (Hrsg.), Grundgesetz Kommentar, 3. Auflage, 2006, Art. 9 Rn. 20; *Wolfgang Löwer,* in: Ingo von Münch/ Philip Kunig (Hrsg.), Grundgesetz-Kommentar, 5. Auflage, 2000, Art. 9 Rn. 16.

Die Besteuerung knüpft aber gerade an den wirtschaftlichen Erfolg solcher Außenaktivitäten an.[467] Somit fällt die unterschiedliche Besteuerung gerade nicht in den Schutzbereich des Art. 9 Abs. 1 GG.[468]

Ein anderes Ergebnis ergibt sich auch nicht unter Zugrundelegung der Rechtsprechung des Bundesverfassungsgerichts. Das Bundesverfassungsgericht hat betont, daß ein „Kernbereich des Vereinsbestandes und der Vereinstätigkeit" geschützt sein müsse, „weil sonst ein effektiver Grundrechtsschutz nicht bestünde".[469] Allerdings ließ das Bundesverfassungsgericht offen, „wie weit der Schutz des Kernbereichs tatsächlich reicht" und ob er „jede Vereinstätigkeit als Freiheit gemeinsamen, vereinsmäßigen Handelns an sich umfaßt."[470] In späteren Entscheidungen hat es das Bundesverfassungsgericht vermieden, sich dahingehend festzulegen, ob die Vereinigungsfreiheit auch die zweckverfolgende Betätigung schützt.[471] Auch wenn mit dieser Rechtsprechung offen bleibt, ob das Bundesverfassungsgericht Außenaktivitäten einer Vereinigung von Art. 9 Abs. 1 GG geschützt ansieht, so lassen sich aus der Rechtsprechung des Bundesverfassungsgerichts weitere Schlußfolgerungen für die vorliegende Untersuchung ziehen. Sieht man nämlich Außenaktivitäten entgegen der hier vertretenen Ansicht als vom Schutzbereich erfaßt an, so folgt aus der Rechtsprechung des Bundesverfassungsgericht, daß der grundrechtliche Schutz der Außenaktivität auf den Kernbereich des Vereinsbestandes und der Vereinstätigkeitkeit und damit auf grundlegende, vereins- und existenzsichernde Fragen zu beschränken wäre. Der Schutzbereich des Art. 9 Abs. 1 GG wäre nur dann eröffnet, wenn die wirtschaftliche Belastung einem staatlichen Zwang zum Ein- oder Austritt gleichkäme.[472] Ein solcher Zwang besteht aber bei der aktuellen Ausgestaltung des Unternehmenssteuerrechts nicht. Zwar besteht, wie bereits oben gesehen, durch die aktuelle Ausgestaltung des Unternehmenssteuerrechts eine Ungleichbehandlung der Unternehmen in unterschiedlicher Rechtsform. Allerdings ließ sich keine allgemeingültige Aussage über die Vorteilhaftigkeit einer Rechtsform treffen. So nimmt die unterschiedliche Belastung sicherlich Einfluss auf die Wahl einer bestimmten Rechtsform, zwingt die Organisation aber nicht in eine bestimmte Rechtsform. Zwar führt die unterschiedliche Besteuerung in Einzelfällen zu erheblichen Ungleichbehandlungen, so daß in diesen Fällen von einem Zwang auszugehen ist. Allein diese Einzelfälle genügen jedoch nicht, um aus Art. 9 Abs. 1 GG ein allgemeines Postulat der Rechtsformneutralität abzuleiten. Art. 9 Abs. 1 GG gebietet demnach nicht die generelle Gleichbehandlung, sondern stellt nur gewisse Mindestanforderungen an die Ausgestaltung des Unternehmenssteuerrechts. Über diese Mindestanforderungen hinaus ist der

---

[467] *Johanna Hey*, Besteuerung von Unternehmensgewinnen und Rechtsformneutralität, in: Besteuerung von Einkommen, hrsg. von Iris Ebling, DStJG 24 (2001), S. 155 (173).

[468] Vgl. *Jürgen Pelka*, Rechtsformneutralität im Steuerrecht- Verfassungsmäßigkeit der Steuersatzsenkungen für Kapitalgesellschaften, StuW 2000, S. 389 (393); *Johanna Hey*, Besteuerung von Unternehmensgewinnen und Rechtsformneutralität, in: Besteuerung von Einkommen, hrsg. von Iris Ebling, DStJG 24 (2001), S. 155 (173); *Susanne Sieker*, Möglichkeiten rechtsformneutraler Besteuerung von Einkommen, in: Perspektiven der Unternehmensbesteuerung, hrsg. von Siegbert Seeger, DStJG 25 (2002), S. 145 (156).

[469] BVerfGE 30, 227 (241 f.); 80, 244 (253).

[470] Vgl. BVerfGE 30, 227 (241).

[471] Vgl. BVerfGE 62, 254 (373); 83, 238 (339).

[472] *Susanne Sieker*, Möglichkeiten rechtsformneutraler Besteuerung von Einkommen, in: Perspektiven der Unternehmensbesteuerung, hrsg. von Siegbert Seeger, DStJG 25 (2002), S. 145 (156).

Gesetzgeber zumindest im Rahmen des Art. 9 Abs. 1 GG berechtigt, Differenzierungen bei der Besteuerung der einzelnen Unternehmen in unterschiedlicher Rechtsform zu treffen.

Neben den bisherigen Argumenten spricht noch ein weiterer Gesichtspunkt gegen ein aus Art. 9 Abs. 1 GG abgeleitetes Gebot der Rechtsformneutralität. Der Oberbegriff der in Art. 9 Abs. 1 GG genannten „Vereine und Gesellschaften" ist der in Abs. 2 verwandte Begriff der „Vereinigung". Nach ganz herrschender Ansicht[473] gibt § 2 Abs. 1 VereinsG den verfassungsmäßigen Vereinsbegriff wieder, soweit er sich ohne Rücksicht auf die Rechtsform auf jede Vereinigung, zu der sich „eine Mehrheit natürlicher und juristischer Personen oder Personenvereinigungen für längere Zeit zur Verfolgung eines gemeinsamen Zwecks auf freiwilliger Basis zusammenschließt und einer einheitlichen Willensbildung unterwirft", bezieht. Demnach ist für das Vorliegen einer Vereinigung ein Zusammenschluß von mindestens zwei Personen erforderlich.[474] In den Schutzbereich des Art. 9 Abs. 1 GG fallen somit nur Unternehmen in unteschiedlicher Rechtsform, sofern sie wenigstens zwei Gesellschafter aufweisen. Der Einzelunternehmer und die Ein-Mann-Gesellschaft (vgl. § 1 GmbHG) sind hingegen von Art. 9 Abs. 1 GG von vornherein nicht erfaßt, da es in diesem Fall an einem immer nur zwischen mehreren Personen möglichen Zusammenschluß fehlt.[475] Somit kann sich, unabhängig davon ob Außenaktivitäten in den Schutzbereich der Vereinigungsfreiheit fallen, bereits allein aus diesem Grund kein allgemeines Gebot der Rechtsformneutralität aus Art. 9 Abs. 1 GG ergeben.

Aus diesen Gründen läßt sich entgegen der Ansicht *Kirchhofs* aus Art. 9 Abs. 1 GG kein allgemeines Gebot der Rechtsformneutralität ableiten.[476]

III. Fazit

Das Ziel der Rechtsformneutralität ist aus ökonomischer Sicht wünschenswert. Die vielfältigen, auf der Rechtsform basierenden Ungleichbehandlungen führen zu vielfältigen Komplizierungen, zu zahlreichen Belastungsunterschieden und damit auch zu einer immerwährenden Unsicherheit bei den einzelnen Unternehmen dahingehend,

---

[473] *Wolfram Höfling*, in: Michael Sachs (Hrsg.), Grundgesetz Kommentar, 3. Auflage, 2006, Art. 9 Rn. 8; *Rupert Scholz*, in: Theodor Maunz/Günter Dürig, Grundgesetz Kommentar, 48. Auflage, 2007, Art. 9 Rn. 27.

[474] *Wolfram Höfling*, in: Michael Sachs (Hrsg.), Grundgesetz Kommentar, 3. Auflage, 2006, Art. 9 Rn. 10; *Hans Jarass*, in: Hans Jarass/Bodo Pieroth, GG Kommentar, 8. Auflage, 2006, Art. 9 Rn. 3; *Wolfgang Löwer*, in: Ingo von Münch/Philip Kunig (Hrsg.), Grundgesetz-Kommentar, 5. Auflage, 2000, Art. 9 Rn. 28; *Rupert Scholz*, in: Theodor Maunz/Günter Dürig, Grundgesetz Kommentar, 48. Auflage 2007, Art. 9 Rn.59. Nach einer anderen Ansicht sind mindestens drei Personen erforderlich vgl. *Wolfgang Löwer*, in: Ingo von Münch/ Philip Kunig (Hrsg.), Grundgesetz-Kommentar, 5. Auflage, 2000, Art. 9 Rn. 25 m.w.N. Dieser Streit ist in der vorliegenden Unterersuchung nicht von Bedeutung.

[475] *Hans Jarass*, in: Hans Jarass/ Bodo Pieroth, GG Kommentar, 8. Auflage, 2006, Art. 9 Rn. 4; *Wolfgang Löwer*, in: Ingo von Münch/Philip Kunig (Hrsg.), Grundgesetz-Kommentar, 5. Auflage, 2000, Art. 9 Rn. 28; *Rupert Scholz*, in: Theodor Maunz/Günter Dürig, Grundgesetz Kommentar, 48. Auflage 2007, Art. 9 Rn. 28.

[476] Ebenso *Jürgen Pelka*, Rechtsformneutralität im Steuerrecht- Verfassungsmäßigkeit der Steuersatzsenkungen für Kapitalgesellschaften, StuW 2000, S. 389 (392 f.); *Dieter Birk*, Das Leistungsfähigkeitsprinzip in der Unternehmenssteuerreform, StuW 2000, S. 328 (333 f.).

ob sie die richtige Rechtsform gewählt haben. Weiterhin haben die bestehenden Belastungsunterschiede zur Folge, daß der Unternehmer sein Unternehmen möglicherweise nicht in der Rechtsform führt, die aus zivilrechtlicher Sicht die sinnvollste wäre.

Die weiteren Untersuchungen haben gezeigt, daß der Grundsatz der Rechtsformneutralität nicht nur eine politische Forderung darstellt, sondern verfassungsrechtlich verankert ist. Insoweit leitet er sich als Konkretisierung des Gebots der Steuergerechtigkeit aus Art. 3 Abs. 1 GG sowie unter dem Gesichtpunkt eigentumsschonender Besteuerung aus Art. 14 GG ab. Die im übrigen in die Betrachtung einbezogenen Freiheitsgrundrechte, Art. 12 GG und Art. 9 Abs. 1 GG, können hingegen nicht als Grundlage zur Herleitung eines verfassungsrechtlichen Gebots der Rechtsformneutralität herangezogen werden. Das Gebot der Rechtsformneutralität der Unternehmensbesteuerung stellt damit aus rechtlicher Sicht ein tragendes Prinzip der Unternehmensbesteuerung dar und ist zwingend bei Reformentwürfen zu berücksichtigen.

F. Grundkonzepte einer rechtsformneutralen Besteuerung

Die bisherigen Untersuchungen zeigen, daß das derzeitige Besteuerungssystem im Rahmen der periodischen Besteuerung von Unternehmensgewinnen mittelständischer Unternehmen zu verfassungsrechtlich nicht gerechtfertigten Unterschieden in der steuerlichen Belastung zwischen Unternehmen unterschiedlicher Rechtsform führt. Aufgrund dieses Zustandes ist der Gesetzgeber aufgerufen ein neues, rechtsformneutrales Unternehmenssteuerrecht zu verwirklichen. Für die Verwirklichung eines rechtsformneutralen Steuersystems stehen dem Gesetzgeber dem Grunde nach zwei entgegengesetzte Möglichkeiten offen.[477] Entweder wird die strikte Anknüpfung des Unternehmenssteuerrechts an die Rechtsform endgültig aufgegeben oder es werden die gleichheitswidrigen Belastungsunterschiede unter Beibehaltung des bisherigen dualen Systems beseitigt. Zur Umsetzung dieser beiden konträren Wege bestehen verschiedene Grundkonzepte. Auf diesen Grundkonzepten basieren auch nahezu alle aktuellen Reformentwürfe. Daher sollen diese im folgenden näher dargestellt und insbesondere daraufhin untersucht werden, inwieweit sie der Forderung einer rechtsformneutralen Besteuerung tatsächlich gerecht werden.

I. Modelle unter Abschaffung des Dualismus der Unternehmensbesteuerung

Grundkonzepte, die die prinzipielle Anknüpfung des Ertragsteuerrechts an die Rechtsform aufgeben, sind die Teilhabersteuer, die Betriebsteuer, die auf dem Betriebsteuergedanken basierende Inhabersteuer sowie die Idee einer nachgelagerten Besteuerung. Auf die Regelungsstruktur sowie die Realisierbarkeit der einzelnen Grundkonzepte gilt es einzugehen.

---

[477] So bereits *Enno Becker/ Max Lion*, Ist es erwünscht, das Einkommen aus Gewerbebetrieb nach gleichmäßigen Grundsätzen zu besteuern, ohne Rücksicht auf die Rechtsform, in der das Gewerbe betrieben wird?, Referate 33. DJT, 1925, S. 429, 467; *Rainer Walz*, Empfiehlt sich eine rechtsformunabhängige Besteuerung der Unternehmen?, Gutachten F zum 53. Deutschen Juristentag, 1980, S. 59 ff.

1. Teilhabersteuer

a) Regelungsstruktur

Das Modell der Teilhabersteuer[478] verzichtet auf ein eigenständiges Körperschaftsteuerrecht. Dieses Besteuerungskonzept beruht auf dem Grundgedanken, die Gewinne von Kapitalgesellschaften in gleicher Weise wie die von Personengesellschaften zu besteuern. Die Körperschaftsteuer wird quasi in die Einkommensteuer integriert.[479] Die Besteuerung der Kapitalgesellschaft wird insoweit dem Modell der Mitunternehmer-Besteuerung angepaßt. Dies bedeutet, daß die Gewinne von Kapitalgesellschaften unter Loslösung vom Zivilrecht als Einkommen unmittelbar den Teilhabern zugerechnet werden. Die erzielten Gewinne unterliegen in vollem Umfang nach dem Verhältnis der Beteiligung der Besteuerung beim Anteilseigner unabhängig davon, inwieweit die Gewinne ausgeschüttet oder einbehalten werden.[480]

b) Bewertung

Als offensichtlicher Vorteil dieses Modell läßt sich das gewünschte Ziel der Rechtsformneutralität nennen. Durch dieses Konzept werden Gesellschafter einer Kapitalgesellschaft, Gesellschafter einer Personengesellschaft und Einzelunternehmer rechtsformunabhängig gleichgestellt. Auf die Gewinnverwendung oder die Rechtsform des Unternehmens kommt es daher bei der Besteuerung nicht mehr an.

Selbst die Kritiker des Modells der Teilhabersteuer stellen jedenfalls fest, daß das Modell von seiner theoretischen Konzeption geeignet ist, eine rechtsformneutrale Besteuerung zu ermöglichen und zu einer wesentlichen Vereinfachung des Steuerrechts führen.[481] Die zwei wesentlichen Probleme des geltenden Körperschaftsteuerrechts entfielen. Zum einen würden die bisher bestehende Doppelbelastung ausgeschütteter Gewinne und die damit einhergehenden Schwierigkeiten ihrer Berücksichtigung im Rahmen der Einkommensteuer entfallen.[482] Zum anderen wäre das im Zusammenhang mit der Körperschaftsteuer bestehende Problem der ver-

---

[478] Zurückgehend auf *Karl Dietzel*, Die Besteuerung der Aktiengesellschaften in Verbindung mit der Gemeindebesteuerung, 1859; grundlegend in Deutschland *Wolfram Engels/Wolfgang Stützel*, Ein Beitrag zur Vermögenspolitik, zur Verbesserung der Kapitalstruktur und zur Vereinfachung des Steuerrechts, 2. Aufl., 1968. Außerdem *Karl Heinrich Friauf*, Die Teilhabersteuer als Ausweg aus dem Dilemma der Doppelbelastung der Körperschaftsgewinne, FR 1969, S. 27 (27 ff.); *Eberhart Ketzel*, Teilhabersteuer – Konzeption und Gestaltungsmöglichkeit, Diss., 1969; *Manfred Croneberg*, Die Teilhabersteuer: ein Beitrag zur Körperschaftsteuerreform unter besonderer Berücksichtigung der Unternehmensfinanzierung, Diss., 1973; *Christa Wamsler*, Körperschaftsteuerliche Integration statt Anrechnung?, Diss., 1998.

[479] *Johanna Hey*, Harmonisierung der Unternehmensbesteuerung in Europa, 1997, S. 281 ff.; *Dieter Schneider*, Grundzüge der Unternehmensbesteuerung, 6. Auflage, 1994, S. 177 ff.

[480] *Arno Graß*, Unternehmensformneutrale Besteuerung, Schriften zum Steuerrecht, Band 42, 1992, S. 128.

[481] *Heinz-Jürgen Pezzer*, Rechtfertigung der Körperschaftsteuer und ihre Entwicklung zu einer allgemeinen Unternehmenssteuer, in: Festschrift für Klaus Tipke, Die Steuerrechtsordnung in der Diskussion, Joachim Lang (Hrsg.), 1995, S. 419 (429); *Rudolf Wendt*, Reform der Unternehmensbesteuerung aus europäischer Sicht, StuW 1992, S. 66 (75).

[482] *Karl Heinrich Friauf*, Die Teilhabersteuer als Ausweg aus dem Dilemma der Doppelbelastung der Körperschaftsgewinne, FR 1969, S. 27 (30 f.).

deckten Gewinnausschüttung[483] ebenfalls behoben. Es existierten nur noch natürliche Personen als Steuersubjekte.

Allerdings stehen dieser zunächst positiven Bewertung erhebliche Kritikpunkte gegenüber. Die Konzeption läuft dem allgemeinen Grundsatz der Besteuerung nach der wirtschaftlichen Leistungsfähigkeit zuwider.[484] Das Modell negiert die unstreitig bestehende zivilrechtliche Trennung der Vermögenssphären von Kapitalgesellschaft und Anteilseigner mit der Folge, daß die steuerliche Leistungsfähigkeit falsch gemessen wird.[485] Maßstab zur Bestimmung der individuellen Leistungsfähigkeit ist der realisierte Vermögenszuwachs.[486] Ein Vermögenszuwachs liegt zu dem Zeitpunkt vor, in dem die jeweilige Person Verfügungsmacht über die Erwerbsgrundlage erhält.[487] Einen tatsächlichen Vermögenszuwachs erfährt der Gesellschafter erst im Zeitpunkt der Ausschüttung. Vorher hat der Gesellschafter lediglich einen Gewinnanspruch. Der Gewinnanspruch stellt aber frühestens in dem Zeitpunkt einen relevanten Vermögenszuwachs dar, in dem der Gewinnanspruch zu einem Auszahlungsanspruch konkretisiert und zu einem fälligen, nicht mehr entziehbaren Gläubigerrecht wird.[488] Die an dem Durchgriffsprinzip ausgerichtete Teilhabersteuer scheitert daher besonders an sogenannten Publikumskapitalgesellschaften.[489] Bei Publikumsgesellschaften hat der einzelne Gesellschafter im Regelfall keinerlei Einfluss auf das Ausschüttungsverhalten der Gesellschaft. Der ihrer Beteiligung entsprechende Teil des von der Gesellschaft thesaurierten Gewinns erhöht zwar den Substanzwert des Anteils. Ein dadurch möglicherweise begründeter Vermögensvorteil ist indessen nicht realisiert. Es liegt noch kein disponibles Einkommen vor und damit auch kein Zuwachs an wirtschaftlicher Leistungsfähigkeit.[490] Insoweit verstößt das Konzept der Teilhabersteuer bereits in seiner Grundkonzeption gegen das Leistungsfähigkeits-

---

483 Zum momentanen Problem der verdeckten Gewinnausschüttungen vgl. *Johanna Hey*, Bedeutung und Besteuerungsfolgen der verdeckten Gewinnausschüttung nach der Unternehmenssteuerreform, GmbHR 2001, S. 1 ff.; *Siegbert Seeger*, Die verdeckte Gewinnausschüttung und das Halbeinkünfteverfahren, StuB 2000, S. 667 ff.

484 Kritisch zum Modell der Teilhabersteuer *Brigitte Knobbe-Keuk*, Bilanz- und Unternehmenssteuerrecht, 9. Aufl., 1993, S. 562 ff.

485 *Joachim Lang*, Perspektiven der Unternehmenssteuerreform, Anh. Nr. 1 zu den sog. Brühler Empfehlungen zur Reform der Unternehmensbesteuerung, 1999, S. 19.

486 *Wolfram Reiß*, Rechtsformabhängigkeit der Unternehmensbesteuerung, in: Grundfragen der Unternehmensbesteuerung, Franz Wassermeyer (Hrsg.), DStJG 17 (1994), S. 3 (6 f.).

487 *Paul Kirchhof*, Der Auftrag der Erneuerung des Einkommensteuerrechts, in: Besteuerung von Einkommen, hrsg. von Iris Ebling, DStJG 24 (2001), S. 1 (24).

488 *Klaus Tipke*, Die Steuerrechtsordnung, Band II, 2. Aufl., 2003, S. 739.

489 *Bundesministerium der Finanzen,* Gutachten der Steuerreformkommission 1971, BMF Schriftenreihe, Heft 17, 1971, S. 331 ff.; *Joachim Lang*, Prinzipien und Systeme der Besteuerung von Einkommen, in: Besteuerung von Einkommen, hrsg. von Iris Ebling, DStJG 24 (2001), S. 49 (99); *Christian Rasenack*, Die Theorie der Körperschaftsteuer, 1974, S. 177 f.

490 Diese Sichtweise läßt sich meines Erachtens auch auf die Personengesellschaft übertragen, sofern man die formelle Betrachtungsweise des Bundesverfassungsgerichts auf diese Rechtsform konsequent anwendet; vgl. *Johanna Hey*, Besteuerung von Unternehmensgewinnen und Rechtsformneutralität, in: Besteuerung von Einkommen, hrsg. von Iris Ebling, DStJG 24 (2001), S. 155 (217 f.); *Joachim Lang*, Prinzipien und Systeme der Besteuerung von Einkommen, in: Besteuerung von Einkommen, hrsg. von Iris Ebling, DStJG 24 (2001), S. 49 (98 f.); a.A. *Monika Jachmann*, Europa- und verfassungsrechtliche Grenzen der Unternehmensbesteuerung, in: Europa- und verfassungsrechtliche Grenzen der Unternehmensbesteuerung, hrsg. von Jürgen Pelka, DStJG 23 (2000), S. 9 (25 f.).

prinzip, da Grundlage der Einkommensbesteuerung nur das disponible Einkommen sein kann.[491]

Zum anderen berücksichtigt der Entwurf nicht umfassend das Gebot, daß dann eine unterschiedliche steuerliche Behandlung von Unternehmensgewinnen erforderlich ist, wenn zivilrechtliche Unterschiede auch wirtschaftlich unterschiedliche Sachverhalte erzeugen, die auf die individuelle Leistungsfähigkeit des einzelnen Einfluss haben.[492] Anteilige Verluste können nach diesem Modell in unbegrenzter Höhe geltend gemacht werden, obwohl die Gesellschafter selbst wegen einer eventuellen Haftungsbegrenzung keine verminderte Leistungsfähigkeit aufweisen. Das Merkmal der Haftung war zwar nicht geeignet, die generell unterschiedliche Behandlung der Rechtsformen zu rechtfertigen. Sie wirkt sich aber im Verlustfall dennoch auf die wirtschaftliche Leistungsfähigkeit aus. Nur im Fall der persönlichen Haftung werden anderweitige Einkünfte zur Tilgung unternehmerischer Schulden eingesetzt, so daß es zu einer Minderung der Leistungsfähigkeit kommt. Somit verstößt eine unbegrenzte Verlustverrechnung bei Gesellschaften mit beschränkter Haftung gerade gegen das Leistungsfähigkeitsprinzip.[493]

Daher ist das Modell der Teilhabersteuer von seiner Grundkonzeption her aus steuersystematischen Gründen nicht geeignet, das erwünschte Ziel der Rechtsformneutralität unter Beachtung der sonstigen verfassungsrechtlichen Vorgaben zu verwirklichen.[494] Aus diesen Gründen wird die Teilhabersteuer in der heutigen Zeit weder von Seiten der Politik noch der Wissenschaft ernstlich als Besteuerungsmodell in Betracht gezogen.

2. Betriebsteuer

Neben der Teilhabersteuer bietet die Betriebsteuer eine weitere Möglichkeit zur Verwirklichung einer rechtsformneutralen Besteuerung. Erste Überlegungen zur Betriebsteuer[495] reichen bis in die 20er Jahre zurück.[496]

---

[491] *Klaus Tipke*, Die Steuerrechtsordnung, Band II, 2. Aufl., 2003, S 557 f., 566 f.

[492] *Arno Graß*, Unternehmensformneutrale Besteuerung, Schriften zum Steuerrecht, Band 42, 1992, S. 128.

[493] So auch *Johanna Hey*, Besteuerung von Unternehmensgewinnen und Rechtsformneutralität, in: Besteuerung von Einkommen, hrsg. von Iris Ebling, DStJG 24 (2001), S. 155 (193 f.).

[494] So auch *Monika Jachmann*, Europa- und verfassungsrechtliche Grenzen der Unternehmensbesteuerung, in: Europa- und verfassungsrechtliche Grenzen der Unternehmensbesteuerung, hrsg. von Jürgen Pelka, DStJG 23 (2000), S. 9 (16); *dies.*, *Monika Jachmann*, Ansätze zu einer gleichheitsgerechten Ersetzung der Gewerbesteuer, BB 2000, S. 1432 (1441); *Susanne Sieker*, Möglichkeiten rechtsformneutraler Besteuerung von Einkommen, in: Perspektiven der Unternehmensbesteuerung, hrsg. von Siegbert Seeger, DStJG 25 (2002), S. 145(162 f.), *Arndt Raupach,* Die Neuordnung des Körperschaftsteuersystems, in: hrsg. von Siegbert Seeger, Perspektiven der Unternehmensbesteuerung, DStJG 25 (2002), S. 9 (34 f.).

[495] Zum Betriebsteuergedanken vgl. *Betriebsteuerausschuss der Verwaltung für Finanzen*, Berichte und Gesetzesentwürfe zur Betriebsteuer, StuW 1949, Sp. 929 (931); *Carl Boettcher*, Vorschlag eines Betriebsteuerrechts, StuW 1947, Sp. 67 f.; *Reiner Elschen*, Institutionale oder personale Besteuerung von Unternehmensgewinnen?, 1989, S. 92 ff., *Werner Flume*, Die Betriebsertragsteuer als Möglichkeit der Steuerreform, DB 1971, S. 692 ff.; *ders.* Einige Gedanken zur Steuerreform, StBJb 1971/72, S. 31 (31 ff.); *ders.*, Besteuerung und Wirtschaftsordnung, StbJb 1973/74, S. 53 ff., *Gerald Heidinger*, Nochmals: Für und Wider Betriebsteuer, StuW 1982, S. 268 ff., *ders.*, Öster-

a) Regelungsstruktur

Das Modell der Betriebsteuer versucht Rechtsformneutralität im Unterschied zur Teilhabersteuer durch Anpassung in umgekehrter Richtung zu erreichen. Während das Modell der Teilhabersteuer eine rechtsformgerechte Unternehmensbesteuerung durch Integration der Körperschaftsteuer in die Einkommensteuer zu erreichen sucht, tendiert das Modell der Betriebsteuer in seiner Grundkonzeption[497] dazu, die Besteuerung von Personenunternehmen an die von Körperschaften anzugleichen. Nach dem Betriebsteuerkonzept bildet das Unternehmen losgelöst von seinen Eignern das Anknüpfungsmerkmal der Besteuerung.[498] Steuersubjekt sind nicht mehr die Körperschaft, die Mitunternehmer oder der Einzelunternehmer, sondern das Unternehmen selbst. Personenunternehmen werden also in einem Teilbereich wie eine Kapitalgesellschaft behandelt. Grundlage dieses Entwurfs ist also die „Verselbständigung" der Personenunternehmen. Der in einem Unternehmen erwirtschaftete thesaurierte und nicht ausgeschüttete Gewinn wird ohne Rücksicht auf die Rechtsform nach einem proportionalen Steuersatz besteuert.[499] Damit trägt dieses Modell im Gegensatz zum Teilhabersteuermodell dem Umstand Rechnung, daß der Anteilseigner keinen Zugriff auf das Vermögen der Körperschaft hat und folgt somit der grundsätzlichen Trennung zwischen Unternehmens- und Unternehmerebene.

Mittlerweile existieren mehrere verschiedene Varianten der Betriebsteuer.[500] Die unterschiedlichen Entwürfe einer Betriebsteuer unterscheiden sich im wesentlichen in zwei Punkten. Zum einen unterscheidet sich die Weite des Unternehmensbegriffs. So fallen entweder nur gewerbliche Unternehmen[501] oder auch land- und forstwirtschaftliche sowie freiberufliche Unternehmen in den Anwendungsbereich der Betriebsteuer. Zum anderen ist die Möglichkeit beziehungsweise das Verfahren der Anrechnung der Betriebsteuer im Rahmen der Einkommensteuer im Falle der Aus-

---

reich: Reform der Unternehmensbesteuerung in kleinen Schritten?, StuW 1985, S. 67 ff.; kritisch *Reiner Elschen*, Die Betriebsteuer - von niemandem gewünscht und doch wünschenswert?, StuW 1983, S. 318 ff., *Christian Flämig*, Rechtsformunabhängige Besteuerung der Unternehmen?, StuW 1981, S. 160 ff.; *Jörg Giloy*, Reform der Unternehmensbesteuerung, DStZ 1989. S. 547 ff.; *Dieter Schneider*, Reform der Unternehmensbesteuerung aus betriebswirtschaftlicher Sicht, StuW 1989, S. 328 ff.; *Klaus Tipke*, Zur Problematik einer rechtsformunabhängigen Besteuerung der Unternehmen, NJW 1980, S. 1079 ff.; *Rudolf Wendt*, Reform der Unternehmensbesteuerung aus europäischer Sicht, StuW 1992, S. 66 ff.

[496] Vgl. die Ausgangsthese bei *Franz Findeisen*, Die Unternehmensform als Rentabilitätsfaktor, 1924, S. 45 sowie die Verhandlungen des 33. DJT, 1925, S. 429 ff.; zum Verlauf der Diskussion um die Einführung einer Betriebsteuer vgl. *Erhard Schipporeit*, Ziele und Möglichkeiten einer Unternehmungsteuer - Grundzüge eines Reformvorschlags, StuW 1980, S. 190 (191) m.w.N.

[497] Die Ausgestaltung im einzelnen wird bereits sei 1924 in mehreren Varianten diskutiert. Die sogenannten „klassischen" Vorschläge unterscheiden sich insbesondere im Falle der Ausschüttung bezüglich Möglichkeit und des Verfahrens der Anrechnung der Betriebsteuer im Rahmen der Einkommensteuer.

[498] *Arno Graß*, Unternehmensformneutrale Besteuerung, Schriften zum Steuerrecht, Band 42, 1992, S. 129.

[499] *Susanne Sieker*, Möglichkeiten rechtsformneutraler Besteuerung von Einkommen, in: Perspektiven der Unternehmensbesteuerung, hrsg. von Siegbert Seeger, DStJG 25 (2002), S. 145 (163).

[500] Eine Übersicht findet sich bei *Erhard Schipporeit*, Ziele und Möglichkeiten einer Unternehmungsteuer - Grundzüge eines Reformvorschlags, StuW 1980, S. 190 (192).

[501] So *Werner Flume*, Die Betriebsertragsteuer als Möglichkeit der Steuerreform, DB 1971, S. 692 (694).

schüttung an die Unternehmer umstritten.[502] Diese Unterschiede in der konkreten Ausgestaltung haben allerdings keinen direkten Einfluss auf die grundsätzliche Regelungsstruktur der Betriebsteuer. Daher können die einzelnen Ausgestaltsmöglichkeiten einheitlich bewertet werden.[503]

b) Bewertung

Der offensichtliche Vorteil der Betriebsteuer ist die einheitliche proportionale Belastung der im Unternehmen verbleibenden Gewinne.[504] Insoweit ermöglicht das Konzept der Betriebsteuer unternehmerische Gewinne, solange sie im Unternehmen verbleiben und somit der investiven Verwendung offen stehen, steuerlich mit einem niedrigen proportionalen Steuersatz zu belegen, um den Standort Deutschland wieder wettbewerbsfähig zu machen. Somit scheint auf den ersten Blick auch die Betriebsteuer geeignet zu sein, das Gebot der Rechtsformneutralität zu verwirklichen.

Wie auch der Teilhabersteuer stehen der Betriebsteuer jedoch erhebliche Bedenken gegenüber. Zunächst wird im Rahmen der Betriebsteuer die steuerliche Behandlung des Kleinunternehmers mit nur niedrigen Unternehmensgewinnen als problematisch empfunden. Der Kleinunternehmer unterliegt bislang dem progressiven Steuersatz der Einkommen. So hängt die steuerliche Belastung von der Höhe der Gewinne ab. Im Falle der Betriebsteuer werden die Gewinne aber ohne Berücksichtigung eines Freibetrags und sonstiger individueller Verhältnisse des Unternehmers zunächst auf Ebene des Unternehmens proportional mit einem bestimmten Steuersatz belastet, der in der Regel höher liegt, als die entsprechende Steuerbelastung mit Einkommensteuer. Aufgrund der definitiven Vorbelastung könnte im Falle der Ausschüttung beispielsweise nicht der existentielle Freibetrag des jeweiligen Gesellschafters, der aufgrund des subjektiven Nettoprinzips im Einkommensteuerrrecht zu gewähren ist, berücksichtigt werden. Gesellschafter eines Unternehmens mit geringen Gewinnen würden daher im Endeffekt höher besteuert als Bezieher vergleichbarer Einkommen aus nichtselbständiger Arbeit. Insbesondere erfolgte die Besteuerung in diesen Fällen nicht nach ihrer subjektiven Leistungsfähigkeit. Dieser Effekt tritt allerdings nur dann ein, wenn der Gesellschafter mit dem Unternehmen keine steuerlich wirksamen Vergütungen vereinbaren kann oder ein eventueller Überschuß der Betriebsteuer dem Anteilseigner im Rahmen der Einkommensteuer nicht erstattet wird. Erkennt man beispielsweise Verträge im Rahmen einer Betriebsteuer als allgemeiner Unternehmenssteuer wie nach geltendem Recht bei der Besteuerung einer Kapitalgesellschaft an, so kann der Gesellschafter angemessene Geschäftsführergehälter an sich

---

[502] Für eine Anrechnung: *Betriebsteuerausschuss der Verwaltung für Finanzen*, Berichte und Gesetzesentwürfe zur Betriebsteuer, StuW 1949, Sp. 929 (1021 f.); *Heinz-Jürgen Pezzer*, Rechtfertigung der Körperschaftsteuer und ihre Entwicklung zu einer allgemeinen Unternehmenssteuer, in: Festschrift für Klaus Tipke, Die Steuerrechtsordnung in der Diskussion, Joachim Lang (Hrsg.), 1995, S. 419 (430 f.). Gegen eine Anrechnung *Werner Flume*, Die Betriebsertragsteuer als Möglichkeit der Steuerreform, DB 1971, S. 692 ff.; *Carl Boettcher*, Vorschlag eines Betriebsteuerrechts, StuW 1947, Sp. 67 ff.

[503] Anders die Inhabersteuer, die zwar in ihrem Grundgedanken auf der Betriebsteuer basiert, aber erhebliche Abweichungen enthält, vgl. F. I. 3.

[504] *Werner Flume*, Die Betriebsertragsteuer als Möglichkeit der Steuerreform, DB 1971, S. 692 f., *Brigitte Knobbe-Keuk*, Möglichkeiten und Grenzen einer Unternehmenssteuerreform, DB 1989, S. 1303 (1305 ff.).

auszahlen, auf die der persönliche progressive Einkommensteuersatz samt Freibetrag angewendet wird. Weiterhin kann das Verfahren der Berücksichtigung der Betriebsteuer im Rahmen der Einkommensteuer so ausgestaltet werden, daß mögliche Überschüsse erstattet werden. Dieser Kritikpunkt kann also bei entsprechender Ausgestaltung der Betriebsteuer vermieden werden.

Weiterhin wird an den klassischen Betriebsteuerkonzepten insbesondere ihr Anwendungsbereich kritisiert. Aus Gleichheitsgründen müsse auch bei Nichtunternehmern nach nicht konsumierten und konsumierten Einkommen differenziert werden.[505] Bei dem niedrigen proportionalen Steuersatz der Betriebsteuer handelt es sich nämlich nicht primär um eine Investitionsförderung, sondern vielmehr um eine bloße Sparförderung.[506] Die geringe proportionale Besteuerung knüpft nur daran an, daß die Einkünfte im Unternehmen verbleiben. Auf die Art der Verwendung im Unternehmen kommt es nicht an. So können die Gewinne, statt zur Investition genutzt zu werden, auch einfach nur gespart werden. Vor diesem Hintergrund ist kein Argument ersichtlich, warum das Sparen im Unternehmen förderungswürdiger ist als das Sparen des Privaten. Gleichheitsgerecht wäre es daher, alle Formen des Sparens in gleicher Weise zu begünstigen.[507] Daher ist es erforderlich, einen weiteren Unternehmensbegriff anzuwenden, der sämtliche Spartätigkeit erfaßt.[508] Es müsste beispielsweise eine Regelung geschaffen werden, die es auch Arbeitnehmern ermöglicht, ihr erzieltes Einkommen unversteuert oder niedrig proportional besteuert zu reinvestieren.[509] Diesen Grundgedanken enthält das Modell der Inhabersteuer, welches an späterer Stelle einer genaueren Betrachtung unterzogen wird.

Das Modell der Betriebsteuer sieht sich noch unter einem anderen Gesichtspunkt dem Vorwurf der Gleichheitssatzwidrigkeit ausgesetzt. So berücksichtigt auch dieses Modell nicht die bestehenden zivilrechtlichen Unterschiede zwischen Gesellschaftern einer Kapitalgesellschaft gegenüber Gesellschaftern einer Personengesellschaft in Bezug auf die Haftung. Aufgrund des Leistungsfähigkeitsprinzips ist eine Verrechnung von im Unternehmen entstandenen Verlusten mit anderweitigen positiven Einkünften der am Unternehmen beteiligten natürlichen Personen erforderlich, wenn für den Verlust persönlich mit anderen Einkünften gehaftet wird.[510] Nur im Fall der per-

---

[505] *Klaus Tipke*, Zur Problematik einer rechtsformunabhängigen Besteuerung der Unternehmen, NJW 1980, S. 1079 (1080); *Reiner Elschen*, Die Betriebsteuer - von niemandem gewünscht und doch wünschenswert?, StuW 1983, S. 318 (332).

[506] Vgl. *Rudolf Wendt,* Reform der Unternehmensbesteuerung aus europäischer Sicht, StuW 1992, S. 66 (73).

[507] Vgl. *Christian Dorenkamp*, Spreizung zwischen Körperschaftsteuer- und Spitzensatz der Einkommensteuer, in: Unternehmenssteuerrecht, hrsg. von Jürgen Pelka, DStJG Sonderband 2001, S. 61 (78).

[508] So *Joachim Lang*, Reform der Unternehmensbesteuerung, StuW 1989, S. 3 (10 f.); *ders.*, Entwurf einer Steuergesetzbuchs, BMF-Schriftenreihe, Heft 49, 1993, Rn. 292; ebenso *Michael Elicker*, Fortentwicklung der Theorie vom Einkommen, DStZ 2005, S. 564 ff.

[509] Seit langem gefordert *Joachim Lang*, Reform der Unternehmensbesteuerung, StuW 1989, S. 3 (10 f.).

[510] Vgl. hierzu *Johanna Hey*, Besteuerung von Unternehmensgewinnen und Rechtsformneutralität, in: Besteuerung von Einkommen, hrsg. von Iris Ebling, DStJG 24 (2001), S. 155 (193); *Rainer Hüttemann*, Die Besteuerung der Personenunternehmen und ihr Einfluss auf die Rechtsformwahl, in: Perspektiven der Unternehmensbesteuerung, hrsg. von Siegbert Seeger, DStJG 25 (2002), S. 123 (139); *Susanne Sieker*, Möglichkeiten rechtsformneutraler Besteuerung von Einkommen, in: Per-

sönlichen Haftung werden anderweitige Einkünfte zur Tilgung unternehmerischer Schulden eingesetzt, so daß es zu einer Minderung der Leistungsfähigkeit kommt. Eine solche transparente Verlustberücksichtigung ist nach dem Betriebsteuermodell allerdings gerade nicht vorgesehen und erscheint aufgrund der Trennung von Unternehmer- und Unternehmensebene auch nicht möglich zu sein. Diese verfassungsrechtlichen Anforderungen könnte man - ohne am Dualismus der Unternehmensbesteuerung festzuhalten - nur verwirklichen, wenn die Einkommensteuer umfassend als nachgelagerte Steuer ausgestaltet wird.[511]

Aus diesen Gründen verwirklicht auch das Modell der Betriebsteuer bereits im Grundkonzept das Ziel einer rechtsformneutralen Besteuerung nicht umfassend. Vor allem werden die bisherigen verfassungsrechtlichen Probleme nur ausgetauscht, anstatt beseitigt. Eine an diesen Kritikpunkten ansetzende Weiterentwicklung des Betriebsteuergedankens enthält der Entwurf der Inhabersteuer von *Joachim Lang*.[512]

3. Das Modell der Inhabersteuer als Ansatz einer nachgelagerten Besteuerung

Das von *Joachim Lang* entwickelte Modell der Inhabersteuer[513] versucht das Gebot der Rechtsformneutralität durch eine breite Abschichtung aller gesparten Einkünfte von der progressiven Einkommensteuer zu verwirklichen.

a) Regelungsstruktur

Die Inhabersteuer kombiniert eine proportionale Gewinnsteuer, die für alle nicht körperschaftsteuerpflichtigen Unternehmen[514] (mit Ausnahme von Kleinunternehmen) gelten soll, mit einer progressiven Einkommensteuer auf das konsumfähige Einkom-

---

spektiven der Unternehmensbesteuerung, hrsg. von Siegbert Seeger, DStJG 25 (2002), S. 145 (174).

[511] Vgl. *Johanna Hey*, Besteuerung von Unternehmensgewinnen und Rechtsformneutralität, in: Besteuerung von Einkommen, hrsg. von Iris Ebling, DStJG 24 (2001), S. 155 (220 f.): „Gleichheitskonforme, für alle Einkunftsarten anwendbare Konzepte einer allgemeinen Unternehmenssteuer lassen sich nur im Rahmen einer umfassenden Konsumorientierung des Einkommensteuerrechts entwickeln." Außerdem *Christian Dorenkamp*, Unternehmenssteuerreform und partiell nachgelagerte Besteuerung, StuW 2000, S. 121 ff.

[512] *Joachim Lang*, Perspektiven der Unternehmenssteuerreform, Anh. Nr. 1 zu den sog. Brühler Empfehlungen zur Reform der Unternehmensbesteuerung, 1999, S. 19 ff.; *ders.*, Die Unternehmenssteuerreform - eine Reform pro GmbH, GmbHR 2000, S. 453 (461 f.); *ders.*, Prinzipien und Systeme der Besteuerung von Einkommen, in: Besteuerung von Einkommen, hrsg. von Iris Ebling, DStJG 24 (2001), S. 49 (101 ff.)

[513] Zur Inhabersteuer vgl. *Joachim Lang*, Notwendigkeit und Verwirklichung der Unternehmensteuerreform in der 14. Legislaturperiode, in: Harzburger Steuerprotokoll 1999, 2000, S. 33 (54 ff., 61); *Johanna Hey*, Die Brühler Empfehlungen zur Reform der Unternehmensbesteuerung, BB 1999, S. 1192 (1194); *dies.*, in: Carl Herrmann/Gerhard Heuer/Arndt Raupach (Hrsg.), Einkommensteuer- und Körperschaftsteuergesetz, Kommentar, Stand März 2007, Anm. Einf. KStG Rn. 206; *Wolfgang Schön*, Zur Unternehmenssteuerreform, Stbg. 2000, S. 1 (8); *Monika Jachmann*, Steuergesetzgebung zwischen Gleichheit und wirtschaftlicher Freiheit. Verfassungsrechtliche Grundlagen und Perspektiven der Unternehmensbesteuerung, 2000, S. 89; *Dirk Löhr*, Die Brühler Empfehlungen – Wegweiser für eine Systemreform der Unternehmensbesteuerung?, StuW 2000, S. 33 (37 f.); *Heinz-Jürgen Pezzer*, Kritik am Halbeinkünfteverfahren, StuW 2000, S. 144 (149).

[514] Ausführlich zur Abgrenzung der inhabersteuerpflichtigen und körperschaftsteuerpflichtigen Unternehmen *Joachim Lang*, Perspektiven der Unternehmenssteuerreform, Anh. Nr. 1 zu den sog. Brühler Empfehlungen zur Reform der Unternehmensbesteuerung, 1999, S. 31 ff.

men.[515] Die Inhabersteuer tritt als eine eigenständige, aus dem Einkommensteuergesetz ausgegliederte Unternehmenssteuer neben die Körperschaftsteuer. Unternehmen im Sinne der Inhabersteuer sind in Anlehnung der Positivmerkmale des Gewerbebetriebs, wie er im jetzigen Einkommensteuerrecht in § 15 Abs. 2 S. 1 EStG legal definiert ist, alle „selbständige, nachhaltige, mit Gewinnerzielungsabsicht ausgeübte Betätigungen. Für Kleinunternehmen, die keine Bücher führen und für große Publikumsgesellschaften ist die Inhabersteuer dagegen ausgeschlossen. Auf sie finden die jetzigen Regelungen weiterhin Anwendung. Bei kleineren Unternehmen wird direkt der Unternehmenseigner besteuert und auf Publikumskapitalgesellschaften findet das Körperschaftssteuerecht in seiner jetztigen Ausgestaltung Anwendung.

Der weite Unternehmensbegriff, der an den der Umsatzsteuer angelehnt ist, erfaßt im Unterschied zur Betriebsteuer sämtliche investierten Einkünfte, also auch solche der privaten Vermögensverwaltung, der Landwirtschft und der selbständigen Tätigkeit.[516] Dieses Modell gewährt somit auch dem Arbeitnehmer den Zutritt zu dem Niedrigsteuersystem, soweit er seine Einkünfte investiert. Erst wenn das Einkommen konsumiert, unterliegt es der Einkommensteuer. Insoweit geht das System der Inhabersteuer über den Anwendungsbereich der Betriebsteuer deutlich hinaus.

Der Steuersatz der Inhabersteuer soll mit dem Körperschaftsteuersatz übereinstimmen. Auf diesem Weg wird Thesaurierungsneutralität zwischen den einzelnen Unternehmen in unterschiedlicher Rechtsform erreicht. Der entnommene oder ausgeschüttete Gewinn unterliegt wie im geltenden Körperschaftsteuerrecht der progressiven Einkommensteuer. Allerdings wird die Vorbelastung nicht wie im Körperschaftsteuerrecht durch das Halbeinkünfteverfahren abgemildert. Im Unterschied zur aktuellen Körperschaftsteuer hat die Inhabersteuer die Funktion einer Vorsteuer zur Einkommensteuer mit der Konsequenz, daß die inhabersteuerliche Vorbelastung auf der Ebene der Einkommensteuer voll berücksichtigt wird.[517] Dies soll durch die Konzeption des Auszahlungsabzugsverfahrens verwirklicht werden, welches die Vorbelastung im Rahmen der Einkommensteuer exakt berücksichtigt.[518] Demnach wird das Einkommen erst bei konsumtiver Verwendung definitiv besteuert. Die Inhabersteuer differenziert also strikt zwischen investiertem und konsumiertem Einkommen. In dieser Ausgestaltung erhält die Einkommensteuer letztendlich den Charakter einer Konsumeinkommensteuer.

b) Bewertung

Die Ausdehnung der einheitlichen proportionalen Besteuerung auf alle investierten Einkünfte - auch solche aus privater Vermögensverwaltung - vermeidet jedenfalls die

---

[515] *Susanne Sieker*, Möglichkeiten rechtsformneutraler Besteuerung von Einkommen, in: Perspektiven der Unternehmensbesteuerung, hrsg. von Siegbert Seeger, DStJG 25 (2002), S. 145 (166).

[516] *Joachim Lang*, Reform der Unternehmensbesteuerung, StuW 1989, S. 3 (10, 13); *ders.*, Reform der Unternehmensbesteuerung auf dem Weg zum europäischen Binnenmarkt und zur deutschen Einheit, StuW 1990, S. 107 (119).

[517] *Joachim Lang*, Perspektiven der Unternehmenssteuerreform, Anh. Nr. 1 zu den sog. Brühler Empfehlungen zur Reform der Unternehmensbesteuerung, 1999, S. 25.

[518] *Joachim Lang*, Perspektiven der Unternehmenssteuerreform, Anh. Nr. 1 zu den sog. Brühler Empfehlungen zur Reform der Unternehmensbesteuerung, 1999, S. 40.

Vorwürfe, denen die klassische Betriebsteuer ausgesetzt ist.[519] Das Modell der Inhabersteuer verwirklicht eine rechtsformneutrale Besteuerung thesaurierter Unternehmensgewinne unter gleichzeitiger Beachtung des Gebots der Gleichbehandlung von Unternehmern mit Nicht-Unternehmern. Unter diesem Gesichtspunkt wird das Gebot der Besteuerung nach der wirtschaftlichen Leistungsfähigkeit vollends umgesetzt.

Allerdings kann das Modell nicht die vollständige Rechtsformneutralität verwirklichen. Die Gleichbehandlung sämtlicher Gewinne geht im Falle der Ausschüttung verloren. Währenddessen für inhabersteuerpflichtige Unternehmen ein Anrechnungsverfahren gilt, wird auf Kapitalgesellschaften weiterhin das geltende Halbeinkünfteverfahren angewendet. Die durch diese unterschiedlichen Methoden entstehenden Ungleichbehandlungen sind allerdings als eher gering einzuschätzen und wären auch zu beseitigen, indem der Gesetzgeber das jetzt geltende Halbeinkünfteverfahren durch ein modifiziertes Anrechnungsverfahren ersetzt.[520]

Aus diesen Gründen verwirklicht auch das Modell der Inhabersteuer nicht vollumfänglich das Gebot der Rechtsformneutralität. Allerdings vermeidet das Modell die verfassungsrechtlichen Vorwürfe, denen das Betriebsteuerkonzept ausgesetzt ist.

4. Das Konzept einer nachgelagerten Besteuerung in Form einer sparbereinigten Einkommensteuer

Ein weiteres Modell, welches eine rechtsformneutrale Besteuerung von Unternehmensgewinnen verspricht, ist das Konzept der nachgelagerten Besteuerung in Form einer sparbereinigten Einkommensteuer.[521] Die sparbereinigte Einkommensteuer ist ein Teilaspekt der konsumorientierten Besteuerung.[522] Die Idee einer konsumorientierten Besteuerung[523] läßt sich auf zwei Wegen verwirklichen, zum einen durch die bereits eben genannte Sparbereinigung, zum anderen durch eine sogenannte Zinsbereinigung. Nach der zinsbereinigten Besteuerung werden Einkünfte nur insoweit besteuert, als sie die marktübliche Verzinsung des Kapitals überschreiten. Ein zinsbereinigtes Einkommensteuerrecht wird für nicht umsetzbar gehalten, und bislang in Deutschland kaum ernsthaft diskutiert.[524] Daher bleibt dieses Modell im folgenden

---

[519] Vgl. *Johanna Hey*, Harmonisierung der Unternehmensbesteuerung in Europa, 1997, S. 334 ff.

[520] Vgl. *Johanna Hey*, Besteuerung von Unternehmensgewinnen und Rechtsformneutralität, in: Besteuerung von Einkommen, hrsg. von Iris Ebling, DStJG 24 (2001), S. 155 (195).

[521] Zu diesem Konzept *Joachim Lang* , Konsumorientierung - eine Herausforderung für die Steuergesetzgebung: in: Einkommen versus Konsum, Christian Smekal/Rupert Sendlhofer/Hannes Winner (Hrsg.), 1999, S. 143 ff. m.w.N.

[522] Zur Idee dieses Besteuerungskonzepts vgl. *Thomas Hobbes*, Leviathan oder der kirchliche und bürgerliche Staat, Bd. 1, 1794, S. 310; *John Mill*, Grundsätze der politischen Ökonomie, Bd. 2, 1921, S. 483 f.; *Irving Fisher*, The Nature of Capital and Income, 1906.

[523] Die Zahl der Vertreter einer konsumorientierten Besteuerung wächst ständig, vgl. *Manfred Rose*, Reform der Besteuerung des Sparens und der Kapitaleinkommen, BB-Beilage 5/1992; *Christoph Gröpl*, Intertemporale Korrespondenz und konsumorientierte Betrachtungsweise im System des geltenden Einkommensteuerrechts, FR 2001, S. 568 ff.; *ders.*, Verfassungsrechtliche Vorgaben für intertemporale Korrespondenz und konsumorientierte Betrachtungsweise im Einkommensteuerrecht, FR 2001, S. 620 ff.; *Joachim Lang*, Prinzipien und Systeme der Besteuerung von Einkommen, in: Besteuerung von Einkommen, hrsg. von Iris Ebling, DStJG 24 (2001), S. 49 (79 f.); *Christian Dorenkamp*, Unternehmenssteuerreform und partiell nachgelagerte Besteuerung von Einkommen, StuW 2000, S. 121 ff.

[524] Zur Ausgestaltung und Kritik vgl. *Joachim Lang*, in: Klaus Tipke/Joachim Lang, Steuerrecht,

unberücksichtigt. Das Konzept einer nachgelagerten Besteuerung in Form einer sparbereinigten Einkommensteuer hingegen wird in Deutschland in letzter Zeit wieder öfter diskutiert.[525] Dies zeigen auch insbesondere die Entwürfe von *Michael Elikker*[526] und *Joachim Mitschke.*[527]

a) Regelungsstruktur

Nach dem Konzept der nachgelagerten Besteuerung in Form der sparbereinigten Einkommensteuer liegt der Anknüpfungspunkt der Besteuerung nicht mehr in dem am Markt erwirtschafteten Einkommen, sondern in dem konsumierten Einkommen. Das charakteristische Merkmal der nachgelagerten Besteuerung ist die zeitliche Nähe der Besteuerung zum Konsum, wohingegen die einkommensorientierte Besteuerung zeitlich nahe an der Entstehung des Einkommens liegt.[528]

Der wesentliche Unterschied zwischen beiden Besteuerungssystemen liegt also darin, daß investierte beziehungsweise gesparte Einkünfte als Abzug von der Bemessungsgrundlage der Einkommensteuer anerkannt werden.[529] Im Gegenzug unterliegt die Auflösung der Ersparnisse, welche bisher noch nicht der Besteuerung unterlegen haben, der Einkommensteuer.[530] Konsum als Indikator wirtschaftlicher Leistungsfähigkeit orientiert sich zum Zwecke der Bestimmung der Bemessungsgrundlage somit ausschließlich an der Einkommensverwendung des Steuerpflichtigen. Der Einkommenserwerb als solcher bleibt also steuerlich neutral.[531] Steuergegenstand ist somit das tatsächlich konsumierte und nicht wie bisher das konsumierbare Einkommen.[532] Daraus wird ersichtlich, daß das Leitbild einer nachgelagerten Besteuerung zwar einer anderen Besteuerungskonzeption folgt als die traditionelle Besteuerung von Einkommen. Dennoch werden auch nach dem Prinzip der nachgelagerten Besteuerung sämtliche Reinvermögensmehrungen nur einmal besteuert. Die Nichtbesteuerung gesparten Einkommens korrespondiert mit der nachfolgenden Besteuerung der Ersparnis.[533] Beide Besteuerungskonzeptionen unterscheiden sich letztendlich nur durch den Zeitpunkt der jeweiligen Besteuerung.[534] Die unterschiedlichen Anknüp-

---

18. Aufl., 2005, § 4 Rn. 118.

[525] Zur Abgrenzung zwischen den Begriffen der konsumorientierten Besteuerung und der nachgelagerten Besteuerung in Form einer sparbereinigten Einkommensteuer vgl. *Joachim Lang*, in: Klaus Tipke/Joachim Lang, Steuerrecht, 18. Aufl., 2005, § 4 Rn. 115 ff.

[526] *Michael Elicker*, Entwurf einer proportionalen Netto- Einkommensteuer, 2004.

[527] *Joachim Mitschke,* Erneuerung des deutschen Einkommensteuerrechts, 2004.

[528] *Joachim Hennrichs*, Dualismus der Unternehmensbesteuerung aus gesellschaftsrechtlicher und steuersystematischer Sicht - Oder: Die nach wie vor unvollendete Unternehmenssteuerreform, StuW 2002, S. 201 (211 f.).

[529] *Christian Dorenkamp*, Spreizung zwischen Körperschaftsteuer- und Spitzensatz der Einkommensteuer, in: Unternehmenssteuerrecht, hrsg. von Jürgen Pelka, DStJG Sonderband 2001, S. 61 (63).

[530] Vgl. *Christiane Liesenfeld*, Konsumorientierte Einkommensteuer und internationale Steuergesetzgebung, 2004, S. 30.

[531] Vgl. *Joachim Lang*, Prinzipien und Systeme der Besteuerung von Einkommen, in: Besteuerung von Einkommen, hrsg. von Iris Ebling, DStJG 24 (2001), S. 49 (79 f.); *Manfred Rose*, Plädoyer für ein konsumorientiertes Steuersystem, in: Konsumorientierung des Steuersystems, 1991, S. 7 (14 ff.).

[532] Vgl. hierzu ausführlich *Christoph Gröpl*, Intertemporale Korrespondenz und konsumorientierte Betrachtungsweise im System des geltenden Einkommensteuerrechts, FR 2001, S. 568 (570 ff.).

[533] *Christian Dorenkamp*, Unternehmenssteuerreform und partiell nachgelagerte Besteuerung, StuW 2000, S. 121 (122).

[534] Vgl. *Joachim Lang*, in: Klaus Tipke/Joachim Lang, Steuerrecht, 18. Aufl., 2005, § 4 Rn. 97.

fungspunkte können aber zu unterschiedlichen Belastungwirkungen beim Steuerpflichtigen führen. Insbesondere der aufgrund der zeitweisen Steuerverschonung entstehende Zinsvorteil ist zu beachten. Der Steuerpflichtige kann sein unversteuertes Einkommen anlegen und so den entstehenden Zinseszinsvorteil nutzen.[535] Daher nehmen die Belastungsunterschiede insbesondere bei längerfristigen Kapitalanlagen erheblich zu.[536]

b) Bewertung

Das Modell der nachgelagerten Besteuerung ermöglicht die Verwirklichung eines einheitlichen rechtsformneutralen Unternehmenssteuerrechts. In seiner Grundkonzeption gleichen sich das Modell der nachgelagerten Besteuerung und die Inhabersteuer. Die Inhabersteuer unterscheidet sich allerdings insoweit von den konsumorientierten Besteuerungsmodellen, als sie von einer Beibehaltung der Körperschaftsteuer ausgeht und somit eine gewisse Zweigleisigkeit bestehen bleibt. Dies hat die immanente Gefahr zur Folge, daß sich aus dieser Zweigleisigkeit ein neuer Dualismus der Unternehmensbesteuerung entwickeln kann. Nach dem Modell der nachgelagerten Besteuerung in Form einer sparbereinigten Einkommensteuer kann auf eine ergänzende Unternehmenssteuer verzichtet werden, da per Defintion nur natürliche Personen konsumieren können. Unternehmensbeteilgungen werden entsprechend zu den anderen Formen der Ersparnisbildung steuerlich nicht erfaßt. Demnach bleiben thesaurierte Gewinne im Unternehmen bis zu ihrer Ausschüttung steuerfrei. Erst im Falle der Ausschüttung und sofern die Ausschüttung nicht reinvesteiert beziehungsweise gespart wird, also konsumiert wird, unterliegt diese beim Gesellschafter der Besteuerung. Auf diesem Weg wird ein umfassend rechtsformneutrales Besteuerungssystem ermöglicht.

Das Modell der nachgelagerten Besteuerung steht allerdings unter der Kritik, daß der Konsum kein geeigneter Indikator zur Bestimmung der individuellen wirtschaftlichen Leistungsfähigkeit sei.[537] Nach der jetzigen einkommensorientierten Besteuerung wird die wirtschaftliche Leistungsfähigkeit des einzelnen anhand seines erzielten Einkommens innerhalb eines Jahres gemessen.[538] Fraglich ist also, inwieweit es möglich ist, als sachgerechten Indikator wirtschaftlicher Leistungsfähigkeit künftig nicht mehr wie bisher auf das erzielte Einkommen abzustellen, sondern auf die Einkommensverwendung.[539] Zu prüfen ist, ob die vorübergehende Steuerverschonung mit dem allgemeinen Gleichheitssatz und dem Grundsatz der Besteuerung nach der wirschaftlichen Leistungsfähigkeit vereinbar ist.

---

[535] Die Belastungsunterschiede nehmen besonders bei längerfristigen Kapitalanlagen erheblich zu.

[536] Vgl. *Gerold Krause-Junk/Regina Müller*, Nachgelagertes Verfahren bei der Besteuerung der Alterseinkünfte, DB 1999, S. 2282 (2283).

[537] Vgl. *Christoph Gröpl*, Verfassungsrechtliche Vorgaben für intertemporale Korrespondenz und konsumorientierte Betrachtungsweise im Einkommensteuerrecht, FR 2001, S. 620 (622).

[538] *Christian Dorenkamp*, Spreizung zwischen Körperschaftsteuer- und Spitzensatz der Einkommensteuer, in: Unternehmenssteuerrecht, hrsg. von Jürgen Pelka, DStJG Sonderband 2001, S. 61 (62).

[539] Zu den unterschiedlichen Anknüpfungspunkten einer Besteuerung nach der Leistungsfähigkeit vgl. *Rudolf Wendt*, Finanzhoheit und Finanzausgleich, in: Josef Isensee und Paul Kirchhof (Hrsg.), Handbuch des Staatsrechts der Bundesrepublik Deutschland, Bd. IV: Finanzverfassung - Bundesstaatliche Ordnung, 2. Aufl., 1999, § 104 Rn. 36.

Wie bereits gesehen, folgt aus Art. 3 Abs. 1 GG das Gebot der Steuergerechtigkeit[540], wonach die Steuerlastverteilung an der individuellen wirtschaftlichen Leistungsfähigkeit auszurichten ist. Der derzeitige Einkommensbegriff, welcher im Einkommensteuerrecht durch drei Theorien (Quellentheorie[541], Reinvermögenszugangstheorie[542] und Markteinkommenstheorie[543]) definiert wird, stellt zur Bestimmung der wirtschaftlichen Leistungsfähigkeit auf die Zahlungsfähigkeit des einzelnen ab. [544] Eine nachgelagerte Besteuerung würde aber ebenso wie die bisherige Besteuerung an die Zahlungsfähigkeit anknüpfen. Wie bereits oben erläutert, belastet jede Steuer jeden Leistungsfähigkeitsindikator, also Einkommen, Vermögen und Konsum. Die Besteuerungssysteme mit unterschiedlichen Leistungsfähigkeitsindikatoren unterscheiden sich lediglich durch den Zeitpunkt des Steuerzugriffs und nicht durch den Umfang der Bemessungsgrundlage. Somit knüpft auch die nachgelagerte Besteuerung weiterhin an die Zahlungsfähigkeit des einzelnen an. Die Anknüpfung erfolgt lediglich zu einem späteren Zeitpunkt, nämlich den der Einkommensverwendung. Aus diesem Grund ist der Konsum als Gradmesser von Leistungsfähigkeit ebenso geeignet.[545]

Dieses Ergebnis wird durch die heutige Ausgestaltung des Steuerrechts bestätigt. Bereits das heutige Steuerrecht weist vereinzelt Elemente einer nachgelagerten Besteuerung auf. Hinsichtlich der Besteuerung von Alterseinkünften ist das Prinzip der nachgelagerten Besteuerung bereits allgemein anerkannt[546] und zumindest teilweise umgesetzt. So kann der Arbeitgeber im Rahmen der betrieblichen Altersvorsorge zugunsten des Arbeitnehmers gewinnmindernde Rückstellungen[547] bilden oder abzugsfähige Zuwendungen an Unterstützungskassen leisten,[548] bevor die Rentenzahlung beim Arbeitnehmer, bei dem das Zuflussprinzip nach § 11 Abs. 1 EStG gilt, besteuert wird. Daher entspricht zumindest die betriebliche Altersvorsorge nahezu vollumfänglich dem nachgelagerten Korrespondenzprinzip, das heißt die marktübli-

---

[540] BVerfGE 6, 55 (70).

[541] Diese geht zurück auf *Bernhard Fuisting*, Die preußischen direkten Steuern, Bd. 4: Grundzüge der Steuerlehre, 1902, S. 110.

[542] Zurückgehend auf *Georg von Schanz*, Einkommensbegriff und Einkommensteuergesetze, Finanz-Archiv 1896, S. 1 ff.

[543] Begründet von *Hans Georg Ruppe*, Möglichkeiten und Grenzen der Übertragung von Einkunftsquellen als Problem der Zurechnung von Einkünften, in: Übertragung von Einkunftsquellen im Steuerrecht- Möglichkeiten und Grenzen der Einkommensverlagerung durch Nießbrauch, Beteiligung und Darlehen, Klaus Tipke (Hrsg.), 1978, S. 7 (15 f.).

[544] Vgl. *Klaus Tipke*, Die Steuerrechtsordnung, Band II, 2. Aufl., 2003, S. 619, der im Einkommen den geeignetsten Maßstab zur Bestimmung der wirtschaftlichen Leistungsfähigkeit sieht.

[545] *Paul Kirchhof*, Steuergleichheit, StuW 1984, S. 297 (298); *Michael Elicker*, Entwurf einer proportionalen Netto- Einkommensteuer, 2004, S. 158 m.w.N.; vgl. auch die Rechtsprechung des Bundesverfassungsgerichts in bezug auf Aufwandssteuern BVerfGE 16, 64 (74); 49, 343 (354), 65, 325 (347).

[546] Wissenschaftlicher Beirat beim Bundesministerium der Finanzen, Gutachten zur einkommensteuerlichen Behandlung von Alterseinkünften, BMF- Schriftenreihe Heft 38, 1986, S. 40 ff.; Sachverständigenrat zur Begutachtung der gesamtwirtschaftlichen Entwicklung, Jahresgutachten 1999/2000; Rn. 379; *Hartmut Söhn*, Sonderausgaben und Besteuerung nach der Leistungsfähigkeit, StuW 1985, S. 395 (404); *Roman Seer*, Die Besteuerung der Alterseinkünfte und das Gleichbehandlungsgebot, StuW 1996, S. 323 (335); *Dieter Birk*, Nachgelagerte Besteuerung in der betrieblichen Altersversorgung, StuW 1999, S. 321 (326 f.).

[547] Vgl. § 6a EStG.

[548] Vgl. § 4d EStG.

che Verzinsung des Vorsorgekapitals bleibt faktisch steuerfrei. Doch auch im Bereich der privaten Altersvorsorge lassen sich Elemente einer nachgelagerten Besteuerung feststellen. Nach der sogenannten Riester-Rente und Rürup-Rente lassen sich die geleisteten Einzahlungen (zumindest teilweise) von der Bemessungsgrundlage der Einkommensteuer abziehen. Erst im Falle der Auszahlung erfolgt eine Besteuerung nach dem persönlichen Einkommensteuersatz des Empfängers.

Auch das Unternehmenssteuerrecht weist Elemente einer nachgelagerten Besteuerung auf. Mit Einführung des Steuersenkungsgesetzes unterwirft der Gesetzgeber thesaurierte Körperschaftsgewinne nur noch einem niedrigen Proportionalsteuersatz. Nach dem geltenden Körperschaftsteuerrecht werden also erwirtschaftete Einkünfte bei investiver Verwendung (Thesaurierung) proportional vor- und bei Ausschüttung an die Anteilseigner (Konsumebene) progressiv nachbelastet. Dieses Besteuerungsmodell entspricht demnach ebenfalls einer partiell nachgelagerten Besteuerung.[549]

Die nachgelagerte Besteuerung weist gegenüber der derzeitigen Einkommensbesteuerung den Vorteil auf, daß auf diesem Weg eine aperiodische Gleichmäßigkeit beziehungsweise intertemporale Neutralität der Besteuerung gewährleistet wird und sie gegenüber dem jetzigen Besteuerungssystem zu einer leistungsfähigkeitsgerechteren Besteuerung führt.[550] Die Idee der intertemporalen Neutralität verlangt, daß Einkommen nur einmalig belastet wird, daß es folglich zu keiner Doppelbesteuerung von gleichen Einkommensbestandteilen in verschiedenen Veranlagungsperioden kommt. Nach dem derzeitigen Einkommensteuersystem erfolgt die Besteuerung nach dem Periodizitätsprinzip. Demnach knüpft die Steuerschuld an das in einem Jahr erwirtschaftete Einkommen an. Die traditionelle Periodenbesteuerung kann allerdings zu gravierenden Ungleichbehandlungen und somit zu Verletzungen des Leistungsfähigkeitsprinzips führen. Derjenige, der nur in kurzer Zeit sein Lebenseinkommen erwirtschaftet, wird stärker belastet als der, dessen Lebenseinkommen auf Lebenszeit gleichmäßig verteilt ist. Werden Zinsen traditionell periodenbesteuert, so steigt die letztendliche Steuerlast gegenüber der Steuerbelastung des innerhalb einer Periode konsumierten Einkommens.[551] Die vergleichsweise stärkere Steuerbelastung entsteht dadurch, daß die Zinseinkünfte des in jungen Jahren erwirtschafteten Einkommens in jeder Periode erneut der Besteuerung unterliegen. Somit verwirklicht die derzeitige Besteuerung anhand des Periodizitätsprinzips keine überperiodische gleichmäßige Besteuerung. Mag zwar die ungleichmäßge Besteuerung mit der Sicherung eines konstanten und kalkulierbaren Steueraufkommens der öffentlichen Haushalte zu rechtfertigen sein,[552] folgt aus dem Periodizitätsprinzip den-

---

[549] *Christian Dorenkamp*, Unternehmenssteuerreform und partiell nachgelagerte Besteuerung, StuW 2000, S. 121 (128 f.); *Joachim Lang*, Prinzipien und Systeme der Besteuerung von Einkommen, in: Besteuerung von Einkommen, hrsg. von Iris Ebling, DStJG 24 (2001), S. 49 ff.

[550] Vgl. *Joachim Lang*, in: Klaus Tipke/Joachim Lang, Steuerrecht, 18. Aufl., 2005, § 4 Rn. 121; *Christian Reif*, Reform der Besteuerung des Einkommens, 2005, S. 50 f.

[551] Vgl. *Joachim Lang*, in: Klaus Tipke/Joachim Lang, Steuerrecht, 18. Aufl., 2005, § 4 Rn. 120, der dieses Ergebnis anhand eine Beispielrechnung belegt.

[552] Vgl. *Paul Kirchhof*, Empfiehlt es sich, das Einkommensteuerrecht zur Beseitigung von Ungeichbehandlungen und zur Vereinfachung neu zu ordnen?, Bd. 1, Gutachten, Teil F: Verhandlungen des 57. Deutschen Juristentages, 1988 S. 75 ff.

noch eine Abweichung vom Leistungsfähigkeitsprinzip. Das Konzept der nachgelagerten Besteuerung in Form der sparbereingten Einkommensteuer hingegen verwirklicht die Besteuerung nach der wirtschaftlichen Lesitungsfähigkeit auch in überperiodischer Hinsicht, da die Erträge erst mit der Einkommensverwendung einmalig besteuert werden und somit eine mehrmalige Besteuerung ausgeschlossen ist.[553]

Das Grundmodell einer nachgelagerten Besteuerung verwirklicht somit umfassend das Gebot der Rechtsformneutralität, ohne gegen sonstiges Verfassungsrecht zu verstoßen. Es ist auch nicht wie die Inhabersteuer der Gefahr ausgesetzt, einen neuen Dualismus der Unternehmensbesteuerung zu begründen.

II. Modelle unter Beibehaltung des bisherigen Dualismus der Unternehmensbesteuerung

Neben den bisherigen Modellen, die eine vollständige Umgestaltung des derzeitigen Steuersystems vorsehen, existieren Reformmodelle, die unter Beibehaltung des derzeitigen Systems, dem Dualismus der Unternehmensbesteuerung, umsetzbar sind. Der Vorteil dieser Systeme liegt auf der Hand. Gerade in der jetzigen angespannten politischen Situation und der schlechten Haushaltslage erscheint es unwahrscheinlich, daß der Gesetzgeber ein völlig neues Steuersystem entwickeln wird, dessen finanzielle Auswirkungen nicht absehbar sind. Allerdings soll von vornherein an dieser Stelle klargestellt werden, daß die Modelle, die am Dualismus festhalten, das Gebot der Rechtsformneutralität nur annähernd verwirklichen können.[554]

1. Optionsmodell

Die Idee einer Optionsmöglichkeit[555] für Einzelunternehmer und Personenunternehmen für die Körperschaftsteuer ist nicht neu[556] und auch in ausländischen Steuerrechtsordnungen bekannt.[557] Bereits der Entwurf des Steuersenkungsgesetzes im Jahr 2000 enthielt in § 4a KStG-E eine solche Optionsmöglichkeit.[558] Nach § 4a Abs. 1 KStG- E sollte eine natürliche Person oder eine Mitunternehmerschaft, die in

---

[553] *Joachim Lang,* Konsumorientierte Besteuerung von Einkommen aus rechtlicher Sicht, in: Festschrift für Manfred Rose, Steuerpolitik - Von der Theorie zur Praxis, Michael Ahlheim/Heinz-Dieter Wenzel/Wolfgang Wiegard (Hrsg.), 2003, S. 325 (334).

[554] So auch *Marc Desens,* Das Halbeinkünfteverfahren, 2004, S. 20.

[555] *Joachim Lang,* Prinzipien und Systeme der Besteuerung von Einkommen, in: Besteuerung von Einkommen, hrsg. von Iris Ebling, DStJG 24 (2001), S. 49 (105).

[556] Bereits damals *Enno Becker/ Max Lion,* Ist es erwünscht, das Einkommen aus Gewerbebetrieb nach gleichmäßigen Grundsätzen zu besteuern, ohne Rücksicht auf die Rechtsform, in der das Gewerbe betrieben wird?, Referate 33. DJT, 1925, S. 461 f., 487. Bezüglich eines aktuellen Entwurfs für eine Optionsmöglichkeit *Wissenschaftlicher Beirat des Fachbereichs Steuern bei Ernst & Young AG,* BB 2005, S. 1653 ff.

[557] Vgl. z.B. *Heinz Kußmaul/Rene Schäfer,* Die Option von Personengesellschaften für die Besteuerung durch die Körperschaftsteuer im französischen Steuerrecht, IStR 2000, S. 161 ff.; *Helmut Krabbe,* Unternehmenssteuerreform: Das Optionsmodell für Personenunternehmen im internationalen Steuerrecht, FR 2000, S. 545 ff.

[558] Als Modell 1 von der Brühler Kommmission bezeichnet; zu den Modellen im Einzelnen vgl. *Bundesministerium der Finanzen,* Brühler Empfehlungen zur Reform der Unternehmensbesteuerung, Bericht der Kommission zur Reform der Unternehmensbesteuerung, BMF Schriftenreihe, Heft 66, 1999, S. 72 ff.

einem inländischen Betrieb Einkünfte aus Land- und Forstwirtschaft, Gewerbebetrieb oder selbständiger Arbeit erzielt, auf Antrag mit den Einkünften aus diesem Betrieb wie eine unbeschränkt körperschaftssteuerpflichtige Kapitalgesellschaft besteuert werden.

a) Regelungsstruktur

Das Optionsmodell basiert auf der Beibehaltung des Dualismus der Unternehmensbesteuerung. Um am Dualismus der Unternehmensbesteuerung grundsätzlich festzuhalten, können die mit dem Dualismus einhergehenden Besteuerungsunterschiede dadurch abgemildert werden, daß man einen freiwilligen Wechsel zwischen beiden Besteuerungsformen zuläßt. Einem Personenunternehmen wird nach diesem Modell unter bestimmten Voraussetzungen die Möglichkeit eingeräumt, sich in jeder Hinsicht wie eine Kapitalgesellschaft besteuern zu lassen und so am niedrigen Körperschaftssteuersatz teilzuhaben. Personen- und Einzelunternehmen bilden nach diesem Modell ertragsteuerlich eine Art Sondervermögen mit eigener Rechtspersönlichkeit. Bei Ausübung der Option wird das Unternehmen steuerrechtlich so behandelt, als sei es in eine Kapitalgesellschaft umgewandelt worden. Die Optionslösung beinhaltet unter anderem die Anwendung des Halbeinkünfteverfahrens und den Fortfall von Verlustverrechnungsmöglichkeiten mit anderen Einkünften eines Gesellschafters. Weiterhin werden die Inhaber beziehungsweise Gesellschafter verpflichtet, ihr Ausschüttungsverhalten durch Beschlüsse zu dokumentieren.

Die US-Finanzverwaltung hat beispielsweise ein solches Optionsrecht in Form der sogenannten Check-the-box Richtilinien mit Wirkung vom 1. Januar 1997 eingeführt.[559] Danach kann der Steuerpflichtige durch Ankreuzen eines Kästchens in seiner Steuererklärung von der Optionsmöglichkeit Gebrauch machen und entscheiden, ob das jeweilige Unternehmen für US-steuerliche Zwecke als Kapitalgesellschaft oder Personengesellschaft behandelt werden soll. An die Wahl ist der Steuerpflichtige dann für fünf Jahre gebunden.

b) Bewertung

Die Umsetzung des Optionsmodells scheiterte im Gesetzgebungsverfahren[560] vor allem an den langen Bindungsfristen sowie an der Tatsache, daß die Optionsausübung zur Aufdeckung von stillen Reserven führte und damit eben nicht steuerneutral war.[561] Diese Schwäche hängt allerdings mit der konkreten Ausgestaltung des damaligen Optionsmodells zusammen und stellt keine systemimmanente Schwäche dar. Daher ist der Frage nachzugehen, inwieweit das Optionsmodell von seiner grundsätzlichen Idee geeignet ist, ein rechtsformneutrales Unternehmenssteuerrecht zu verwirklichen.

---

[559] Vgl. *Hans Flick*, Wer wird zuletzt lachen? Revolutionäre Steuervereinfachung durch die US-Finanzverwaltung: Die „Check the Box" Regeln, IStR 1998, S.110 ff.; *Tanja Krause*, Der Einfluss der Unternehmenssteuerreform 2000/2001 und ihre Fortentwicklung auf Unternehmensbeteiligungen in Deutschland, Diss., 2005, S. 323; *David Small*, USA: Das neue Wahlrecht zur Klassifizierung von Kapital- und. Personengesellschaften, IStR 1996, S. 280 ff.

[560] Vgl. Beschlußempfehlung des Vermittlungsausschusses, BT- Drucksache 14/3760.

[561] Dazu *Detlef Haritz/ Thomas Wisniewski*, Das Ende des Umwandlungsmodells, Erste Anmerkungen zu umwandlungssteuerlichen Aspekten der geplanten Unternehmenssteuerreform, GmbHR 2000, S. 161 (164).

Das Optionsmodell wird vom Schrifttum unterschiedlich bewertet.[562] Eine solche Optionsmöglichkeit weist den Vorteil auf, an bestehende Rechtsstrukturen anknüpfen zu können[563] und auch in ausländischen Steuerrechtsordnungen bekannt zu sein.[564] Sie ermöglicht es unter Beibehaltung des Dualismus der Unternehmensbesteuerung insbesondere großen Personengesellschaften, die überwiegend Merkmale von Kapitalgesellschaften aufweisen, sich in ihrer kapitalistischen Struktur entsprechend besteuern zu lassen.[565]

Diesem Vorteil stehen allerdings steuersystematische Bedenken entgegen.[566] Das Konzept steht insbesondere unter dem Vorwurf des Verstoßes gegen das Prinzip der gleichmäßigen Besteuerung nach der wirtschaftlichen Leistungsfähigkeit.[567] Aufgrund des Optionsrechts ist es Personenunternehmen möglich, ihre steuerliche Belastung selbst zu gestalten. Dies führt dazu, daß gleiche Sachverhalte je nach der getroffenen Wahl unterschiedlich belastet werden. Gerade diese Wahlmöglichkeit und somit Gestaltbarkeit der Steuer verstößt bereits gegen den allgemeinen Gleichheitssatz. Eine Steuer muß aus sich heraus gerecht sein und darf nicht dem Gestaltungswillen des einzelnen unterworfen sein. Es darf nach den bisherigen Ergebnissen nicht der Fall eintreten, daß zwei vergleichbare Unternehmen deswegen unterschiedlich besteuert werden, weil sie unterschiedlich optiert haben. Dies widerspricht gerade dem Leistungsfähigkeitsprinzip.

---

[562] Kritisch zum Optionsmodell *Birgit Bippus*, Raus aus der Einkommensteuer, rein in die Körperschaftsteuer - Chancen und Risiken des körperschaftsteuerlichen Optionsmodells für Einzel- und Mitunternehmer, DStZ 2000, S. 541 ff.; *Klaus Haase/Markus Diller*, Optionsrecht von Personenunternehmen für die Körperschaftsbesteuerung: Vorteilhaftigkeit und Risiken, BB 2000, S. 1068 ff.; *Joachim Lang*, Die Unternehmenssteuerreform - eine Reform pro GmbH, GmbHR 2000, S. 453 (459 ff.); *Dirk Löhr*, Die Brühler Empfehlungen – Wegweiser für eine Systemreform der Unternehmensbesteuerung?, StuW 2000, S. 33 (40 f.); *Thomas Mentel/Andreas Schulz*, Diskussionsforum Unternehmenssteuerreform: Überlegungen zur Vorteilhaftigkeit der Option im Sinne des § 4a KStG-E, S. 709 (710 ff.); *Jochen Sigloch,* Unternehmenssteuerreform 2001 - Darstellung und ökonomische Analyse, StuW 2000, S. 160 (167 f.).

[563] *Joachim Schiffers*, Entlastung der Personengesellschaften, Rechtsformvergleich und Option zur Körperschaftsteuer nach dem Entwurf des StSenkG, GmbHR 2000, S. 253 (257).

[564] Vgl. *Heinz Kußmaul/Rene Schäfer*, Die Option von Personengesellschaften für die Besteuerung durch die Körperschaftsteuer im französischen Steuerrecht, IStR 2000, S. 161 ff.; *Helmut Krabbe*, Unternehmenssteuerreform: Das Optionsmodell für Personenunternehmen im internationalen Steuerrecht, FR 2000, S. 545 ff.

[565] *Rainer Hüttemann*, Die Besteuerung der Personenunternehmen und ihr Einfluss auf die Rechtsformwahl, in: Perspektiven der Unternehmensbesteuerung, hrsg. von Siegbert Seeger, DStJG 25 (2002), S. 123 (141).

[566] *Johanna Hey*, Besteuerung von Unternehmensgewinnen und Rechtsformneutralität, in: Besteuerung von Einkommen, hrsg. von Iris Ebling, DStJG 24 (2001), S. 155 (215 f.); *Arndt Raupach,* Die Neuordnung des Körperschaftsteuersystems, in: Perspektiven der Unternehmensbesteuerung, DStJG 25 (2002),hrsg. von Siegbert Seeger, S. 9 (24 f.); *Franz Wassermeyer*, Außensteuerliche Probleme der Unternehmensbesteuerung, in: Perspektiven der Unternehmensbesteuerung, hrsg. von Siegbert Seeger, DStJG 25 (2002), S. 103 (115); *Susanne Sieker*, Möglichkeiten rechtsformneutraler Besteuerung von Einkommen, in: Perspektiven der Unternehmensbesteuerung, hrsg. von Siegbert Seeger, DStJG 25 (2002), S. 145 (171).

[567] *Klaus Tipke*, Die Steuerrechtsordnung, Band I, 2. Aufl., 2000, S. 515 f.; *Johanna Hey*, Besteuerung von Unternehmensgewinnen und Rechtsformneutralität, in: Besteuerung von Einkommen, hrsg. von Iris Ebling, DStJG 24 (2001), S. 155 (216).

Zudem wird durch dieses Modell nicht durchgehend Rechtsformneutralität gewährleistet. Zwar wird Personenunternehmen die Möglichkeit eingeräumt, an den niedrigen Körperschaftssteuersätzen zu partizipieren. Kapitalgesellschaften ist die Option in umgekehrter Richtung jedoch verwehrt, so daß das Optionsmodell auch unter diesem Gesichtspunkt nicht umfassend zu einer gleichmäßigen Besteuerung der Unternehmensgewinne führt.[568]

Unabhängig von diesen Kritikpunkten verursacht das Optionsrecht unlösbare Probleme auf dem Gebiet des Internationalen Steuerrechts.[569] Zur Bestimmung von Einkünften aus einer Kapitalgesellschaft und aus einem Personenunternehmen bestehen im Rahmen der beschränkten Steuerpflicht ganz unterschiedliche Anknüpfungsmerkmale.[570] Daraus folgt eine doppelbesteuerungsrechtliche Regelung, die das Recht der Besteuerung von Dividenden grundsätzlich dem Wohnsitzstaat zuweist, während die Einkünfte aus einem Personenunternehmen einschließlich der Veräußerungseinkünfte grundsätzlich dem Quellenstaat zustehen.[571] Eine Optionsregelung, die gleichheitskonform alle Personenunternehmen erfaßt, würde an vielen Stellen zu einem Verstoß gegen die bilateral festgelegten Normen des Internationalen Steuerrechts führen.[572]

Weiterhin trägt das Modell auch nicht zu einer Steuervereinfachung bei. Vielmehr wird das bisherige Problem nur verlagert. Die heutige Rechtsformwahlberatung wird lediglich durch die Optionsberatung ersetzt.[573] Aus diesen Gründen ist meines Erachtens ein Optionsmodell nicht erstrebenswert, da es gerade nicht geeignet ist, Rechtsformneutralität im hier verstandenen Sinn umfassend zu verwirklichen.

2. Modell der dualen Einkommensteuer (Dual Income Tax)

Ein weiteres Modell ist die duale Einkommensteuer, welche heute vermehrt bei der Diskussion um ein neues Unternehmenssteuerrecht in Erwägung gezogen wird.

a) Regelungsstruktur

Grundidee der dualen Einkommensteuer ist - wie der Name bereits zum Ausdruck bringt - die Differenzierung der Gesamteinkünfte der Einkommensteuer in zwei verschiedene Einkunftsklassen. [574] Die duale Einkommensteuer unterscheidet zwischen Kapitaleinkommen (capital income) und Arbeitseinkommen (labour income). Unter Kapitaleinkommen versteht man alle Gewinne von Einzel- und Personengesellschaften, sowie Dividenden, Zinsen, Veräußerungsgewinne sowie Erträge aus Vermietung

---

[568] *Klaus Tipke*, Die Steuerrechtsordnung, Band I, 2. Aufl., 2000, S. 506 ff.

[569] *Helmut Krabbe*, Unternehmenssteuerreform: Das Optionsmodell für Personenunternehmen im internationalen Steuerrecht, FR 2000, S. 545 f.

[570] § 49 Abs. 1 Nr. 2 EStG knüpft grundsätzlich an die Betriebsstätte an. Demgegenüber stellt § 49 Abs. 1 Nr. 5 Buchst. a EStG auf die Geschäftsleitung oder den Sitz der Kapitalgesellschaft ab.

[571] *Joachim Lang*, Prinzipien und Systeme der Besteuerung von Einkommen, in: Besteuerung von Einkommen, hrsg. von Iris Ebling, DStJG 24 (2001), S. 49 (105).

[572] Vgl. *Otto Jacobs*, Internationale Unternehmensbesteuerung, 5. Aufl., 2002, S. 484 f.

[573] *Dirk Löhr*, Die Brühler Empfehlungen – Wegweiser für eine Systemreform der Unternehmensbesteuerung?, StuW 2000, S. 33 (43).

[574] Ausführlich zum Modell der Dual Income Tax vgl. *Uwe Demmler*, Dual Income Tax als Reform der Einkommensteuer – Fortschritt oder Stillstand, 2005, S. 5 ff; *Sachverständigenrat zur Begutachtung der gesamtwirtschaftlichen Entwicklung*, Jahresgutachten 2003/2004, Rn. 584 ff.

und Verpachtung.[575] Die bisherige Unterscheidung zwischen gewerblichen und freiberuflichen Einkünften sowie Einkünften aus Land- und Forstwirtschaft entfällt. Zum Arbeitseinkommen gehören Gehälter und Löhne, Sachbezüge sowie Pensionen und Sozialversicherungsrenten. Dabei unterliegt das erzielte Kapitaleinkommen einem niedrigen proportionalen Steuersatz, währenddessen Arbeitseinkünfte wie bisher progressiv besteuert werden. Das Modell der dualen Einkommensteuer entspricht somit dem Gedanken der Schedulenbesteuerung.[576] Unter Schedulenbesteuerung versteht man ein Besteuerungssystem, das Einkommen aus verschiedenen Einkunftsquellen in separaten Listen (sog. Schedulen) erfaßt und diese auch unterschiedlich besteuert. Das Modell der dualen Einkommensteuer stellt somit eine deutliche Abweichung von unserer aktuellen Steuersystematik dar. Bisher belastet die deutsche Einkommensteuer die Gesamtheit der Einkünfte mit einem einheitlichen Tarif und zählt daher zur Gruppe der synthetischen Steuern. Dies bedeutet, daß alle Einkunftsarten nach dem gleichen Steuertarif besteuert werden.

Steuersubjekte der dualen Einkommensteuer sind im Unternehmenssteuerrecht Einzelunternehmer und Gesellschafter von Personengesellschaften. Kapitalgesellschaften unterfallen weiterhin der Körperschaftsteuer. Der Steuersatz auf Kapitaleinkommen und der Körperschaftsteuersatz sind nach der dualen Einkommensteuer identisch. Die wirtschaftliche Doppelbesteuerung von Gewinnausschüttungen wird entweder durch ein Anrechnungsverfahren oder durch ein Freistellungsverfahren vollständig beseitigt.

b) Bewertung

Der unbestreitbare Vorteil, der dem Modell der dualen Einkommensteuer zukommt, liegt in der Verwirklichung des Gebots der Rechtsformneutralität.[577] Aufgrund der exakten Abgestimmtheit des Körperschaft- und Kapitaleinkommensteuersatzes und der einheitlichen Gewinnermittlungsmethode werden die Unternehmen in unterschiedlicher Rechtsform einheitlich besteuert. Trotz des weiterhin bestehenden Dualismus der Unternehmensbesteuerung enstehen auch im Falle der Ausschüttung keine Belastungunterschiede im Rahmen der Besteuerung. Durch das vorgesehene Freistellungs- oder Anrechnungsverfahren entstehen beim Anteilseigner einer Kapitalgesellschaft im Fall der Ausschüttung keine Mehrbelastungen gegenüber Einzelunternehmern und Gesellschaftern einer Personengesellschaft, da die bereits erfolgte Besteuerung auf der Unternehmensebene exakt berücksichtigt wird. Weiterhin ermöglicht die Trennung von Arbeitseinkommen und Kapitaleinkommen im internationalen Standortwettbewerb[578] konkurrenzfähig zu bleiben, ohne erhebliche Mindereinnahmen im Staatshaushalt in Kauf nehmen zu müssen. Von diesen Prämissen ausgehend scheint das Modell der dualen Einkommensteuer für den Steuerstandort Deutschland ein realisierbares Reformmodell darzustellen.

---

[575] *Wolfgang Wiegard*, Jahresgutachten 2003/04: „Staatsfinanzen konsolidieren - Steuersystem reformieren", 2003, S. 333.

[576] Vgl. *Ulrich Schreiber/Martin Finkenzeller/Claudia Rüggeberg*, Reform der Einkommensbesteuerung durch die duale Einkommensteuer?, DB 2004, S. 2767 ff.

[577] Vgl. *Christoph Spengel*, Perspektiven für die Weiterentwicklung der Unternehmensbesteuerung in Deutschland, 2003, S. 60 m.w.N.

[578] Vgl. Sachverständigenrat zur Begutachtung der gesamtwirtschaftlichen Entwicklung, Jahresgutachten 2003/2004, S. 334.

Trotz seiner unbestreitbaren Vorzüge ist allerdings zu berücksichtigen, daß das Konzept erheblicher verfassungsrechtlicher Kritik[579] ausgesetzt ist und zu fast unüberwindbaren Problemen bei der Umsetzung führt.

Zunächst sieht sich die duale Einkommensteuer dem Vorwurf ausgesetzt, gegen den Grundsatz der Besteuerung nach der wirtschaftlichen Leistungsfähigkeit zu verstoßen. Im Modell der dualen Einkommensteuer ziehen Einkünfte aus Arbeitseinkommen eine andere Steuerbelastung nach sich als Einkünfte aus Kapitaleinkommen. Die Schedulensteuer teilt das Einkommen nach verschiedenen Einkommensquellen - Kapitaleinkommen und Arbeitseinkommen - auf und besteuert die Einkommensquellen nach unterschiedlichen Tarifen.[580] Nach dem vom Gesetzgeber entwickelten heutigen Einkommensbegriff kommt es aber gerade nicht darauf an, wie der Steuerpflichtige seine Einkünfte erzielt oder welcher Einkunftsart sie unterfallen. Die Einkünfte unterschiedlicher Einkunftsarten spiegeln nach der Grundentscheidung des Gesetzgebers gerade keine unterschiedlich hohe wirtschaftliche Leistungsfähigkeit wieder. Einkünfte einer bestimmten Höhe erzeugen auch immer die gleiche Leistungsfähigkeit, ohne daß es darauf ankommt, mit welchem Arbeitsaufwand sie erzielt wurden. Eine unterschiedliche Tarifstruktur für Kapital- und Arbeitseinkommen verletzt somit die gebotene Belastungsgleichheit und bedarf der Rechtfertigung. Allein die systematische Unterscheidung der Einkunftsarten durch den Gesetzgeber kann eine solche Ungleichbehandlung nicht rechtfertigen.[581] „Nicht schon die unterschiedliche einkommensteuerliche Systematik für sich genommen reicht zur Rechtfertigung unterschiedlicher steuerlicher Belastung aus. Hinzukommen muß immer ein die unterschiedliche Belastung tragender Grund."[582]

Wie bereits gesehen, stellt das Gebot der Besteuerung nach der wirtschaftlichen Leistungsfähigkeit das Fundamentalprinzip im deutschen Steuerrecht dar. Möchte der Gesetzgeber von diesem Prinzip abweichen, so hat er eine sehr hohe Rechtfertigungsschwelle zu überwinden. Insoweit werden verschiedene Ansätze vertreten, um die unterschiedliche Behandlung von Kapitaleinkommen und Arbeitseinkommen zu rechtfertigen.

Als Rechtfertigung wird von den Vertretern der dualen Einkommensteuer angeführt, daß die niedrigere Besteuerung von Kapitaleinkommen gerade eine leistungsfähigkeitsgerechte Besteuerung verwirkliche, indem das Konzept der niedrigeren Besteuerung von Kapitaleinkommen dem Umstand Rechnung trage, daß das Kapitaleinkommen einer inflationsbedingten Entwertung des investierten Kapitals unterliege, währenddessen dies bei der menschlichen Arbeitskraft naturgemäß nicht der Fall sei.[583] Bei bestehender Inflation spiegele sich im Kapitaleinkommen im Gegensatz zum Arbeitseinkommen ein größerer nominaler Zuwachs wider, als er real bestehe. Aus diesem Grund existiere bei Kapitaleinkommen trotz nominal gleichem Zuwachs eine geringere Leistungsfähigkeit. Diese geringere Leistungsfähigkeit solle

---

[579] Vgl. *Joachim Lang*, in: Klaus Tipke/Joachim Lang, Steuerrecht, 18. Aufl., 2005, § 8 Rn. 122.
[580] So auch *Joachim Lang*, in: Klaus Tipke/Joachim Lang, Steuerrecht, 18. Aufl., 2005, § 8 Rn. 122.
[581] *Michael Elicker*, Fortentwicklung der Theorie vom Einkommen, DStZ 2005, S. 564 (564).
[582] BVerfGE 105, 73 ff.
[583] Vgl. *Leif Mutén*, Dual Income Taxation: Swedish Experience, in: Towards a Dual Income Tax?, Leif Mutén (Hrsg.), S. 7 (12).

durch den niedrigen proportionalen Steuersatz bei Kapitaleinkünften ausgeglichen werden. Dieser Rechtfertigungsversuch vermag nicht zu überzeugen. Zwar sind dem Gesetzgeber bei der Besteuerung grundsätzlich Differenzierungen, die auf dem Konzept einer inflationsneutralen Besteuerung basieren, erlaubt.[584] Allerdings sind die Regelungen der dualen Einkommensteuer ungeeignet, diese zu berücksichtigen.

Zum ersten unterteilt die duale Einkommensteuer nur in die Einkunftsarten Kapitaleinkommen und Arbeitseinkommen. Innerhalb des Kapitaleinkommens wird nicht weiter danach differenziert, in welcher Form die Kapitalanlage erfolgt. So ist beispielsweise bei Anlagen in Sachvermögen, danach zu differenzieren, ob diese der Abnutzung unterliegen oder nicht. So erfolgt beispielsweise bei abnutzbarem Sachvermögen, die dem betrieblichen Vermögen zuzurechnen sind, über die Möglichkeit der Absetzungen für Abnutzung in der Bemessungsgrundlage ein gewisser Inflationsausgleich. Diese Möglichkeit besteht bei Wirtschaftsgütern, die nicht der Abnutzung unterliegen, nicht. Diese Unstimmigkeiten ließen sich vielleicht noch als zulässige Typisierung rechtfertigen,[585] da eine exakte Berücksichtigung einen technisch zu hohen Aufwand darstellen würde. Allerdings ist der proportionale Steuersatz auf Kapitaleinkommen nicht geeignet, die Geldentwertung zu berücksichtigen. Eine typisierende Berücksichtigung der Inflation wäre nur durch eine um einen gewissen Prozentsatz herabgesetzten Tarif gegenüber dem progressiven Steuertarif auf Arbeitseinkommen möglich. Die Anwendung eines proportionalen Steuersatzes auf Kapitaleinkommen bedingt nämlich, daß die Höhe der Berücksichtigung der Inflation von der jeweiligen Höhe des Arbeitseinkommens des Steuerpflichtigen abhängt. Nur im Falle eines bestimmten progressiven Steuersatzes auf das Arbeitseinkommen wird die bestehende Inflation im Rahmen des Kapitaleinkommens korrekt berücksichtigt. In allen sonstigen Fällen wird die Inflation nicht exakt berücksichtigt. Insbesondere bei geringem Arbeitseinkommen und einem damit einhergehenden niedrigen progessiven Steuersatz auf das Arbeitseinkommen wirkt sich der niedrige proportionale Steuersatz auf Kapitaleinkommen beim Steuerpflichtigen nicht oder nur gering aus, so daß die Inflation in solchen Fällen nicht berücksichtigt wird.

Auch mit Blick auf die praktische Umsetzbarkeit kann das Argument der Inflationsberücksichtigung nicht überzeugen. Wäre dieses Argument tragender Grund für die niedrigere Besteuerung von Kapitaleinkommen, müsste der Steuersatz auf Kapitaleinkommen auch ständig an die aktuelle Inflationsrate angepaßt werden. Außerdem wären die Tarife des Kapital- und Arbeitseinkommens im Fall der Stagnation der Geldentwertung wieder zu vereinheitlichen. Eine solche Anpassung ist mit der Grundidee der dualen Einkommensteuer aber gerade nicht vereinbar. Die Grundidee der dualen Einkommensteuer ist es gerade, wie der Name schon sagt, Kapitaleinkommen und Arbeitseinkommen unterschiedlich zu behandeln.. Nach alledem erweist sich das Argument der Inflationsberücksichtigung nicht als tragfähig, um die unterschiedliche Behandlung von Kapital- und Arbeitseinkommen zu rechtfertigen. Es handelt sich eher um ein Scheinargument.

---

[584] Vgl. BVerfGE 84, 239 (282).

[585] Vgl. BVerfGE 50, 57 (82 ff.), wonach sogar ein Absehen der Inflationsbereinigung aus Praktikabilitätsgewinnen für zulässig erachtet wird.

Weiterhin wird versucht, die unterschiedliche Behandlung von Kapitaleinkommen und Arbeitseinkommen mit dem Argument des Steuerwettbewerbs und der internationalen Wettbewerbsfähigkeit zu rechtfertigen.[586] Es wird behauptet, daß die duale Einkommensteuer durch die unterschiedliche Behandlung von Kapitaleinkommen und Arbeitseinkommen dem Umstand gerecht werde, daß das Kapitaleinkommen im Gegensatz zum Arbeitseinkommen mobil sei. Aufgrund der Mobilität bestehe im internationalen Steuerwettbewerb die Gefahr, daß national hoch besteuertes Kapitaleinkommen vom Steuerpflichtigen in ein Niedrigsteuerland verlagert werde, wohingegen Arbeitseinkommen fest im Inland gebunden sei. Diese Rechtfertigung vermag bereits im Ansatz nicht zu überzeugen. Unabhängig davon, ob der Steuerwettbewerb und die internationale Wettbewerbsfähigkeit als sachlicher Grund für eine niedrigere Belastung herangezogen werden kann,[587] wird bei der Unterscheidung von Kapitaleinkommen und Arbeitseinkommen bereits von vornherein von falschen Vorstellungen ausgegangen. Vor allem im Unternehmensbereich ist Kapital häufig in Sachanlagen gebunden und daher überhaupt nicht flexibel. Weiterhin ist der Transfer von Kapital ins Ausland in der Regel steuerfrei nicht möglich. Dies ist nur dann möglich, wenn die Einkünfte aufgrund eines Doppelbesteueuerungsabkommens im Wohnsitzland freigestellt sind.[588] Ansonsten unterliegen die Kapitaleinkünfte aufgrund des Welteinkommensprinzips und der Regelungen des Außensteuergesetzes weiterhin - zumindest zeitweise - der deutschen Steuerhoheit. Weiterhin ist zu bedenken, daß heute zunehmend hochqualifizierte Arbeit international umworben und daher nicht im Inland gebunden ist.[589] Insoweit kann das Argument der Mobilität des Kapitaleinkommens im Unterschied zur Nichtmobilität des Arbeitseinkommens von vornherein nicht überzeugen. Doch selbst bei Anerkennung der getroffenen Ausgangsthese, der Flexibilität des Kapitaleinkommens, kann das Argument des Steuerwettbewerbs als rechtfertigender Grund für die Ungleichbehandlung nicht herangezogen werden. Wie bereits im Rahmen der Untersuchung zum allgemeinen Gleichheitssatz erörtert, richtet der Gesetzgeber das Steuerecht grundsätzlich auf die Erfordernisse des gesamtwirtschaftlichen Gleichgewichts nach Maßgabe des Leistungsfähigkeitsprinzips aus.[590] Weicht der Gesetzgeber von diesem Grundsatz ab, muß die Abkehr von der leistungsgerechten Besteuerung durch besondere Lenkungszwecke gerechtfertigt werden. Ein solcher Lenkungszweck kann grundsätzlich auch in der Steigerung der internationalen Wettbewerbsfähigkeit liegen. Allerdings ist im Rahmen der dualen Einkommensteuer zu berücksichtigen, daß die Steigerung der internationalen Wettbewerbsfähigkeit nicht die Diskriminierung des Arbeitseinkommens erfordert.[591] Zwischen der Steigerung der internationalen Wettbewerbsfähigkeit

---

[586] Vgl. *Matthias Schenk/Friedrich Brusch*, Eine neue Kapitalsteuer für Deutschland, DStR 2005, S. 1254 (1256 f.).

[587] Vgl. zu diesem Argument BVerfGE 116, 164 (192 f.).

[588] Vgl. *Jörg Mössner:* Zur Auslegung von Doppelbesteuerungsabkommen, in: Grundfragen des internationalen Steuerrechts, Klaus Vogel (Hrsg.), DStJG 8 (1985) S. 146 (148 f, 164 f.); *Jochen Sigloch*, Grundlagen der Besteuerung, in: Karl-Werner Schulte (Hrsg.), Immobilienökonomie, Rechtliche Grundlage, 2001, S. 651 ff.

[589] *Uwe Demmler*, Dual Income Tax als Reform der Einkommensteuer – Fortschritt oder Stillstand, 2005, S. 109; *André Heinemann*, „Noch Spielraum für Entlastungen", Interview, in: Consultant – Steuern, Wirtschaft, Finanzen, Heft: 1-2/2004, S. 27 (27).

[590] BVerfGE 84, 239 (274, 282).

[591] Ausführlich zum Element der Erforderlichkeit bei der Gleichheitsprüfung vgl. *Rudolf Wendt*, Der Gleichheitssatz, NVwZ 1988, S. 778 (785).

und der Diskriminierung des Arbeitseinkommens besteht kein innerer Zusammenhang. Eine Steigerung der Wettbewerbsfähigkeit wäre gleichfalls effektiv möglich, wenn das Arbeitseinkommen niedrig besteuert würde. Die Diskriminierung des Arbeitseinkommens beruht letztlich auf rein fiskalischen Erwägungen. Die Vertreter der dualen Einkommensteuer halten es allein aus haushaltspolitischen Gründen nicht für möglich, Arbeitseinkommen ebenfalls niedrig zu besteuern. Bei einer ebenfalls niedrigen Besteuerung des Arbeitseinkommens, meint man, würde der Finanzhaushalt des Staates gefährdet. Rein fiskalische Erwägungen können aber eine leistungsfähigkeitswidrige Ungleichbehandlung von Steuerpflichtigen nicht rechtfertigen.[592] Wie bereits gesehen, hat sich der staatliche Finanzbedarf nach Maßgabe des Leistungsfähigkeitsprinzips gleichmäßig auf alle dem Hoheitsträger unterworfenen Steuersubjekte zu verteilen. Daher kann das Argument des internationalen Steuerwettbewerbs zur Rechtfertigung der Ungleichbehandlung durch die duale Einkommenstuer nicht herangezogen werden.

Zur Rechtfertigung der Ungleichbehandlung von Kapitaleinkommen und Arbeitseinkommen hat sich noch ein ganz anderer Ansatz entwickelt. Durch den Dualismus der Einkünftermittlung,[593] also die Unterteilung in Gewinn- und Überschußeinkunftsarten,[594] ergeben sich Abweichungen bei der Besteuerung.[595] Diese Abweichungen sollen durch die unterschiedlichen Steuertarife der dualen Einkommensteuer ausgeglichen werden.[596] Auf diesem Weg soll eine „wahre" synthetische Einkommensteuer verwirklicht werden.[597] Dieser Rechtfertigungsansatz vermag jedoch unter mehreren Gesichtspunkten nicht zu überzeugen. Zum einen lassen sich die tatsächlichen Auswirkungen der aus dem Dualismus der Einkunftsarten resultierenden Ungleichbehandlungen nur für den konkreten Einzelfall und nicht generell quantifizieren. Aus diesem Grund ist bereits eine genaue Korrektur in der Praxis unmöglich.[598] Selbst wenn eine exakte Berechnung möglich wäre, könnte durch einen ermäßigten Steuersatz für Kapitaleinkommen diese (angebliche) Benachteiligung höchstens pauschal und nicht exakt berücksichtigt werden.[599] Außerdem erscheint es, wie bei der Gewerbesteuer bereits gesehen, für ein gutes Steuersystem nicht sinnvoll, eine Ungleichbehandlung mit einer anderen pauschalen Ungleichbehandlung auszugleichen

---

[592] BVerfGE; 6, 55 (80); 82, 60 (89); 116, 164 (182); vgl. auch *Dieter Birk*, Das Leistungsfähigkeitsprinzip als Maßstab der Steuernormen, Ein Beitrag zu den Grundfragen des Verhältnisses Steuerrecht und Verfassungsrecht, 1983, S. 255 f.

[593] Zum Begriff „Dualismus der Einkünfteermittlung" vgl. *Klaus Tipke*, Die dualistische Einkünfteermittlung nach dem Einkommensteuergesetz, Entstehung, Motivation und Berechtigung, in: Festschrift für Heinz Paulick, Heinrich Kruse (Hrsg.), 1973, S. 391 ff.

[594] Zur historischen Entwicklung der Einkünfteermittlungsmethoden vgl. *Hans- Joachim Kanzler*, Die steuerliche Gewinnermittlung zwischen Einheit und Vielfalt, FR 1998, S. 233 ff.

[595] Solche Abweichungen entstehen insbesondere durch die unterschiedlich vorgenommen Periodisierung und den dadurch entstehenden Zinsvorteil.

[596] *Franz Wagner*, Korrektur des Einkünftedualismus durch Tarifdualismus - Zum Konstruktionsprinzip der Dual Income Taxation, StuW 2000, S. 431 (432 ff.).

[597] So *Franz Wagner*, Korrektur des Einkünftedualismus durch Tarifdualismus – Zum Konstruktionsprinzip der Dual Income Taxation, StuW 2000, S. 431 (436).

[598] *Ulrich Schreiber,* Gewinnermittlung und Besteuerung der Einkommen, StuW 2002, S. 110 f.

[599] Dieses Problem besteht auch in den nordischen Staaten, vgl. *Peter Sorensen*, From the Global Income Tax to the Dual Income Tax: Recent Tax Reforms in the Nordic Countries, 1994, S. 66.

zu versuchen.[600] Aus diesem Grund ist auch dieser Ansatz nicht geeignet, die entstehende Benachteiligung von Arbeitseinkünften zu rechtfertigen.

Nach alledem ist kein hinreichender Grund ersichtlich, der die unterschiedliche Tarifgestaltung von Arbeitseinkommen und Kapitaleinkommen rechtfertigen könnte.[601]

Neben der verfassungsrechtlichen Kritik bestehen auch erhebliche Bedenken bezüglich der praktischen Umsetzung der dualen Einkommensteuer. Ein zentrales Problem bestünde darin, daß der Gesamtgewinn eines Unternehmens für steuerliche Zwecke in zwei Komponenten zerlegt werden müßte. Die Abgrenzung von Kapitaleinkommen und Arbeitseinkommen ist aber besonders bei personenbezogenen Unternehmen problematisch, in denen ein und dieselbe Person zugleich Arbeitskraft als auch Kapital zur Verfügung stellt und diese Peron erheblichen Einfluss auf die Unternehmensentscheidungen ausübt. In diesen Fällen besteht die Gefahr, daß höher zu besteuerndes Arbeitseinkommen als niedriger zu besteuerndes Kapitaleinkommen deklariert wird.[602] So führt dieses Modell zu komplexen Abgrenzungsproblemen zwischen Unternehmensgewinn und Arbeitseinkommen.[603] Dieser Schwachpunkt im System wird auch als „Achilles-Ferse“[604] der dualen Einkommensteuer bezeichnet.[605]

Des weiteren erscheint es wegen des unterschiedlichen Tarifs schwierig, mit diesem Modell einen Verlustausgleich zwischen beiden Einkunftsarten zu ermöglichen.[606] Zwar bestehen unterschiedliche Ansätze, um eine Verlustverrechnung zwischen beiden Kategorien zu ermöglichen.[607] Entweder sind diese Verfahren jedoch sehr aufwendig oder ihnen wohnt die Gefahr inne, erneut Steuersparmodelle hervorzurufen. Steuersparmodelle sind dahingehend denkbar, daß das höhere progressive Arbeitseinkommen mit negativen Kapitaleinkünften verrechnet wird.

Vor diesem Hintergrund wird deutlich, daß die duale Einkommensteuer nicht geeignet ist, das Unternehmenssteuerrecht zu verbessern. Zwar wird durch das Modell der „reinen“ Dual Income Tax das Ziel der Rechtsformneutralität verwirklicht und ein in-

---

[600] Auch das Bundesverfassungsgericht steht solchen Ausgleichsregelungen ablehnend gegenüber, vgl. BVerfGE 23, 242 (256).

[601] A.A. *Joachim Englisch*, Dividendenbesteuerung, 2005, S. 128 f., 202, der die duale Einkommensteuer für verfassungsrechtlich zulässig hält. Allerdings weist auch er daraufhin, daß die duale Einkommensteuer an erheblichen Umsetzungsschwierigkeiten leidet und nicht zu einer Steuervereinfachung beitragen wird. Daher sollten nach seiner Ansicht vorher andere Reformvorschläge sorgfältig geprüft werden.

[602] *Ralph Brügelmann/Winfried Fuest*, Aktuelle Steuerreformmodelle auf dem Prüfstand – Die Politik ist gefordert, 2004, S. 32 f.; *Ulrich Schreiber/Martin Finkenzeller/Claudia Rüggeberg*, Reform der Einkommensbesteuerung durch die duale Einkommensteuer?, DB 2004, S. 2767 (2767).

[603] Vgl. *Uwe Demmler*, Dual Income Tax als Reform der Einkommensteuer – Fortschritt oder Stillstand, 2005, S.16.

[604] *Christoph Spengel/Wolfgang Wiegart*, Duale Einkommensteuer: Die Pragmatische Variante einer grundlegenden Steuerreform, Wirtschaftsdienst 2004, S. 71 (75).

[605] Zur Problematik im einzelnen *Christian Reif*, Reform der Besteuerung des Einkommens, 2005, S. 262 ff.

[606] Zum Problem des Verlustausgleichs aus verfassungsrechtlicher Sicht vgl. *Joachim Englisch*, Die Duale Einkommensteuer- Reformmodell für Deutschland?, IFSt- Schrift Nr. 432, 2005, S.148 f.

[607] Vgl. *Joachim Englisch*, Die Duale Einkommensteuer- Reformmodell für Deutschland?, IFSt- Schrift Nr. 432, 2005, S. 29 ff., der auch auf die unterschiedlichen Ansätze in Norwegen, Schweden und Finnland eingeht.

ternational wettbewerbsfähigeres Steuerrecht mit niedrigen Tarifen im Unternehmensbereich geschaffen. Dieses Ziel hat allerdings einen hohen Preis. Das Konzept der dualen Einkommensteuer verstößt gegen verfassungsrechtliche Grundprinzipien und leidet an erheblichen Umsetzungsschwierigkeiten. Die bisherigen Ungleichbehandlungen und Abgrenzungsschwierigkeiten werden lediglich durch andere Probleme bereits im Grundkonzept ersetzt.

III. Ergebnis

Die obigen Ausführungen haben verdeutlicht, daß eine Reihe von zum Teil voneinander vollkommen unterschiedlichen Grundkonzepten entwickelt wurden, die zumindest teilweise das Gebot der Rechtsformneutralität verwirklichen. Ihre Realisierbarkeit scheitert jedoch zum großen Teil neben politischen Gründen an Verstößen gegen andere verfassungsrechtliche Postulate und insbesondere an der Nichtbeachtung des Leistungsfähigkeitsprinzips. So beachtet beispielsweise die duale Einkommensteuer zwar das Gebot der Besteuerung nach der wirtschaftlichen Leistungsfähigkeit bei der Besteuerung von Unternehmen in unterschiedlicher Rechtsform, nicht hingegen bei der Besteuerung von Arbeitseinkommen und Kapitaleinkommen im Rahmen der Einkommensteuer. Die durch die neuen Konzepte behobenen Ungleichbehandlungen verursachen somit vielfach andere verfassungsrechtlich nicht zu rechtfertigende Ungleichbehandlungen. Die bisher bestehenden Probleme werden also nur durch andere ersetzt. Allein die Inhabersteuer und eine nachgelagerte Besteuerung verwirklichen das Ziel der Rechtsformneutralität, ohne gleichzeitig dem Vorwurf der Gleichheitssatzwidrigkeit ausgesetzt zu sein. Letztendlich läßt sich als Ergebnis festhalten: Rechtsformneutralität ist zumindest im theoretischen Konzept erreichbar.

G. Die einzelnen Reformmodelle

Auf der Grundlage der bisherigen Ausführungen verwundert es nicht, daß vor allem in letzter Zeit neue Reformmodelle wie Pilze aus dem Boden schießen. Anknüpfend an die bisherigen Untersuchungen ist der Frage nachzugehen, inwieweit die soeben dargestellten Grundkonzepte ernsthaft von Steuerrechtswissenschaftlern in der aktuellen Diskussion um eine Unternehmenssteuerreform weiterhin vertreten werden oder ob ganz neue Ansätze zu einem rechtsformneutralen und sonst mit der Verfassung im Einklang stehenden Unternehmenssteuerrecht entwickelt wurden. Im folgenden ist daher auf die aktuellen Reformmodelle der Steuerwissenschaftler und der Politik einzugehen. Zwar herrscht über die Notwendigkeit einer Reform weitgehend Einigkeit, nicht aber über den einzuschlagenden Weg.

I. Berliner Entwurf der FDP

Ein Reformentwurf für ein rechtsformneutrales Unternehmenssteuerrecht wurde unter Federführung von *Hermann Otto Solms* von Seiten der FDP vorgelegt. [608] Der Reformentwurf umfaßt folgende Gesetze: Einkommensteuer, Abgabenordnung, Körperschaftsteuer, Gewerbesteuer, Grunderwerbesteuer, Umwandlungssteuer, Außen-

---

[608] *Hermann Otto Solms*, Liberale Reform der direkten Steuern (Berliner Entwurf der FDP), 2005.

steuer, Vermögensteuer und Erbschaftsteuer. Wie auch die sonstigen Entwürfe versucht die FDP mit ihrem Reformentwurf ein international wettbewerbsfähiges, von der Rechtsform unabhängiges Unternehmenssteuerrecht zu schaffen.[609]

1. Regelungsstruktur

Der Berliner Entwurf hält hinsichtlich seiner Grundstruktur weiter am bestehenden Dualismus der Unternehmensbesteuerung fest. Er basiert im wesentlichen auf einem stark geänderten Einkommen- und Körperschaftssteuerrecht. Die Gewerbesteuer wird nach dem Berliner Entwurf abgeschafft[610] und durch ein sogenanntes Zwei-Säulen-Modell ersetzt.[611]

Im Rahmen der Einkommensteuer soll die Unterscheidung in die sieben Einkunftsarten aufgegeben und stattdessen nur noch zwischen unternehmerischen und nichtunternehmerischen Einkünften unterschieden werden. Für nichtunternehmerische Einkünfte gilt ein niedriger Drei-Stufen-Tarif von 15, 25 und 35 %. Hingegen unterliegen die unternehmerischen Einkünfte und somit auch die darin enthaltenen Einkünfte von Personenunternehmen einem Zwei-Stufen-Tarif von 15 und 25 %. Die Definition der unternehmerischen Einkünfte wurde dem Umsatzsteuerrecht entnommen. Unternehmerische Einkünfte sind demnach solche aus einer selbständigen und nachhaltigen Tätigkeit mit der Absicht, Gewinn zu erzielen.

Um trotz des weiter bestehenden Dualismus der Unternehmensbesteuerung das Ziel einer rechtsformneutralen Besteuerung zu verwirklichen, gilt auch für Körperschaften ein Zwei-Stufentarif von 15 % und 25 %. Ausschüttungen von Kapitalgesellschaften sind gemäß § 9 Abs. 2 EStG-BE beim Anteilseigner nicht steuerpflichtig. Dies bedeutet allerdings nicht, daß Ausschüttungen steuerfrei sind. Gemäß § 32 Abs. 1 KStG-BE unterliegen alle Ausschüttungen unabhängig von der Gewinnbesteuerung nach § 25 KStG-BE bei der Kapitalgesellschaft einer besonderen Steuer in Höhe von 25 %. Gemäß § 32 Abs. 2 KStG-BE ist die bereits gezahlte Körperschaftsteuer auf die zu zahlende Ausschüttungssteuer anzurechnen.

2. Bewertung

Auffällig an dem Entwurf der FDP ist, daß er zu Anfang bestimmte Grundanforderungen für ein neues Unternehmenssteuerrecht aufstellt, die der Entwurf selbst aber nicht vollumfänglich verwirklicht. Primäre Grundanforderung soll ein rechtsformneutrales und im übrigen mit dem Leistungsfähigkeitsprinzip im Einklang stehendes Steuerrecht sein.[612] Dieses Ziel wird jedoch in mehrfacher Hinsicht nicht verwirklicht.

Zunächst führt der Entwurf zu einer zumindest vorübergehenden Spreizung zwischen unternehmerischen und nicht-unternehmerischen Einkünften. Während für nicht-unternehmerische Einkünfte der Stufen-Tarif bis 35 % gilt, wird für unternehmerische Einkünfte die Steuerbelastung auf 25 % zuzüglich eines Gemeindezuschlags be-

---

[609] *Hermann Otto Solms*, Liberale Reform der direkten Steuern (Berliner Entwurf der FDP), 2005, S. X.
[610] *Hermann Otto Solms*, Liberale Reform der direkten Steuern (Berliner Entwurf der FDP), 2005, S. 2.
[611] *Hermann Otto Solms*, Liberale Reform der direkten Steuern (Berliner Entwurf der FDP), 2005, S. 14.
[612] Vgl. § 1 BE- EStG; *Hermann Otto Solms*, Liberale Reform der direkten Steuern (Berliner Entwurf der FDP), 2005, S. 70.

grenzt. Der Berliner Entwurf in dieser Ausgestaltung entspricht somit im Prinzip dem Modell der dualen Einkommensteuer. Zu berücksichtigen ist allerdings, daß die durch die unterschiedlichen Tarife entstehende Schedulenbesteuerung nur vorübergehend bis zu Verwirklichung einer flat tax bestehen soll. Die entstehende Steuersatzspreizung wird vom Berliner Entwurf zumindest für den Übergangszeitraum bis zur Einführung einer flat tax bewusst in Kauf genommen und als verfassungsrechtlich unbedenklich empfunden.[613] Die vom Berliner Entwurf geführte Argumentation zur Rechtfertigung vermag jedoch nicht zu überzeugen. Der Entwurf versucht, die Steuersatzspreizung mit einer unterschiedlichen Leistungsfähigkeit der einzelnen Einkunftsarten zu rechtfertigen. Wie sich im Rahmen der Untersuchung zum Grundmodell der dualen Einkommensteuer gezeigt hat, weisen die unterschiedlichen Einkunftsarten gerade keine generell unterschiedliche Leistungsfähigkeit auf. Auch die übrigen Argumente, wie zum Beispiel die höhere Belastung nur bei Erreichen des Spitzensteuersatzes, sind bereits in der verfassungsrechtlichen Diskussion des Gebots der Rechtsformneutralität erörtert worden und sind nicht geeignet, eine unterschiedliche Steuerbelastung zu rechtfertigen. Der Berliner Entwurf führt somit, zumindest in seiner vorläufigen Ausgestaltung, zu weiteren verfassungsrechtlichen Problemen. Unabhängig von seiner verfassungsrechtlichen Bewertung sollte man zusätzlich fragen, ob es überhaupt sinnvoll ist, ein vorläufiges System einzuführen. Ein vorläufiges System birgt stets die Gefahr, daß aus dem Provisorium ein Dauerzustand entsteht.

Bereits unter diesem Gesichtspunkt weist der Berliner Entwurf Defizite bezüglich der Umsetzung auf. Doch auch im übrigen, insbesondere in bezug auf das Gebot der Rechtsformneutralität, vermag der Entwurf nicht zu überzeugen. Wie gesehen, hält der Entwurf am bestehenden Dualismus der Unternehmensbesteuerung fest. Personengesellschaften und Einzelunternehmer unterliegen weiterhin der Einkommensteuer, wohingegen auf Körperschaften das Körperschaftsteuergesetz Anwendung findet. Zwar sieht der Entwurf eine Angleichung der Steuertarife vor. Allerdings führt eine bloße Angleichung der Tarife nur vordergründig zu einer gleichmäßigen Belastung. Die bestehenden Unterschiede in der Ermittlung der Bemessungsgrundlage können durch eine bloße Angleichung der Steuertarife nicht beseitigt werden.[614] Weiterhin ist zu berücksichtigen, daß die Tarife nur annähernd angeglichen sind. Im Falle der Ausschüttung von Gewinnen werden die Gewinne unabhängig von der Höhe der Ausschüttung mit einem proportionalen Steuersatz von 25 % belastet. Bei Gewinnen von Personenunternehmen gilt hingegen der Stufentarif von 15 und 25 %. Dieser Unterschied mag zwar nur zu geringfügigen Belastungsunterschieden führen.[615] Dennoch durchbricht er das Gebot der Gleichbehandlung. Zudem sieht der Reformentwurf die Abschaffung des momentan geltenden Halbeinkünfteverfahrens und die Wiedereinführung des erst Ende 2000 abgeschafften Anrechnungsverfahrens vor.[616]

---

[613] *Hermann Otto Solms*, Liberale Reform der direkten Steuern (Berliner Entwurf der FDP), 2005, S. 10.

[614] Vgl. C. II.

[615] Es kommt im Falle der Ausschüttung höchstens zu einer effektiven Mehrbelastung in Höhe von 1.000 €; vgl. *Hermann Otto Solms*, Liberale Reform der direkten Steuern (Berliner Entwurf der FDP), 2005, Rechenbeispiel im Anhang, II.

[616] Zum 1. Januar 2001 hat der Gesetzgeber das Vollanrechnungsverfahren abgeschafft und durch das geltende Halbeinkünfteverfahren ersetzt. Dies wurde maßgeblich beeinflusst von den Brühler

Das Anrechnungsverfahren wurde damals wegen seiner fehlenden Europarechtstauglichkeit abgeschafft.[617] Konkrete Vorschläge zur Ausgestaltung des künftig geltenden Anrechnungsverfahrens macht der Entwurf allerdings nicht.[618]

Somit verwirklicht der Berliner Entwurf der FDP nicht vollumfänglich das Gebot der Rechtsformneutralität. Der Berliner Entwurf versucht durch eine reine Tarifanpassung die bisherigen Steuersatzspreizungen zu beheben, ohne zu berücksichtigen, daß sich die Belastungsunterschiede auch durch die unterschiedliche Ermittlung der Bemessungsgrundlagen ergeben. Es handelt sich demnach bei diesem Entwurf nicht um die umfassende Neugestaltung des Unternehmenssteuerrechts, wie sie im Entwurf selbst als zwingend vorausgesetzt wird.

II. Sachverständigenrat zur Begutachtung der wirtschaftlichen Entwicklung: Duale Einkommensteuer (Schedulensteuer)

Der Sachverständigenrat zur Begutachtung der wirtschaftlichen Entwicklung wählt einen ganz anderen Weg für die Unternehmenssteuerreform. Der Sachverständigenrat hat sich in seinem Jahresgutachten 2003/2004 für die Einführung einer dualen Einkommensteuer ausgesprochen.[619] Das Modell einer dualen Einkommensteuer ist keine neue nationale Idee. Dieses System wurde bereits mit den Steuerreformen von 1991 und 1992 gemeinsam von Finnland, Norwegen und Schweden mit dem „Nordic Income Tax System" eingeführt.[620] Insoweit verwundert es auch nicht, daß sich der Vorschlag des Sachverständigenrates ausdrücklich an den Steuersystemen der nordischen Staaten orientiert.[621]

1. Regelungsstruktur

Nach diesem Entwurf werden Kapitaleinkommen und Arbeitseinkommen unterschiedlich, für sich genommen aber umfassend und einheitlich besteuert. Der Sachverständigenrat schlägt für das Kapitaleinkommen einen proportionalen Steuersatz von 30 % vor. Unter das Kapitaleinkommen fallen sämtliche Gewinne transparent besteuerter Personenunternehmen, Dividenden, Zinsen, Einkünfte aus Vermietung

---

Empfehlungen; vgl. *Bundesministerium der Finanzen*, Brühler Empfehlungen zur Reform der Unternehmensbesteuerung, Bericht der Kommission zur Reform der Unternehmensbesteuerung, BMF Schriftenreihe, Heft 66, 1999, S. 48 f.

617 Mit Urteil vom 6.3.2007 (Rechtssache Meilicke) hat der EuGH das deutsche Körperschaftsteuer-Anrechnungsverfahren wegen Verstoßes gegen die Kapitalverkehrsfreiheit als europarechtswidrig eingestuft, vgl. EuGH, BB 2007, S. 645 ff.

618 Insoweit ist aber anzumerken, daß sich mit einem modifizierten Anrechnungsverfahren die damals bestehende Europrechtswidrigkeit beseitigen ließe.

619 *Sachverständigenrat zur Begutachtung der gesamtwirtschaftlichen Entwicklung*, Jahresgutachten 2003/2004, Rn. 584 ff.; das Modell der dualen Einkommensteuer wird auch von Vertretern der hessischen Finanzverwaltung vertreten. Diese benennen ihr System aber als „einheitliche Kapitalsteuer", obwohl es dem Konzept einer Dualen Einkommensteuer entspricht. Zu dem Vorschlag an sich vgl. *Matthias Schenk/Friedrich Brusch*, Eine neue Kapitalsteuer für Deutschland, DStR 2005, S. 1254 ff.

620 Aus diesem Grund wird das Konzept der Dualen Einkommensteuer teilweise auch als „Nordisches Modell" bezeichnet. Zur Ausgestaltung der Dualen Einkommensteuer vgl. *Joachim Englisch*, Die Duale Einkommensteuer- Reformmodell für Deutschland?, IFSt- Schrift Nr. 432, 2005, S. 20 ff.

621 Sachverständigenrat zur Begutachtung der gesamtwirtschaftlichen Entwicklung, Jahresgutachten 2003/2004, S. 334.

und Verpachtung sowie private Veräußerungsgewinne. Das Arbeitseinkommen hingegen wird progressiv mit einem Eingangssteuersatz von 15 % und einem Spitzensteuersatz von 35 % besteuert. Im Gegensatz zu den nordischen Staaten nähert sich nicht der Eingangsteuersatz für Arbeitseinkommen, sondern der Spitzensteuersatz dem Proportionalsteuersatz für Kapitaleinkommen an. Unter Arbeitseinkommen fallen Gehälter, Löhne aus unselbständiger Arbeit, kalkulatorische Unternehmerlöhne, Pensionen, gesetzliche Altersrenten und staatliche Transferzahlungen.

Der Entwurf fordert weiterhin die Abschaffung der Gewerbesteuer und ihre Integration in die Einkommen- und Körperschaftsteuer.[622] Um die gebotene Rechtsformneutralität zu gewährleisten, ist die Angleichung des Körperschaftssteuersatzes an den Steuersatz der Kapitaleinkommensteuer geplant. Weiterhin seien Gewinne aus Veräußerungen von Beteiligungen an Kapitalgesellschaften und Dividendenauszahlungen steuerlich freizustellen.[623] Eines Halbeinkünfteverfahrens bedürfte es also mangels bestehender Doppelbelastung nicht mehr.

2. Bewertung

Wie bereits im Rahmen der Untersuchung der einzelnen Grundkonzepte erläutert, sieht sich das Modell der dualen Einkommensteuer erheblicher verfassungsrechtlicher Kritik und praktischen Umsetzungschwierigkeiten ausgesetzt. Diese Kritikpuznkte können auch nicht durch den Entwurf des Sachverständigenrates beseitigt werden. Darüber hinaus vermag das Konzept auch unter dem Gesichtspunkt der Rechtsformneutralität nicht zu überzeugen.

Die ursprünglich getroffene positive Beurteilung der dualen Einkommensteuer hinsichtlich der Verwirklichung des Gebots Rechtsformneutralität, wie sie im Rahmen der Untersuchung der Grundkonzepte erfolgte, muß in der Praxis relativiert werden. Dies zeigen die Besteuerungsrealitäten in den nordischen Staaten.[624] Nur in seiner reinen Form verwirklicht die duale Einkommensteuer das Gebot der Rechtsformneutralität vollumfänglich. Das Idealkonzept einer dualen Einkommensteuer setzt zum einen die Koppelung des Körperschaftsteuersatzes an den Steuersatz für Kapitaleinkommen voraus. Weiterhin ist ein genaues Anrechnungs- oder Freistellungsverfahren im Rahmen der Einkommensteuer erforderlich, um eine Doppelbelastung im Rahmen der Körperschaftsteuer zu vermeiden. Das vorgesehene Freistellungsverfahren scheint in Deutschland jedoch kaum vorstellbar,[625] da es der Bevölkerung kaum zu vermitteln sein wird, warum Gewinne aus körperschaftsteuerpflichtigen Unternehmen beim Anteilseigner überhaupt nicht mehr der Besteuerung unterliegen. Das Anrechnungsverfahren scheint hingegen aus rechtlicher Sicht nur schwer vorstellbar. Wurde es doch erst durch das Steuersenkungsgesetz 2001 wegen seiner

[622] Sachverständigenrat zur Begutachtung der gesamtwirtschaftlichen Entwicklung, Jahresgutachten 2003/2004, S. 327.

[623] *Sachverständigenrat zur Begutachtung der gesamtwirtschaftlichen Entwicklung*, Jahresgutachten 2003/2004, S. 355; an dieser Stelle unterscheidet sich der Vorschlag der Hessischen Finanzverwaltung, der teilweise auf das klassische System der wirtschaftlichen Doppelbelastung hinausläuft.

[624] Vgl. *Joachim Englisch*, Die Duale Einkommensteuer- Reformmodell für Deutschland?, IFSt- Schrift Nr. 432, 2005, S. 84 ff.

[625] So auch *Wolfgang Wiegard*, Handelsblatt vom 6. Juni 2005, S. 4: „Die Steuerfreistellung von Ausschüttungen bekommen wir wohl nicht hin...".

mangelnden Europarechtstauglichkeit abgeschafft.[626] Weicht man von diesem Idealkonzept der dualen Einkommensteuer ab,[627] geht der primäre Vorteil dieses Modells, die Verwirklichung von Rechtsformneutralität, auch wieder verloren.

Somit ist das Modell des Sachverständigenrates beträchtlicher verfassungsrechtlicher Kritik ausgesetzt und steht erheblichen Umsetzungsschwierigkeiten gegenüber. Aus diesen Gründen scheidet das Modell der dualen Einkommensteuer als realisierbares und vor allem rechtsformneutrales Unternehmenssteuerkonzept für Deutschland aus.

III. Der Karlsruher Entwurf

Einen relativ neuen, sehr einschneidenden Weg geht der „Karlsruher Entwurf".[628] Den Karlsruher Entwurf hat eine Gruppe von Steuerwissenschaftlern und –praktikern[629] um *Paul Kirchhof* vorgelegt.[630] Inzwischen wurde der Karlsruher Entwurf zur Reform des Einkommensteuergesetzes zu einem Einkommensteuergesetzbuch mit integrierter Körperschaftsteuer weiterentwickelt.[631] Das Einkommensteuergesetzbuch verfolgt den Plan unter Abschaffung des geltenden Körperschaftsteuerrechts eine einheitliche Unternehmenssteuer einzuführen.

1. Regelungsstruktur

Nach diesem Modell soll die Körperschaftsteuer entfallen und in die Einkommensteuer „integriert" werden.[632] Das Ziel der Rechtsformneutralität wird also nicht durch eine Ausgliederung der Unternehmenssteuer in eine Sondersteuer erreicht, sondern durch eine einheitliche Einkommensteuer. Künftig sind Steuersubjekte der Einkommensteuer nicht nur natürliche Personen, sondern auch steuerjuristische Personen.[633] Regelungen zur steuerjuristischen Person enthalten die §§ 11 ff. EStGB. Steuerjuristische Person ist gemäß § 11 EStGB jede Personenvereinigung und jedes Zweckvermögen des Privatrechts sowie jeder Betrieb der öffentlichen Hand, der mit

---

[626] Vgl. die Länderberichte in *Annemarie Mennel/Jutta Förster*, Steuern in Europa, Amerika und Asien, IBFD (Hrsg.), European Tax Handbook 2002; *Claudia Wesselbaum-Neugebauer*, Finanzierungsfreiheit und Gesellschafter-Fremdfinanzierung in den EU-Mitgliedstaaten, GmbHR 2004, S. 1319 (1323).

[627] Dies wäre beispielsweise mit der Anwendung des im Körperschaftsteuerrecht geltenden Halbeinkünfteverfahrens vorstellbar.

[628] Ursprünglich enthielt der Entwurf kein erkennbares Konzept für eine Unternehmensbesteuerung. Erst in seiner Fortentwicklung befaßt sich *Paul Kirchhof* auch mit der Unternehmensbesteuerung.

[629] Die Mitglieder des Arbeitskreises und Co-Autoren sind Klaus Altehoefer, Ahns-Wolfgang Arndt, Peter Bareis, Gottfried Eckmann, Reinhart Freudenberg, Meinert Hahnemann, Dieter Kopie, Friedvert Lang, Josef Lückhardt und Ernst Schutter.

[630] *Paul Kirchhof*, Einkommensteuer-Gesetzbuch, Ein Vorschlag zur Reform der Einkomen- und Körperschaftsteuer, Schriftenreihe des Instituts für Finanz- und Steuerrecht, Forschungsgruppe Bundessteuergesetzbuch, Bd. 2, 2003.

[631] *Paul Kirchhof*, Der Karlsruher Entwurf und seine Fortentwicklung zu einer Vereinheitlichten Ertragsteuer, StuW 2002, S. 3 (12); *ders.*, Das EStGB - ein Vorschlag zur Reform des Ertragssteuerrechts, DStR 2003, S. 1 ff.

[632] *Paul Kirchhof*, Der Karlsruher Entwurf und seine Fortentwicklung zu einer Vereinheitlichten Ertragsteuer, StuW 2002, S. 3 (12, 18).

[633] *Paul Kirchhof*, Der Karlsruher Entwurf und seine Fortentwicklung zu einer Vereinheitlichten Ertragsteuer, StuW 2002, S. 3 (18).

der Privatwirtschaft konkurriert.[634] Unter den neu geschaffenen Rechtsbegriff „Steuerjuristische Person" fallen somit sowohl Kapital- und Personengesellschaften als auch Einzelunternehmer als „verselbständigte Erwerbsgrundlage".[635] Innerhalb der steuerjuristischen Person wird das Einkommen erklärt, ermittelt, die Steuer festgesetzt, bezahlt und auch vollstreckt.[636] Eine komplizierte Korrektur im Falle der Ausschüttung des Gewinns der steuerjuristischen Person auf den Anteilseigner bedarf es nicht mehr, da der Steuersatz der steuerjuristischen und der der natürlichen Person identisch sind. Die Gewinne der steuerjuristischen Person werden auf deren Ebene abschließend besteuert. Auf diese Weise entfällt der bisherige Dualismus der Unternehmensbesteuerung und die daraus resultierenden Unterschiede werden durch eine einheitlich transparente Besteuerung überbrückt.[637]

Allein durch diese Vereinheitlichung ist das Belastungsgefälle zwischen Einzelunternehmer und juristischer Person allerdings noch nicht behoben. Um dieses Ziel zu erreichen, wird die steuerjuristische Person für persönliche Abzugsbeträge, den Sozialausgleich, für Verlustübergabe und übernahme geöffnet werden, soweit die Gewinne für private Zwecke verwendet werden.[638]

2. Bewertung

Mit diesem Gesetzesentwurf scheint eine Steuervereinfachung aufgrund der völligen Abschaffung des Körperschaftsteuergesetzes einherzugehen. Durch die Integration der Körperschaftsteuer in die Einkommensteuer entfällt das bisherige Problem der bestehenden wirtschaftlichen Doppelbelastung im Fall der Ausschüttung und ihrer Berücksichtigung beim Anteilseigner. Infolge dieser mit gleichen Steuersätzen erfolgenden Einmalbesteuerung besteht weder die Gefahr der Einsperrwirkung noch eines Belastungsgefälles, so daß das bisherige Problem der verdeckten Gewinnausschüttung obsolet wird.[639] Weiterhin dient nicht mehr die zivile Rechtsform, sondern die Tätigkeit am Markt und die dadurch erlangte wirtschaftlich Leistungsfähigkeit als steuerlicher Anknüpfungspunkt für die Besteuerung.[640] Zudem wird trotz der bestehenden Einmalbesteuerung auf Unternehmensebene das subjektive Nettoprinzip gewährleistet, indem personenbezogene Abzüge beim Gewinn der steuerjuristischen Person angesetzt werden können, soweit sie zur Verwendung für private Zwecke dienen. Auf den ersten Blick scheint der Entwurf gelungen. Durch die Eingliederung der Körperschaftsteuer in die Einkommensteuer wird ein umfassend rechtsformneutrales Unternehmenssteuerrecht eingeführt.

---

[634] *Paul Kirchhof*, Die Besteuerung des Einkommens in einem einfachen, maßvollen und gleichmäßigen Belastungssystem, BB 2006, S. 71 (72).

[635] *Paul Kirchhof*, Das EStGB – ein Vorschlag zur Reform des Ertragssteuerrechts, DStR 2003, S. 1 (2).

[636] *Paul Kirchhof*, Die Besteuerung des Einkommens in einem einfachen, maßvollen und gleichmäßigen Belastungssystem, BB 2006, S. 71 (72).

[637] *Paul Kirchhof*, Die Besteuerung des Einkommens in einem einfachen, maßvollen und gleichmäßigen Belastungssystem, BB 2006, S. 71 (72).

[638] *Paul Kirchhof*, Der Karlsruher Entwurf und seine Fortentwicklung zu einer vereinheitlichten Ertragsteuer, StuW 2002, S. 3 (18 ff.).

[639] Vgl. *Jochen Thiel*, Einheitliche Unternehmenssteuer, StbJb. 2002/2003, S. 27 (34); *Klaus Tipke*, Die Steuerrechtsordnung, Band II, 2. Aufl., 2003, S. 1201.

[640] Vgl. *Paul Kirchhof*, Die Unternehmensbesteuerung im Karlsruher Entwurf, StbJB 2002/2003, S. 7 (20).

Dennoch ergeben sich bei genauerer Betrachtung Bedenken hinsichtlich der Regelung der Abzugsfähigkeit personenbezogener Abzüge auf Unternehmensebene. Zum einen ist es verfahrenstechnisch schwierig bereits auf Unternehmensebene die Gewinne in betriebliche und private Zwecke aufzuteilen. Hier besteht die immanente Gefahr von Abgrenzungsschwierigkeiten und Steuergestaltungsmöglichkeiten, indem der Steuerpflichtige versucht, persönliche Abzugsbeträge auf betriebliche Gewinne, die nicht der privaten Verwendung dienen, geltend zu machen. Das bisherige Abgrenzungsproblem zwischen Ausschüttung und Thesaurierung ist demnach auch durch die hier vorgesehene Einmalbesteuerung nicht abgeschafft,[641] sondern nur verlagert worden. Steuersystematisch ist an dieser Regelung zu kritisieren, daß durch diese Regelung die Ebenen der steuerjuristischen Person und der natürlichen Person, die nach der Gesetzessystematik strikt voneinander zu unterscheiden sind, doch wieder gemischt werden.[642] Diese Behandlung der persönlichen Abzüge durchbricht gerade die bestehende Struktur des Gesetzes.[643]

Unabhängig von den bisherigen Bedenken entstehen durch dieses Modell fast unlösbare Schwierigkeiten im Bereich des internationalen Steuerrechts, insbesondere hinsichtlich der Doppelbesteuerungsabkommen. Der Entwurf verwendet einen neuen und international unbekannten Rechtsbegriff und weicht erheblich von den ausländischen Steuerrechtsordnungen der europäischen Mitgliedstaaten ab.[644]

Der Karlsruher Entwurf ist unter dem Blickwinkel des Gebots der Rechtsformneutralität als positiv zu bewerten. Der Entwurf verwirklicht durch die Eingliederung der Körperschaftsteuer in die Einkommensteuer ein umfassend rechtsformneutrales Unternehmenssteuerrecht, ohne gegen sonstige verfassungsrechtliche Grundsätze zu verstoßen. Die Achillesferse der Einmalbesteuerung, nämlich die Berücksichtigung persönlicher Aufwendungen, vermag der Entwurf jedoch nicht vollumfänglich zu lösen. Die bestehenden Abgrenzugsprobleme werden also nicht gelöst, sondern bloß verlagert.

IV. Stiftung Marktwirtschaft: Kommission „Steuergesetzbuch“

Ein anderes Konzept wird von der Kommission vorgeschlagen. Die Kommission „Steuergesetzbuch“ wurde im Juli 2004 von der Stiftung Marktwirtschaft ins Leben gerufen. In der Kommission arbeiten 70 Experten aus Politik, Wissenschaft, Rechtsprechung, Verwaltung und Beratungspraxis zusammen. Besonders hervorzuheben ist *Joachim Lang* als Vorsitzender der Kommission, dessen Kölner Entwurf[645] die

---

[641] *Paul Kirchhof*, Der Karlsruher Entwurf und seine Fortentwicklung zu einer Vereinheitlichten Ertragsteuer, StuW 2002, S. 3 (17).

[642] So *Joachim Hennrichs*, Dualismus der Unternehmensbesteuerung aus gesellschaftsrechtlicher und steuersystematischer Sicht - Oder: Die nach wie vor unvollendete Unternehmenssteuerreform, StuW 2002, S. 201 (212).

[643] Dies empfindet *Kirchhof* im Ergebnis als unbedenklich, vgl. *Paul Kirchhof*, Die Unternehmensbesteuerung im Karlsruher Entwurf, StbJB 2002/2003, S. 7 (22 f.).

[644] Vgl. die Darstellungen in *Annemarie Mennel/Jutta Förster*, Steuern in Europa, Amerika und Asien, IBFD (Hrsg.), European Tax Handbook 2002.

[645] Der Kölner Entwurf sieht nur eine Neuordnung des geltenden Einkommensteuerrechts vor, ohne sich vertieft mit dem Unternehmenssteuerrecht auseinanderzusetzen. Den Anstoß zu diesem Werk gab eine Ausschreibung der Frankfurter Humanistischen Stiftung im Juni 2002 für die besten Ent-

Grundlage für das von der Stiftung Marktwirtschaft geförderte Reformvorhaben bildet. Im Jahr 2005 wurden bereits wesentliche Elemente ihres Reformvorschlags in der Öffentlichkeit vorgestellt.[646] Zu Beginn des Jahres 2006 wurde ein „Steuerpolitisches Programm"[647] veröffentlicht, das die wesentlichen Leitlinien des Entwurfs enthält. Dieses „Steuerpolitische Programm" soll in den nächsten Monaten zu einem Gesamtkonzept mit Gesetzestext ausgearbeitet werden.[648]

1. Regelungsstruktur

Der bisherige Reformvorschlag besteht aus drei Modulen. Die Priorität der Reform liegt in der Reform der Unternehmensbesteuerung (Modul I)[649] einhergehend mit der Neuordnung der Kommunalfinanzen (Modul II).[650] Weiterhin ist eine Reform der Einkommensbesteuerung beabsichtigt (Modul III). Die geplante Unternehmenssteuer setzt sich insoweit aus einer Allgemeinen (Modul I) und einer Kommunalen Unternehmenssteuer (Modul II) zusammen.[651]

Durch den Entwurf soll eine einheitliche Unternehmenssteuer verwirklicht werden. Die Kommission schlägt hierzu die Einführung eines eigenen Unternehmenssteuerrechts vor, indem grundsätzlich alle Unternehmen der zu einer Allgemeinen Unternehmenssteuer fortentwickelten Körperschaftsteuer unterworfen werden.[652] Nach dem Modell der Allgemeinen Unternehmenssteuer wird die Unternehmensbesteuerung von der Tarifgestaltung der Einkommensteuer abgekoppelt. Das bisher nur für Körperschaften geltende Trennungsprinzip wird auf Personengesellschaften und Einzelunternehmen ausgedehnt. Der Entwurf geht somit von der Abschaffung des bisher geltenden Dualismus der Unternehmensbesteuerung aus.[653] Auf diese Weise sollen die aus dem Dualismus resultierenden Ungleichbehandlungen von Personenunternehmen und Kapitalgesellschaften überwunden werden und das Ziel einer rechtsformneutralen Besteuerung erreicht werden.

Steuersubjekt der Unternehmenssteuer ist, wie bisher, nicht das Unternehmen selbst, sondern der Träger des Unternehmens. Subjekte der Allgemeinen Unternehmenssteuer sind kraft Rechtsform primär neben den bisher körperschaftsteuerpflich-

---

würfe eines Einkommensteuergesetzes. Aufgrund der Begrenzung auf einen Reformentwurf für ein neues Einkommensteuergesetz enthält der Kölner Entwurf nur am Rande Regelungen für ein neues Unternehmenssteuerrecht und wird deshalb nicht näher beleuchtet.

[646] Am 19. Juli 2005 im Internet veröffentlicht: www.neues-steuergesetzbuch.de/module/Kurzfassung_Steuerpolitisches_Programm.pdf.

[647] *Stiftung Marktwirtschaft*, Kommission „Steuergesetzbuch", Steuerpolitisches Programm, 31.1.2006, abrufbar unter www.neues-steuergesetzbuch.de/module/Steuerpolitisches_Programm30.1.06.pdf.

[648] Bisher sind noch keine genaueren Ausarbeitungen des Entwurfs veröffentlicht.

[649] *Stiftung Marktwirtschaft*, Kommission „Steuergesetzbuch", Steuerpolitisches Programm, 31.1.2006, S. 16 ff.

[650] *Stiftung Marktwirtschaft*, Kommission „Steuergesetzbuch", Steuerpolitisches Programm, 31.1.2006, S. 40 ff.

[651] Die Kommunale Unternehmensteuer ist ein Element eines Vier-Säulen-Modells, welches die Gewerbesteuer ersetzen soll.

[652] Vgl. *Johanna Hey*, Unternehmenssteuerreform 2008 - Die Vorschläge der Kommission Steuergesetzbuch der Stiftung Marktwirtschaft für eine wettbewerbsfähige Unternehmensstruktur, StuB 2006, S. 267 (269).

[653] *Norbert Herzig*, Reform der Unternehmensbesteuerung - Zwischenbericht zum Konzept der Stiftung Marktwirtschaft, DB 2006, S. 1 (3).

tigen Unternehmen auch Personenhandelsgesellschaften. Übrige Außengesellschaften und ähnliche Gemeinschaften sowie Einzelunternehmer werden ebenfalls mit einbezogen, sofern sie unternehmerische Einkünfte im Sinne des Einkommensteuergesetzes erzielen.[654] Umfaßt von dieser neuen Einkunftsart sind die bisherigen Einkünfte aus Land- und Forstwirtschaft, Gewerbebetrieb und selbständiger Arbeit. Durch diesen sehr weiten Unternehmensbegriff sollen zum einen die bisherigen Abgrenzungsprobleme der unterschieldichen Einkunftsarten vermieden und zum anderen eine breite Bemessungsgrundlage für die kommunale Unternehmenssteuer gewährleistet werden, um die Finanzierung der Kommunen sicherzustellen. Nicht zu den unternehmerischen Einkünften zählen Einkünfte aus reiner Vermietungstätigkeit sowie Einkünfte aus nichtselbständiger Tätigkeit.

Einhergehend mit der Ausweitung der Steuersubjekte gilt für diese einheitlich das Trennungsprinzip, also die strikte Differenzierung zwischen Unternehmens- und Unternehmerebene. Die Allgemeine Unternehmenssteuer ist somit kein in sich neues System, sondern eher eine Fortentwicklung des bisherigen Körperschaftsteuerrechts.[655] Nach dem Modell der Stiftung Marktwirtschaft sollen Unternehmen unabhängig ihrer Rechtsform niedrig proportional (zwischen 25 und 30 %) besteuert werden. Wie nach bisherigem Recht bei der Besteuerung von Kapitalgesellschaften mindern grundsätzlich Ausschüttungen und Entnahmen den unternehmenssteuerpflichtigen Gewinn nicht. Verläßt der mit Unternehmenssteuer vorbelastete Gewinn die Unternehmensebene, wird der ausgeschüttete Betrag auf Unternehmerseite nachbelastet. Durch die Nachbelastung soll die Gleichbehandlung der unterschiedlichen Einkunftsarten im Einkommensteuerrecht sichergestellt werden. Hier besteht auch der wesentliche Unterschied zur dualen Einkommensteuer, die eine solche Nachbelastung im Falle der Ausschüttung zu Konsumzwecken nicht vorsieht.

Um die durch die Nachbelastung entstehende wirtschaftliche Doppelbelastung mit Allgemeiner und Kommunaler Unternehmenssteuer und Einkommensteuer zu vermeiden, sieht der Entwurf ein Shareholder-Relief-Verfahren vor. Hierfür wird auf das bestehende Halbeinkünfteverfahren zurückgegriffen und zum sogenannten Teileinnahmeverfahren weiterentwickelt. Die Gesamtbelastung soll maximal 42 % betragen, also dem Einkommensteuerspitzensatz entsprechen.[656] Anders als nach dem bisherigen Halbeinkünfteverfahren, in dem die anfallende Gewerbesteuer in dem Belastungsvergleich nicht berücksichtigt wird, wird im Teileinnahmeverfahren die kommunale Steuer voll berücksichtigt und so eine effektive Mehrbelastung unternehmerischer Einkünfte gegenüber den anderen Einkunftsarten vermieden. Dadurch soll sich das Interesse an verdeckten Gewinnausschüttungen reduzieren. Dies trifft zumindest für den Fall zu, in dem beispielsweise die Geschäftsführergehälter den Einkommensteuerspitzensatz erreichen. Einen wesentlichen systematischen Unterschied enthält das Teileinnahmeverfahren gegenüber dem Halbeinkünfteverfahren

[654] *Norbert Herzig*, Reform der Unternehmensbesteuerung - Konzept der Stiftung Marktwirtschaft, Wirtschaftsdienst 2006, S. 151 (153 f.).

[655] *Stiftung Marktwirtschaft*, Kommission „Steuergesetzbuch", Steuerpolitisches Programm, 31.1.2006, S. 19.

[656] *Stiftung Marktwirtschaft*, Kommission „Steuergesetzbuch", Steuerpolitisches Programm, 31.1.2006, S. 4.

bezüglich der Geltendmachung von Aufwendungen. Diese können entgegen der bisherigen Regelung[657] in voller Höhe geltend gemacht werden.

Um allerdings eine Gleichbehandlung der unterschiedlichen Einkunftsarten nicht nur hinsichtlich des Spitzensteuersatzes, sondern auch innerhalb des Progressionsbereichs zu gewährleisten, enthält der Entwurf verschiedene Sonderregelungen. Zunächst sollen Entnahmen von unmittelbar am Unternehmen beteiligten Gesellschaftern bis zu einer Höhe von 120.000 Euro transparent besteuert werden (transparente Entnahme). Diese Entnahme mindert den unternehmersteuerpflichtigen Gewinn und wird nur nach dem persönlichen progressiven Einkommensteuersatz des Gesellschafters besteuert. Durch diese Ausnahmeregelung soll das Existenzminimum von Gesellschaftern ertragsschwächerer Unternehmen gesichert und eine eventuelle Überbesteuerung vermieden werden. Letztendlich dient diese Ausnahmevorschrift der Gewährleistung des subjektiven Nettoprinzips und somit der konsequenten Umsetzung des Grundsatzes der Besteuerung nach der wirtschafltichen Leistungsfähigkeit. Deshalb kann die Summe pro Person bei Beteiligung an mehreren Unternehmen auch nur einmal geltend gemacht werden. Weiterhin ist die Abzugsfähigkeit begrenzt auf den Gewinnanteil des Gesellschafters.

Ferner wird das Konzept der Allgemeinen Unternehmenssteuer durch eine Kleinunternehmerregelung modifiziert. Nach dieser Regelung soll für Personengesellschaften und Einzelunternehmer auf Antrag eine Optionsmöglichkeit bestehen, weiterhin nach dem Einkommensteuerrecht transparent besteuert zu werden. Dieses Wahlrecht gilt bis zu einer Gewinnschwelle von 120.000 Euro und ist somit an die Entnahmeregelung angepaßt. Um jährliche Gewinnschwankungen auszugleichen, wird auf einen Drei-Jahres-Zeitraum abgestellt. Überschreitet das Unternehmen anhaltend, also über einen Zeitraum von drei Jahren, die Schwelle von 120.000 Euro, so fällt es obligatorisch unter die Unternehmenssteuer. Diese Regelung ist somit insbesondere für kleinere und mittlere Unternehmen gedacht, die diese Gewinnschwelle nicht überschreiten und für die auch im Falle der Thesaurierung die proportionale Unternehmersteuer gegenüber dem progressiven Einkommensteuertarif ungünstiger wäre. Im Prinzip werden also Personengesellschaften und Einzelunternehmer mit einem Gewinn unter 120.000 Euro wie nach der jetzigen Regelung transparent besteuert. Die Gewinne des Unternehmens werden unmittelbar den Gesellschaftern zugerechnet, ohne daß es auf die jeweilige Gewinnverwendung ankommt. Diese Sonderregelung gilt nur für Personengesellschaften und Einzelunternehmer, nicht hingegen für Kapitalgesellschaften.

Eine umfassende Neuordnung des Unternehmenssteuerrechts setzt nach Ansicht der Kommission zwingend eine Neuordnung der Kommunalfinanzen (Modul II) voraus. Die Gewerbesteuer ist erheblicher Kritik ausgesetzt. Wie bereits gesehen, dient die Gewerbesteueuer derzeit im Unternehmenssteuerrecht über die Gewerbesteueranrechnung nach § 35 EStG als Ausgleich der bestehenden Steuersatzspreizung zwischen Einkommensteuerspitzensatz und Körperschaftsteuersatz. Diese Ausgleichfunktion ist aber nicht der Grund für die bestehende Kritik, da bei Einführung einer allgemeinen Unternehmenssteuer (Modul I) mit einem einheitlichen Unterneh-

[657] Vgl. § 3c Abs. 2 EStG.

menstarif die Notwendigkeit einer solchen Regelung entfiele. Die Reformbedürftigkeit der Gewerbesteuer ergibt sich unter zwei anderen Gesichtspunkten, zum einen in haushaltspolitischer Hinsicht und zum anderen in verfassungsrechtlicher Hinsicht.[658] In haushaltspolitischer Hinsicht stellt sich das Problem, daß die Höhe der Gewerbesteuereinnahmen stark von konjunkturellen Schwankungen abhängig ist und sich eine „dramatische Finanznot der Kommunen" abzeichnet.[659] In verfassungsrechtlicher Hinsicht ist die Gewerbesteuer aufgrund ihres Charakters als „Sondersteuer" dem Vorwurf der Verfassungswidrigkeit wegen Verstoßes gegen den allgemeinen Gleichheitssatz ausgesetzt.[660] Den Charakter als „Sondersteuer" erhält die Gewerbesteuer unter zwei Aspekten. Erstens werden gewerbliche Einkünfte im Unterschied zu Einkünften aus freier Berufstätigkeit zusätzlich zur Einkommensteuer mit Gewerbesteuer belastet. Zweitens werden aufgrund der bestehenden Freibeträge und die Meßzahlenstaffelung des § 11 GewStG letztendlich nur ertragsstarke Personenunternehmen und Kapitalgesellschaften von der Gewerbesteuer erfaßt.

Die Kommission favorisiert zur Neuordnung der Kommunalfinanzen eine so genannte Vier-Säulen-Lösung, um die verfassungsrechtlich verankerte Selbstverwaltungsgarantie der Kommunen nicht zu verletzen.[661] Nach dem Vier-Säulen-Modell soll die Gewerbesteuer durch vier eigenständige, in sich abgeschlossene Säulen ersetzt werden. Das Modell sieht im einzelnen eine modernisierte aufkommensneutrale Grundsteuer, eine Bürgersteuer mit Hebesatzrecht, die den bisherigen Anteil der Kommunen an der Einkommensteuer ersetzt, eine kommunale Unternehmensteuer mit Hebesatzrecht, die an der allgemeinen Unternehmensteuer ansetzt und einen engen Bezug zwischen Kommune und ortsansässiger Wirtschaft herstellt, und eine Beteiligung am Lohnsteueraufkommen nach dem Betriebsstättenprinzip vor.

2. Bewertung

Das Modell „Steuergesetzbuch" ähnelt in seiner Regelungsstruktur dem Betriebsteuerkonzept mit weitem Anwendungsbereich. Die Integration der Besteuerung von Personengesellschaften in das Körperschaftsteuerrecht hätte zumindest vordergründig eine weitgehende Steuervereinfachung zur Folge, da die komplizierten steuerlichen Regelungen für Personengesellschaften weitgehend entfielen.[662] Bereits heute ist das Körperschaftsteuerrecht zumindest einen kleinen Schritt hin zu einer gemeinsamen Unternehmensbesteuerung gegangen, indem es insbesondere in § 1 Abs. 1

---

[658] Zu verfassungsrechtlichen Bedenken schon früh *Rudolf Wendt*, Zur Vereinbarkeit der Gewerbesteuer mit dem Gleichheitssatz und dem Prinzip der Besteuerung nach der Leistungsfähigkeit, BB 1987, S. 1257 ff.

[659] So z.B. *Christian Ude*, Oberbürgermeister der Stadt München, in der SZ vom 06.08.2003, S. 41, in einem Interview zu den Beschlüssen der rot-grünen Koalition zur Gemeindefinanzreform.

[660] *Wolfgang Ritter*, Konzept einer kommunalen Einkommen- und Gewinnsteuer, in: Festschrift für Heinrich Wilhelm Kruse zum 70. Geburtstag, Walter Drenseck/ Roman Seer (Hrsg.), 2001, S. 457 ff.; *Helmut Schnädter*, Ist die Beschränkung der Gewerbesteuerpflicht auf die Gewerbetreibenden verfassungsgemäß?, KStZ 1986, S. 141 ff.; *Rudolf Wendt*, Zur Vereinbarkeit der Gewerbesteuer mit dem Gleichheitssatz und dem Prinzip der Besteuerung nach der Leistungsfähigkeit, BB 1987, S. 1257 (1259).

[661] Vgl. hierzu *Norbert Herzig*, Reform der Unternehmensbesteuerung - Konzept der Stiftung Marktwirtschaft, in: Wirtschaftsdienst 2006, S. 151 (152 f.).

[662] So auch *Volker Lietmeyer/Oliver Petzold*, Bedingungen und Ziele für eine Reform der Unternehmensbesteuerung, Wirtschaftsdienst 2005, S. 590 (594).

Nr. 5 KStG Organismen zu selbständigen Steuersubjekten der Körperschaftsteuer macht, die privatrechtlich keine juristischen Personen sind.

Somit verabschiedet sich Kommission „Steuergesetzbuch" mit ihrem Konzept scheinbar von dem bisher geltenden Dualismus der Unternehmensbesteuerung. Dennoch leidet der Entwurf an erheblichen Schwachstellen, die dieses Ergebnis relativieren.

Primäre Schwachstellen des Systems sind die Entnahme- und Kleinunternehmerregelungen. Da etwa 80 % der Personengesellschaften mit Gewinnen von weniger als 120.000 Euro unter die Ausnahmeregelung fallen, wird diese Ausnahme wiederum zur Regel.[663] Der Dualismus der Unternehmensbesteuerung ist somit nur im theoretischen Konzept beseitigt. In der Realität bleibt er aber aufgrund dieser Regelungen weiter bestehen. Zwar sind diese Regelungen dringend erforderlich, um eine gleichheitsgerechte, am Gebot der wirtschaftlichen Leistungsfähigkeit ausgerichtete Steuererhebung zu verwirklichen. Gleichfalls führen die Ausnahmeregelungen zu einer erheblichen Verkomplizierung und einer Durchbrechung des Gebots der Rechtsformneutralität, da Kapitalgesellschaften nicht die Möglichkeit zur Option eröffnet wird.[664] Eine solche Optionsmöglichkeit erscheint unter dem Gebot der Leistungsfähigkeit allerdings auch nicht als sinnvoll, da Gesellschaftern einer Kapitalgesellschaft wegen ihrer beschränkten Haftung kein Verlustausgleich mit anderen Einkünften im Rahmen der Einkommensteuer möglich sein soll. Dies wäre nur mit weiteren komplizierten Sonderregelungen möglich. Außerdem darf innerhalb dieser Betrachtung -wie der Entwurf auch selber zum Ausdruck bringt- nicht das internationale Steuerrecht außer acht gelassen werden. Eine transparente Besteuerung von Körperschaften wäre nämlich mit erheblichen doppelbesteuerungsrechtlichen Problemen verbunden. Diese müssten zuerst durch Nachverhandlungen gelöst werden.

Weiterhin führt das Konzept zu einer ungerechtfertigten Privilegierung Gewerbetreibender und selbstständig Tätiger. Während diese ihre nicht für den privaten Konsum benötigten Einkünfte thesaurieren können und diese Einkünfte einer geringen Steuer unterliegen, kann der Arbeitnehmer nur aus höher versteuertem Einkommen sparen. Das Argument, die geringere Thesaurierungsbelastung sei mit der Investitionsförderung zur Stärkung der Wettbewerbsfähigkeit deutscher Unternehmen zu rechtfertigen, vermag indes nicht zu überzeugen, da die Einkünfte unabhängig davon privilegiert werden, ob sie reinvestiert oder gespart werden.[665] Das Modell ist somit der gleichen Kritik ausgesetzt, wie die eingangs erörterten Betriebsteuermodelle.

Innerhalb des Modells der Stiftung Marktwirtschaft spiegelt sich das immanente Problem der Unternehmensbesteuerung sehr deutlich wider. Versucht man das Gebot der Rechtsformneutralität durch Abschaffung des Dualismus der Unternehmensbe-

---

[663] *Constanze Hacke*, Unternehmenssteuerreform auf dem Prüfstand, in: Consultant - Steuern, Wirtschaft, Finanzen, Heft: 1-2/2004, S. 24 (24); *Stefan Homburg*, Die Steuerreformvorschläge der Stiftung Marktwirtschaft, BB 2005, S. 2382 (2386).

[664] Zu diesem Gesichtspunkt *Johanna Hey*, Unternehmenssteuerreform 2008 - Die Vorschläge der Kommission Steuergesetzbuch der Stiftung Marktwirtschaft für eine wettbewerbsfähige Unternehmensstruktur, StuB 2006, S. 267 (269).

[665] Zu diesem Vorwurf vgl. die Kritik zur Betriebsteuer.

steuerung unter gleichzeitiger Beibehaltung des derzeitigen Einkommensbegriffs zu verwirklichen, sind bereits im Grundkonzept vielfach Ausnahmeregelungen erforderlich, um eine für alle Gruppen „gleichheitsgerechte" Besteuerung zu verwirklichen. Diese Ausnahmeregelungen führen jedoch ihrerseits wieder zu vielfältigen Ungleichbehandlungen und kehren den vermeintlichen Systemwechsel wieder um. Der Entwurf der Stiftung Marktwirtschaft ist zwar ein Schritt in die richtige Richtung, vermag allerdings bei genauerer Betrachtung nicht zu überzeugen, da er nur vordergründig die bisherigen Abgrenzugsschwierigkeiten und Ungleichbehandlungen der Rechtsformen untereinander beseitigt.

V. Entwurf einer proportionalen Netto-Einkommenssteuer

Den inhaltlich radikalsten Vorschlag von seiten der Wissenschaft macht *Michael Elikker* mit seinem Entwurf einer proportionalen Netto-Einkommenssteuer.[666] *Elicker* erhielt für seinen Radikalvorschlag zur Reform des Einkommensteuerrechts im Rahmen eines von der Humanistischen Stiftung (Frankfurt) ausgeschriebenen Wettbewerbs den zweiten Preis.

Vordergründig befaßt sich der Entwurf *Elickers* zwar nur mit einer umfassenden Einkommensteuerreform, er enthält aber gleichfalls ein geschlossenes System für ein neues Unternehmenssteuersystem. *Elicker* plädiert nämlich in seinem Entwurf für eine einheitliche Ertragsteuer, innerhalb derer das Körperschaftsteuergesetz vollständig abgeschafft wird. Der Dualismus von Einkommensteuer und Körperschaftsteuer würde somit entfallen.

1. Regelungsstruktur

Auffällig ist der Reformvorschlag insbesondere wegen seiner Kürze. Der Entwurf enthält nur 21 Paragraphen. Unabhängig von der Kürze unterscheidet sich der Entwurf *Elickers* insbesondere im dogmatischen Ansatz von den sonstigen Entwürfen. Der Entwurf sieht einen ganz neuen Einkommensbegriff vor, durch welche eine Konsumeinkommensteuer verwirklicht wird. Regelungen zu dem von *Elicker* vertretenen Einkommensbegriff enthält § 2 E-EStG. Nach § 2 Abs. 1 Satz 1 E-EStG ist das Einkommen definiert als der Unterschiedsbetrag zwischen dem Wert der im Veranlagungszeitraum erfolgten Entnahmen und dem Wert der im Veranlagungszeitraum erfolgten Einlagen. Entnahmen sind die Güter in Geld oder Geldeswert, die aus dem Erwerbsvermögen in das Privatvermögen des Steuerpflichtigen übergehen. Einlagen sind die Güter, die aus dem Privatvermögen in das Erwerbsvermögen übergehen.[667] Die Differenzierung zwischen Erwerbs- und Privatsphäre erfolgt durch § 2 Abs. 2 E-EStG.

Die neue Bemessungsgrundlage ergibt sich somit aus dem Wert der Güter in Geld oder Geldeswert, die aus dem Erwerbsvermögen in das Privatvermögen entnommen werden, abzüglich aller Ausgaben für Investitionen, gleichgültig ob diese abnutzbare oder nicht abnutzbare Wirtschaftsgüter (z.B. Finanzanlagen, auch Sparkonten) be-

---

[666] *Michael Elicker*, Entwurf einer proportionalen Netto- Einkommensteuer, 2004, zitiert: E-EStG.
[667] Die Begriffe Einlage und Entnahme dürfen nicht mit denen des geltenden Einkommensteuergesetzes gleichgesetzt werden, sondern gehen in ihrer Bedeutung weit darüber hinaus.

treffen. Das heißt, Gelder aus Erwerbsvermögen, die reinvestiert werden, unterliegen nicht dem Steuerzugriff. Dieser neue Einkommensbegriff hat demnach zur Folge, daß Einkünfte nur auf privater Ebene besteuert werden. Im Gegensatz zur traditionellen Einkommensteuer, die die Besteuerung bereits im Zeitpunkt des Vermögenszugangs ansetzt, besteuert die Netto-Einkommensteuer erst in dem Zeitpunkt der privaten Einkommensverwendung. Sämtliche Einkünfte, die in das Erwerbsvermögen fließen, bleiben steuerfrei, solange sie nicht ins Privatvermögen überführt werden. Demnach handelt es sich bei *Elickers* Modell um eine investitionsbereinigte, gleichmäßig „nachgelagerte"[668] Besteuerung und somit um eine besondere Ausformung eines rein konsumorientierten Einkommensteuermodells, welches sämtliche Investitionstätigkeit steuerfrei stellt.

2. Bewertung

Der Entwurf einer proportionalen Netto-Einkommensteuer stellt eine vollständige Abkehr vom bisherigen Steuersystem dar. Neben der Abschaffung des Dualismus der Unternehmensbesteuerung soll ein neuer Einkommensbegriff wie auch ein proportionaler Steuertarif[669] eingeführt werden. Zwar bricht der Entwurf mit vielen bisherigen Grundstrukturen des geltenden Steuerrechts. Dennoch setzt er konsequent die oben dargestellten Anforderungen an ein mit dem allgemeinen Gleichheitssatz im Einklang stehendes System um.

Zunächst verwirklicht der Entwurf die verfassungsrechtlich geforderte Rechtsformneutralität. Solange ein Unternehmen seine Gewinne auf der Unternehmensebene beläßt, werden die Gewinne nicht versteuert. Erst wenn die Gewinne der Privatsphäre des Gesellschafters zufließen, erfolgt eine Besteuerung im Rahmen der Einkommensteuer. Aufgrund des vollständigen Wegfalls der Besteuerung auf der Unternehmensebene entfällt auch das vielseits beklagte Problem der Doppelbelastung von Unternehmensgewinnen und dessen Berücksichtigung im Rahmen der Einkommensteuer. Auf diesem Weg werden die Gewinne sowohl auf Unternehmensebene als auch auf Unternehmerebene einheitlich und unabhängig von der Rechtsform belastet.

Des weiteren verstößt der Entwurf nicht gegen das Gleichbehandlungsgebot mit anderen Einkunftsarten im Rahmen der Einkommensteuer. Aufgrund der umfassenden Konsumorientierung ist es auch Arbeitnehmern möglich, ihre Gewinne steuerfrei zu sparen.[670] Erst im Falle der Überführung zum privaten Konsum werden diese der Einkommensteuer unterworfen. Auch das Problem der Verlustberücksichtigung bei Personengesellschaften und Einzelunternehmern ist behoben, da jeder Gesellschafter nur mit den Gewinnen der Einkommensteuer unterliegt, die er für den privaten Konsum entnimmt. Solange der Gesellschafter seine Gewinne jedoch an anderer Stelle investiert, wie beispielsweise zum Ausgleich von Verlusten im Unternehmen, unterliegen diese nicht der Einkommensteuer, unabhängig davon, aus welcher „Einkunftsart" sie entstammen.

---

[668] *Christoph Gröpl*, Intertemporale Korrespondenz und konsumorientierte Betrachtungsweise im System des geltenden Einkommensteuerrechts, FR 2001, S. 568 (569 ff.).
[669] *Michael Elicker*, Entwurf einer proportionalen Netto- Einkommensteuer, 2004, S. 266 ff.
[670] Vgl. *Joachim Lang*, in: Klaus Tipke/Joachim Lang, Steuerrecht, 18. Aufl., 2005, § 4 Rn. 120.

Elickers Entwurf gewährleistet somit eine umfassende Rechtsformneutralität, ohne im übrigen gegen den allgemeinen Gleichheitssatz zu verstoßen oder sich sonstiger Ausnahmetatbestände, wie beispielsweise Optionsmöglichkeiten, bedienen zu müssen.

VI. Gesetz zur Unternehmenssteuerreform 2008

Wie die bisherigen Darstellungen zeigen, sind von seiten der Wissenschaft zahlreiche und auch sehr unterschiedliche Reformmodelle für ein neues Unternehmenssteuerrecht entwickelt worden. Neben der Wissenschaft beschäftigt sich derzeit auch die Politik intensiv mit diesem Thema. Bis Februar 2007 waren allerdings nur allgemeine Rahmenvorstellungen veröffentlicht worden,[671] obwohl die Unternehmenssteuerreform bereits Januar 2008 in Kraft tritt. Am 2. Februar 2007 hat das Bundesfinanzministerium den Referentenentwurf zur Unternehmenssteuerreform 2008 veröffentlicht,[672] welcher am 25. Mai 2007 vom Bundestag beschlossen wurde und dem der Bundesrat am 6. Juli 2007 zugestimmt hat.

1. Regelungsstruktur

In seinem ersten Entwurf[673] hatte das Bundeskabinett nur konkrete Vorschläge hinsichtlich der Besteuerung für Kapitalgesellschaften und ihrer Gesellschafter gemacht. Die Verlautbarungen zur Besteuerung von Personengesellschaften waren in diesem Entwurf noch sehr unpräzise. Das nun beschlossene Gesetz enthält auch konkrete Regelungen bezüglich der steuerlichen Behandlung von Personengesellschaften.

Zunächst wird durch das Gesetz der Körperschaftsteuersatz von derzeit 25 % auf 15 % gesenkt. Weiterhin wird die Gewerbesteuer von derzeit 5 % auf 3,5 % des Gewerbeertrags reduziert und im Gegenzug fällt der Betriebsausgabenabzug der Gewerbesteuer weg. Diese Änderungen führen unter Einbezug des Solidaritätszuschlags bei einem Gewerbesteuerhebesatz von 400 % zu einer Gesamtsteuerbelastung von Kapitalgesellschaften von knapp unter 30 %. Auf der Ebene des Gesellschafters erfolgen ebenfalls einschneidende Änderungen. Im Jahr 2008 kommt weiterhin das Halbeinkünfteverfahren in seiner derzeitigen Regelungsstruktur zur Anwendung. Ab dem Jahr 2009 wird das Halbeinkünfteverfahren abgeschafft. In Zukunft ist bei Dividenden steuerlich danach zu differenzieren, ob sich diese im Privatvermögen oder im Betriebsvermögen des Gesellschafters befinden. Dividenden, die aus im Privatvermögen gehaltenen Anteilen resultieren, unterliegen einem Abgeltungssteuersatz von 25 %. Um eine überproportional hohe Besteuerung von Steuerpflichtigen mit niedrigem Einkommen zu vermeiden, wird ein Veranlagungswahlrecht eingeführt. Danach kann der Steuerpflichtige entscheiden, daß die Erträge mit seinem persönlichen Steuersatz versteuert werden. Werbungskosten werden in Zukunft grundsätzlich nicht mehr berücksichtigt. Resultieren die Dividenden hingegen aus im Betriebsvermögen gehaltenen Anteilen, so werden diese in Zukunft nur noch zu 40 % von der Steuer freigestellt. Die übrigen 60 % unterliegen dem jeweiligen Steuersatz des Gesellschafters der Einkommensteuer. Werbungskosten können zu 60 %

---

[671] Pressemitteilung Nr. 88/2006 des *Bundesministerium der Finanzen* vom 12. Juli 2006.
[672] http://www.bundefinanzministerium.de/lang_de/DE/Aktuelles/Aktuelle_Gesetze/Referentenentwurfe/002_a.templateId=raw,property=publicationFile.pdf.
[673] Pressemitteilung Nr. 88/2006 des BMF vom 12. Juli 2006.

steuermindernd geltend gemacht werden. Somit wird das derzeitige Halbeinkünfteverfahren durch ein Teilanrechnungsverfahren ersetzt.

Um eine einseitige Entlastung von Kapitalgesellschaften zu vermeiden, enthält das beschlossene Gesetz auch neue Regelungen bezüglich der Besteuerung von Personengesellschaften. Bei Einkünften aus Gewerbebetrieb, Land- und Forstwirtschaft sowie aus selbständiger Arbeit ist es in Zuklunft auf Antrag möglich, diese im Fall der Thesaurierung mit einem ermäßigten Steuersatz in Höhe von 28,5 % zzgl. Solidaritätszuschlag zu besteuern (sog. Thesaurierungsrücklage).[674] Auf diese Weise soll die ursprünglich geforderte Belastungsneutralität zwischen Personenunternehmen und Kapitalgesellschaften hergestellt werden. Der Antrag auf Steuervergünstigung ist in jedem Veranlagungsjahr zu stellen. Das beschlossene Gesetz enthält somit ein Wahlrecht zur Begünstigung nicht entnommener Gewinne. Bei Vorliegen der Tatbestandsvoraussetzungen und Ausübung der Option wird der Gesellschafter einer Personengesellschaft ähnlich einer Kapitalgesellschaft behandelt. Im Fall der Entnahme erfolgt entsprechend der Besteuerung von Dividenden bei Kapitalgesellschaften eine nochmalige Besteuerung auf Ebene des jeweiligen Gesellschafters. Weiterhin wird im Rahmen der Gewerbesteuer der Gewerbesteueranrechnungsfaktor von 1,8 auf 3,8 erhöht, um eine vollständige Entlastung von Personenunternehmen hinsichtlich der Gewerbesteuerbelaastung zu erreichen. Im Gegenzug ist die Gewerbesteuer nicht mehr als Betriebsausgabe abziehbar. Der bisherige Staffeltarif für Einzelunternehmen und Personengesellschaften entfällt ebenfalls. Weiterhin wird die Bemessungsgrundlage der Gewerbesteuer erweitert.[675]

Um die aus den Steuersatzsenkungen resultierenden Einnahmeausfälle zu kompensieren, sollen verschiedene Vorschriften eingeführt werden. Zum einen soll die Gegenfinanzierung durch Regelungen erreicht werden, die die Minderung der Bemessungsgrundlage durch steuerliche Gestaltungsmöglichkeiten verhindern sollen.[676] Zum anderen werden mehrere steuerverschärfende Hinzurechnungsvorschriften im Rahmen der Bemessungsgrundlage der Körperschaftsteuer und Gewerbesteuer eingeführt.[677]

2. Bewertung

Vorab ist festzuhalten, daß das beschlossene Gesetz in keinster Weise geeignet ist, das anfangs formulierte Ziel der Rechtsformneutralität zu verwirklichen. Der Gesetzgeber hält in seinem beschlossenen Gesetz am Dualismus der Unternehmensbesteuerung weiter fest, ohne wesentliche systematische Änderungen am derzeitigen System vorzunehmen. Doch bei diesem Befund bleibt es nicht. Die bisherigen Systemschwächen werden durch die beschlossene Reform nicht nur aufrechterhalten, sondern noch weiter verstärkt.

---

[674] So § 34a EStG-E; vgl. Begründung zu § 34a EStG-E, Allgemeine Grundsätze, Entwurf eines Unternehmenssteuerreformgesetzes 2008.

[675] So ist beispielsweise eine Hinzurechnung in Höhe von 25 % der Entgelte für alle Schulden geplant, die mit dem Gewerbebetrieb wirtschaftlich in Zusammenhang stehen, soweit diese Entgelte bei der Ermittlung des Gewinns abgezogen worden sind.

[676] So ist beispielsweise im Rahmen der Gewerbesteuer eine hälftige Hinzurechnung langfristiger Kapitalzinsen und bei der Körperschaftsteuer geplant.

[677] Beispielsweise die vollständige Hinzurechnung von lang- und kurzfristigen Fremdkapitalzinsen.

Diese Feststellung läßt sich zunächst anhand der Änderungen zur Gewerbesteuer belegen. Die Gewerbesteuer ist - wie bereits oben erläutert - seit längerer Zeit unter mehreren Gesichtspunkten verfassungsrechtlicher und steuersystematischer Kritik ausgesetzt.[678] Die Erreichung eines verzerrungsfreien und damit rechtsformneutralen Systems der Unternehmensbesteuerung ist nur mit einer grundlegenden Umgestaltung der Gewerbesteuer möglich. Anstatt die Gewerbesteuer in seiner derzeitigen Regelungsstruktur zu ersetzen, verstärkt der Gesetzgeber ihre Bedeutung im Unternehmenssteuerrecht durch die erhöhte Anrechnungsmöglichkeit der Gewerbesteuer für Personenunternehmen noch weiter.

Doch die bisherigen Systemschwächen werden nicht nur in quantitativer, sondern auch in qualitativer Hinsicht intensiviert. Probleme bereiten insbesondere die vorgesehene Optionsmöglichkeit, wie auch die für das Jahr 2009 geplante Abgeltungssteuer. Mit der Einführung einer Optionsmöglichkeit verspricht sich der Gesetzgeber, Belastungsneutralität zwischen Personengesellschaften und Kapitalgesellschaften zu verwirklichen.[679] Die Einführung einer solchen Optionsmöglichkeit ist, wie bereits gesehen, keine neue Idee.[680] Überraschend ist nur, daß der Gesetzgeber eine Optionsmöglichkeit in dem Gesetz vorsieht, obwohl eine vergleichbare Regelung bei der letzten Unternehmenssteuerreform im Gesetzgebungsverfahren aus sowohl praktischen wie auch verfassungsrechtlichen Gründen[681] abgelehnt wurde. Unabhängig von der Vorzugswürdigkeit einer Optionsmöglichkeit im Steuerrecht,[682] ist die geplante Thesaurierungsbegünstigung von Personenunternehmen aufgrund ihrer konkreten Ausgestaltung nicht geeignet, das Gebot der Rechtsformneutralität zu verwirklichen. Durch die Thesaurierungsbegünstigung für Personenunternehmen wird ausschließlich eine annähernde Gleichbehandlung von Personenunternehmen und Kapitalgesellschaften hinsichtlich des nicht entnommenen beziehungsweise begünstigten Teils des Gewinns erreicht. Dies gilt allerdings nur in dem Fall, daß der Steuerpflichtige auch tatsächlich einen Antrag auf Begünstigung gestellt hat. Einen solchen Antrag

---

[678] So bereits *Rudolf Wendt*, Zur Vereinbarkeit der Gewerbesteuer mit dem Gleichheitssatz und dem Prinzip der Besteuerung nach der Leistungsfähigkeit, BB 1987, S. 1257 ff.; außerdem *Joachim Lang*, Prinzipien und Systeme der Besteuerung von Einkommen, in: Besteuerung von Einkommen, hrsg. von Iris Ebling, DStJG 24 (2001), S. 49 (124); *Wolfgang Ritter*, Konzept einer kommunalen Einkommen- und Gewinnsteuer, in: Festschrift für Heinrich Wilhelm Kruse zum 70. Geburtstag, Walter Drenseck/ Roman Seer (Hrsg.), 2001, S. 457 ff.; *Helmut Schnädter*, Ist die Beschränkung der Gewerbesteuerpflicht auf die Gewerbetreibenden verfassungsgemäß?, KStZ 1986, S. 141 ff.

[679] So *Hans-Jochen Kleineidam/Daniel Liebchen*, Die Mär von der Steuerentlastung durch die Unternehmensteuerreform 2008, DB 2007, S. 409 (409).

[680] Bereits damals *Enno Becker/ Max Lion*, Ist es erwünscht, das Einkommen aus Gewerbebetrieb nach gleichmäßigen Grundsätzen zu besteuern, ohne Rücksicht auf die Rechtsform, in der das Gewerbe betrieben wird?, Referate 33. DJT, 1925, S. 461 f., 487; bezüglich eines aktuellen Entwurfs für eine Optionsmöglichkeit *Wissenschaftlicher Beirat des Fachbereichs Steuern bei Ernst & Young AG*, BB 2005, S. 1653 ff.

[681] Als Modell 1 von der Brühler Kommmission bezeichnet; zu den Modellen im einzelnen vgl. *Bundesministerium der Finanzen*, Brühler Empfehlungen zur Reform der Unternehmensbesteuerung, Bericht der Kommission zur Reform der Unternehmensbesteuerung, BMF Schriftenreihe, Heft 66, 1999, S. 72 ff.; zu den Gründen des Scheiterns einer solchen Optionsmöglichkeit vgl. *Detlef Haritz/Thomas Wisniewski*, Das Ende des Umwandlungsmodells, Erste Anmerkungen zu umwandlungssteuerlichen Aspekten der geplanten Unternehmenssteuerreform, GmbHR 2000, S. 161 (164).

[682] Vgl. zur Optionsmöglichkeit F. II. 1.

wird der Steuerpflichtige in der Regel nicht stellen, wenn er nur geringe Gewinne erzielt, so daß der Durchschnittsteuersatz der Einkommensteuer von 28,25 % nicht überschritten wird. Der übrige nicht begünstigte Gewinn von Personenunternehmen unterliegt wie bisher der progressiven Einkommensteuer, währenddessen sämtliche einbehaltene Gewinne einer Kapitalgesellschaft der tariflichen Gesamtbelastung von knapp 30 % unterliegen. Daraus ergeben sich in zahlreichen Fällen weitere Ungleichbehandlungen. Zu weiteren Ungleichbehandlungen kommt es im Falle der Ausschüttung. Die nicht begünstigten Gewinne von Personenunternehmen unterliegen der einmaligen Besteuerung im Rahmen der progressiven Einkommensteuer. Hingegen werden Gewinnausschüttungen von Kapitalgesellschaften ab 2009 zusätzlich mit 25 % Abgeltungssteuer belastet, so daß die Gesamtbelastung der Ausschüttungen einschließelich der Belastung auf Unternehmensebene circa 47 % beträgt. Die Durchschnittsbelastung der Entnahmen von Personenunternehmen dürfte in der Regel diese Grenze deutlich unterschreiten. Somit trägt die eingeräumte Optionsmöglichkeit nicht zur Herstellung von Belastungsneutralität bei, sondern verursacht vielmehr in Verbindung mit der neu eingeführten Abgeltungssteuer zahlreiche weitere Ungleichbehandlungen bei der Besteuerung von Unternehmen in unterschiedlicher Rechtsform.

Weiterhin erhält die Einkommensteuer durch die für 2009 eingeführte Abgeltungssteuer den Charakter einer dualen Einkommensteuer.[683] Zinsen, Dividenden und Veräußerungsgewinne unterliegen der proportionalen Abgeltungssteuer in Höhe von 25 %, wohingegen die übrigen Einkunftsarten weiterhin dem progressiven Einkommensteuertarif unterworfen werden.

Unter Zugrundelegung der bisherigen Ergebnisse bleibt festzuhalten, daß das Gebot der Rechtsformneutralität durch das beschlossene Gesetz zur Unternehmenssteuerreform 2008 in keinster Weise verwirklicht wird. Wie nach dem derzeitigen System wird durch verschiedene Ausgleichsmechanismen versucht, die unterschiedlichen Systeme der Besteuerung[684] in Ausgleich zu bringen. Solche Ausgleichsmechanismen können allerdings eine gleiche Besteuerung wegen ihrer Pauschalität immer nur in einem bestimmten Fall und auch nur bezüglich des Steuertarifs und nicht der Bemessungsgrundlage bewirken. Neben diesem Problem werden durch durch das beschlossene Gesetz weitere Regelungen eingeführt, die erheblichen verfassungsrechtlichen Bedenken unterliegen und bereits von ihrer Regelungsstruktur nicht geeignet sind, das erwünschte Ziel der Rechtsformneutralität zu verwirklichen. Aus all diesen Gründen ist von der beschlossenen Reform keine Verbesserung unter dem Gesichtspunkt des Gebots der Rechtsformneutralität zu erwarten, da sie viele Elemente enthält, die im Rahmen dieser Untersuchung abgelehnt wurden.[685]

---

[683] *Christoph Spengel/Timo Reister*, Die Pläne zur Unternehmenssteuerreform 2008 drohen ihre Ziele zu verfehlen, DB 2006, S. 1741 (1747).

[684] Gemeint sind das Transparenzprinzip und das Trennungsprinzip.

[685] Im Ergebnis ebenso *Hans-Jochen Kleineidam/Daniel Liebchen*, Die Mär von der Steuerentlastung durch die Unternehmensteuerreform 2008, DB 2007, S. 409 (412), die insbesondere auf die fehlende Entlastung bei den Personengesellschaften anhand von Steuerbelastungsrechnungen hinweisen.

VII. Fazit

Die Untersuchungen haben bewiesen, daß die von Seiten der Wissenschaft und der Politik entwickelten Reformentwürfe im wesentlichen nicht auf grundlegend neuen Ideen beruhen, sondern vielmehr aus den schon bereits seit langem auf dem Markt befindlichen Grundkonzepten entwickelt worden sind. Eine deutliche Ausnahme stellt insoweit lediglich der Entwurf einer proportionalen Netto-Einkommensteuer von *Michael Elicker* sowie der Karlsruher Entwurf von *Paul Kirchhof* dar, die einen ganz neuen Weg bestreiten.

Die im Rahmen der Prüfung des Gebots der Rechtsformneutralität gewonnen Ergebnisse haben sich anhand der Untersuchung der einzelnen Reformentwürfe bewahrheitet. Ein neues Steuersystem, welches sowohl das Gebot der Rechtsformneutralität verwirklicht als auch die Anforderungen der Grundrechte im übrigen beachtet, muß konsumorientiert ausgestaltet sein. Nur ein umfassend konsumorientiertes Steuersystem vermeidet die unzulässige Privilegierung von Unternehmensgewinnen im Falle der Thesaurierung gegenüber den sonstigen Einkunftsarten. Aus diesem Grund kommt meines Erachtens allein das Modell *Michael Elickers* in Betracht, welches nicht bereits im Grundmodell vielfältiger Ausnahmeregelungen bedarf, ohne verfassungsrechtlicher Kritik ausgesetzt zu sein.

H. Schlußbemerkungen

Die einleitende Aussage der Arbeit hat sich bewahrheitet. Die derzeitige Unternehmensbesteuerung stellt ein bloßes Steuerchaos ohne hinreichenden systematischen Hintergrund dar. Die angestellten Untersuchungen haben gezeigt, daß die auf dem Dualismus der Unternehmensbesteuerung beruhendenden rechtsformabhängigen Regelungen zu wirtschaftlich nicht nachvollziehbaren und rechtlich nicht zu rechtfertigenden Ungleichbehandlungen führen. Die bisherigen Steuerreformbemühungen haben insoweit keine strukturellen Verbesserungen bei der Besteuerung von Unternehmensgewinnen gebracht. Die bestehenden Systemwidrigkeiten im Rahmen der Gewerbesteuer und die derzeitige Steuersatzspreizung zwischen Personenunternehmen und Kapitalgesellschaften sind allenfalls „provisorisch" durch die Regelung des § 35 EStG gelöst worden.

Der primäre Grund für die Ungleichbehandlung liegt in der Anknüpfung einer steuerlichen Rechtsfolgendifferenzierung an die zivilrechtliche Einordnung der Rechtsform, obwohl diese kein geeigneter Indikator zur Bestimmung wirtschaftlicher Leistungsfähigkeit ist. Diese auf den unterschiedlichen Besteuerungskonzepten beruhenden Ungleichbehandlungen stellen sowohl in qualitativer als auch in quantitativer Hinsicht einen nicht zu rechtfertigenden Verstoß gegen Art. 3 Abs. 1 und 14 Abs. 1 GG dar. Die Untersuchungen haben gezeigt, daß das Gebot der Rechtsformneutralität nicht nur eine politische Forderung, sondern ein verfassungsrechtliches Gebot darstellt. Ausgangspunkt einer künftigen rechtsformneutralen Unternehmenssteuerreform muß das aus dem allgemeinen Gleichheitssatz abgeleitete Gebot der wirtschaftlichen Leistungsfähigkeit sein. Wie das Gebot der Besteuerung nach der wirtschaftlichen Leistungsfähigkeit als Fundamentalprinzip im Einkommensteuerrecht anerkannt ist, so muß es auch im Unternehmensbereich berücksichtigt werden.

Aus diesen Gründen ist der Gesetzgeber dazu aufgerufen, seine bisherige „Flickschusterei" aufzugeben und sich zu einer umfassenden Reform in den Bereichen der Einkommen-, Körperschaft- und Gewerbesteuer durchzuringen. Für das Unternehmenssteuerrecht ist ein konzeptionell geschlossener Gesamtentwurf erforderlich.[686] Bis heute jedenfalls ist die längst überfällige große Reform ausgeblieben. Statt dessen hat sich der Gesetzgeber in den letzten Jahren darauf beschränkt, neue Ausnahmetatbestände und Ausgleichsmechanismen in das geltende Unternehmenssteuerrecht einzuarbeiten, ohne an den Schwachstellen des Systems selbst anzusetzen.[687] Lange Zeit sah es so aus, als hätte der Gesetzgeber die Notwendigkeit einer „großen" Steuerreform eingesehen und deren Umsetzung stehe unmittelbar bevor. Mit den zum Jahresbeginn 2008 in Kraft tretenden gesetzlichen Regelungen bleibt der Gesetzgeber, wie so oft bei Unternehmenssteuer-„Reformen", weit hinter dem ursprünglich gefaßten Ziel zurück.[688] Auch diese Maßnahmen sind allenfalls geeignet, einen Teil der als untragbar erkannten Auswirkungen abzumildern. Die grundlegenden Mängel der Unternehmensbesteuerung bleiben allerdings weiter bestehen.

Aufgrund der vorliegenden Ergebnisse sollte der Gesetzgeber versuchen, die Angebote von seiten der Wissenschaft anzunehmen. Die bisherigen Bemühungen des Gesetzgebers, lediglich die Folgen der Systemmängel durch verschiedene Ausgleichsmechanismen abzumildern, haben keine wesentliche Verbesserung im Bereich des Unternehmenssteuerrechts gebracht. Der Gesetzgeber sollte sich daher zu einer umfassenden Reform aufgerufen fühlen, die an den bestehenden Systemmängeln selbst ansetzt. Meines Erachtens bietet sich für ein neues Unternehmenssteuerrecht das Modell einer proportionalen Netto-Einkommenssteuer von *Michael Elicker* als Grundkonzept für ein rechtsformneutrales und ansonsten mit der Verfassung im Einklang stehendes System an. Es wird natürlich nicht übersehen, daß der Entwurf *Elickers* weit ausgreift und sich von den bisherigen Grundlagen des Einkommensteuerrechts wie auch des Unternehmenssteuerrechts verabschiedet. Ein solch grundlegender Systemwandel stößt voraussichtlich auf erhebliche politische Widerstände. Trotz dieses Befunds und der bisher zahlreich gescheiterten Versuche des Gesetzgebers, ein rechtsformneutrales Steuersystem umzusetzen, bleibt dennoch die Hoffnung, daß der Gesetzgeber erkennt, daß nur durch eine umfassende und selbst am System ansetzende Reform ein ordnungspolitisch gewünschtes und verfassungsrechtlich zulässiges Steuersystem zu verwirklichen ist.

---

[686] Diese Forderung wurde bereits im Jahre 1881 in Sachsen gestellt: „Der Grundfehler unseres directen Steuerwesens liegt nämlich darin, daß es kein System ist, daß es nicht auf einer einheitlichen Basis beruht, sondern eine Mehrzahl ganz verschiedener und unter sich nicht zusammenhängender Steuern umfaßt, ..."; vgl. Decret an die Stände, den Gesetzesentwurf über die directe Besteuerung des Ertrages der Arbeit und des nutzungsbringend angelegten Vermögens betreffend, vom 15. Dezember 1871, in: Sächsische Landtag-Acten 1871/73, Erste Abtheilung, 2. Band, S. 213 (237).

[687] *Jens Heimann/Johannes Frei*, Auswirkungen der formellen Verfassungswidrigkeit von Steuergesetzen: Die wundersame Auferstehung verläßlicher Verlustnutzungsregelungen?, GmbHR 2001, S. 171 ff.; *Rudi Märkle*, Von Reform zu Reform, in: Harzburger Steuerprotokoll 1997, hrsg. von Steuerberaterverband Niedersachsen, 1998, S. 58 (61).

[688] So auch *Ulrike Höreth/Brigitte Stelzer/Lars Zipfel*, Die Unternehmenssteuerreform 2008 – oder was von der großen Idee übrig bleibt, ZSteu 2006, S. 458 (462).

Der Entwurf *Elickers* zeigt jedenfalls, daß ein rechtsformneutrales und im übrigen mit der Verfassung im Einklang stehendes Unternehmenssteuerrecht zumindest rechtlich möglich und keine bloße Illusion ist.

Literaturverzeichnis

Arbeitskreis zur Reform der Gewerbesteuer, Verfassungskonforme Reform der Gewerbesteuer – Konzept einer kommunalen Einkommen- und Gewinnsteuer; abrufbar unter: http://www.fdp-bundesverband.de /files/363/ BDI_Modell.pdf.

Hans Arndt, Gleichheit im Steuerrecht, NVwZ 1988, S. 787- 796

Rolf Ax/Georg Harle, Die „unangemessene" Gesellschafter-Geschäftsführer-Vergütung – Hat die verdeckte Gewinnausschüttung im neuen Besteuerungssystem ihren Schrecken verloren?, GmbHR 2001, S. 763- 767

Stefan Bach, Die Perspektiven des Leistungsfähigkeitsprinzips im gegenwärtigen Steuerrecht, StuW 1991, S. 116- 135

Frank Balmes, Rechtsformneutralität der Unternehmensbesteuerung, in: Unternehmenssteuerrecht, hrsg. von Jürgen Pelka, DStJG Sonderband 2001, S. 25- 37

Peter Bareis, Das Halbeinkünfteverfahren im Systemvergleich, StuW 2000, S. 133-143

Jörg Bauer, Rechtsformwahl mittelständischer Unternehmen. nach der Unternehmenssteuerreform, StBJb 2000/2001, S. 117- 153

Hartmut Bauer, Art. 9 GG, in: Horst Dreier (Hrsg.), Grundgesetz-Kommentar, Bd. 1, 2. Auflage, Tübingen 2004

BDI, Die Steuerbelastung der Unternehmen in Deutschland – Fakten für die politische Diskussion 2006, Köln 2006

Karin Beck, Die Besteuerung von Beteiligungen an körperschaftsteuerpflichtigen Steuersubjekten im Einkommen und Körperschaftsteuerrecht, Diss., Berlin 2003

Enno Becker/Max Lion, Ist es erwünscht, das Einkommen aus Gewerbebetrieb nach gleichmäßigen Grundsätzen zu besteuern, ohne Rücksicht auf die Rechtsform, in der das Gewerbe betrieben wird?, Referate 33. DJT, Berlin/Leipzig 1925

Johannes Becker/Clemens Fuest, Unternehmenssteuerbelastung – ein Standortnachteil?, Wirtschaftsdienst 2005, S. 211- 215

Achim Bergemann, Unternehmenssteuerreform 2001: Schwerpunkte des Steuersenkungsgesetzes, DStR 2000, S. 1410- 1419

Betriebsteuerausschuss der Verwaltung für Finanzen, Berichte und Gesetzesentwürfe zur Betriebsteuer, StuW 1949, Sp. 929- 1068

Birgit Bippus, Raus aus der Einkommensteuer, rein in die Körperschaftsteuer – Chancen und Risiken des körperschaftsteuerlichen Optionsmodells für Einzel- und Mitunternehmer, DStZ 2000, S. 541- 551

Dieter Birk, Das Leistungsfähigkeitsprinzip als Maßstab der Steuernormen, Ein Beitrag zu den Grundfragen des Verhältnisses Steuerrecht und Verfassungsrecht, Köln 1983

Dieter Birk, Rechtfertigung der Besteuerung des Vermögens aus verfassungsrechtlicher Sicht, in: Steuern auf Erbschaft und Vermögen, Dieter Birk (Hrsg.), DStJG 22 (1999), S. 7- 24

Dieter Birk, Nachgelagerte Besteuerung in der betrieblichen Altersversorgung, StuW 1999, S. 321- 327

Dieter Birk, Das Leistungsfähigkeitsprinzip in der Unternehmenssteuerreform, StuW 2000, S. 328- 336

Dieter Birk, Steuerrecht, 9. Auflage, Heidelberg 2006

Horst Bitz, § 15 EStG, in: Eberhard Littmann/ Horst Bitz/ Hartmut Pust (Hrsg.), Das Einkommensteuerrecht, Kommentar, Stuttgart, Stand Februar 2007

Kay Blaufus, Unternehmenssteuerreform 2001: Steueroptimale Entscheidungen bei der Rechtsformwahl, StB 2001, S. 208- 220

Guido Bodden, Einkünftequalifikation bei Mitunternehmern, Diss., Aachen 2001

Guido Bodden, Einkünftequalifikation bei Mitunternehmern, FR 2002, S. 559- 568

Carl Boettcher, Vorschlag eines Betriebsteuerrechts, StuW 1947, Sp. 67- 90

Andreas Bolik, Der „ Halbabzug“ im Halbeinkünfteverfahren, BB 2001, S. 811- 813

Heinz Joachim Bonk, Verfassungsrechtliche Aspekte der Gewerbesteuer im Rahmen einer Unternehmenssteuerreform, FR 1999, S. 443- 448

Herbert Broenner, Die Besteuerung der Gesellschaften, des Gesellschafterwechsels und der Umwandlungen, Stuttgart 1999

Brun-Otto Bryde, Art. 14, Ingo von Münch/Philip Kunig (Hrsg.), Grundgesetz-Kommentar, Bd. 1, 5. Aufl., München 2000

Kommission zur Reform der Unternehmensbesteuerung, Brühler Empfehlungen zur Reform der Unternehmensbesteuerung, FR 1999, S. 580- 586

Ralph Brügelmann/Winfried Fuest, Aktuelle Steuerreformmodelle auf dem Prüfstand– Die Politik ist gefordert, Köln 2004

Bundesministerium der Finanzen, Gutachten der Steuerreformkommission 1971, BMF Schriftenreihe, Heft 17, Bonn 1971

Bundesministerium der Finanzen, Brühler Empfehlungen zur Reform der Unternehmensbesteuerung, Bericht der Kommission zur Reform der Unternehmensbesteuerung, BMF Schriftenreihe, Heft 66, Bonn 1999

Bundesministerium der Finanzen: Die Unternehmenssteuerreformv – ein überzeugendes Konzept!, 2002

Bundesministerium der Finanzen, Die wichtigsten Steuern im internationalen Vergleich, Ausgabe 2004

Rainer Burk, Rechtsform und Umwandlungsbesteuerung. Ein betriebswirtschaftlicher Steuerbelastungsvergleich der Alternativen GmbH und OHG, Berlin 1983

Hermann Butzer, Freiheitsrechtliche Grenzen der Steuer- und Abgabenlast, Berlin 1999

Hermann Butzer, Der Halbteilungsgrundsatz und seine Ableitung aus dem Grundgesetz, StuW 1999, S. 227- 242

Georg Crezelius, Steuerrechtliche Rechtsanwendung und allgemeine Rechtsordnung, Berlin 1983

Georg Crezelius, Verhältnis der Erbschaftsteuer zur Einkommen- und Körperschaftsteuer, in: Steuern auf Erbschaft und Vermögen, Dieter Birk (Hrsg.), DStJG 22 (1999), S. 73- 124

Georg Crezelius, Dogmatische Grundstrukturen der Unternehmenssteuerreform, DB 2001, S. 221- 229

Manfred Croneberg, Die Teilhabersteuer: ein Beitrag zur Körperschaftsteuerreform unter besonderer Berücksichtigung der Unternehmensfinanzierung, Diss., Braunschweig 1973

Danielle Cuniffe/Helke Drenckhan, Unternehmensbesteuerung in der Republik Irland, IStR 2004, S. 334- 339

Uwe Demmler, Dual Income Tax als Reform der Einkommensteuer – Fortschritt oder Stillstand, Aachen 2005

Otto Depenheuer, Art. 14 GG, in: Hermann v. Mangoldt/ Friedrich Klein/ Christian Starck (Hrsg.), Das Bonner Grundgesetz, Kommentar, 5. Auflage, München 2005

Marc Desens, Das Halbeinkünfteverfahren, Marl 2004

Karl Dietzel, Die Besteuerung der Aktiengesellschaften in Verbindung mit der Gemeindebesteuerung, Köln 1859

Georg Döllerer, Zur Realteilung bei Personenhandelsgesellschaften - Anmerkungen zu dem BFH-Urteil vom 19. Januar 1982 VIII R 21/77 -, DStZ 1982, S. 267- 272

Christian Dorenkamp, Unternehmenssteuerreform und partiell nachgelagerte Besteuerung, StuW 2000, S. 121- 132

Christian Dorenkamp, Spreizung zwischen Körperschaftsteuer- und Spitzensatz der Einkommensteuer, in: Unternehmenssteuerrecht, hrsg. von Jürgen Pelka, DStJG Sonderband 2001, S. 61- 84

Ewald Dötsch, Regierungsentwurf eines StVergAbG: Gravierende Verschlechterungen bei der körperschaftsteuerlichen und gewerbesteuerlichen Verlustnutzung, DStZ 2003, S. 25- 30

Ewald Dötsch/Alexandra Pung, Steuersenkungsgesetz: Die Änderung bei der Körperschaftsteuer und bei der Anteilseignerbesteuerung, DB 2000, Beilage 10, S. 1- 27

Ewald Dötsch/Alexandra Pung, Die Neuerungen bei der Körperschaftsteuer und bei der Gewerbesteuer durch das Steuergesetzgebungspaket vom Dezember 2003, DB 2004, S. 151- 156

Horst Dreier, Art. 19 Abs. 3 GG, in: Horst Dreier (Hrsg.), Grundgesetz-Kommentar, Bd. 1, 2. Auflage, Tübingen 2004

Günter Dürig, Art. 3 Absatz 1, in: Theodor Maunz/ Günter Dürig, Grundgesetz Kommentar, 48. Auflage 2007, München, Stand November 2006

Fritz Eggesiecker/Werner Schweigert, Anleitung für Steuerbelastungsvergleiche: GmbH, Personengesellschaft oder GmbH & Co. KG?, Köln 1978

Ulrich Eisenhardt, Gesellschaftsrecht, 11. Auflage, München 2003

Michael Elicker, Kritik der direkt progressiven Einkommensbesteuerung – Plädoyer für die „flache Steuer“ - aus rechtswissenschaftlicher Sicht, StuW 2000, S. 3- 17

Michael Elicker, Entwurf einer proportionalen Netto-Einkommensteuer, Köln 2004

Michael Elicker, Fortentwicklung der Theorie vom Einkommen, DStZ 2005, S. 564-567

Reiner Elschen, Die Betriebsteuer - von niemandem gewünscht und doch wünschenswert?, StuW 1983, S. 318- 333

Reiner Elschen, Institutionale oder personale Besteuerung von Unternehmensgewinnen?, Hamburg 1989

Reiner Elschen, Entscheidungsneutralität, Allokationseffizienz und Besteuerung nach der Leistungsfähigkeit, Gibt es ein gemeinsames Fundament der Steuerwissenschaften, StuW 1991, S. 99- 115

Hermann Elsner, Das Gemeindefinanzsystem-Geschichte, Ideen, Grundlagen, Köln 1979

Dieter Endres, Rechtsformabhängige Belastungsdifferenzen bei ehemaligen Besteuerungstatbeständen, DStR 1984, S. 224- 229

Dieter Endres/Manfred Günkel, Steuerstandort Deutschland im Vergleich, WPg-Sonderheft 2006, S. 2- 20

Horst Endriss, Zur Konzeption einer rechtsformneutralen Unternehmensteuer, StuB 1999, S. 144- 145

Wolfram Engels/Wolfgang Stützel, Ein Beitrag zur Vermögenspolitik, zur Verbesserung der Kapitalstruktur und zur Vereinfachung des Steuerrechts, 2. Aufl., Frankfurt 1968

Joachim Englisch, Rechtsformneutralität der Unternehmensbesteuerung bei Ertragsteuern, DStZ 1997, S. 778- 787

Joachim Englisch, Eigentumsschonende Ertragsbesteuerung, StuW 2003, S. 237-248

Joachim Englisch, Die Duale Einkommensteuer- Reformmodell für Deutschland?, IFSt- Schrift Nr. 432, Bonn 2005

Joachim Englisch, Dividendenbesteuerung, Köln 2005

Bernd Erle/Thomas Sauter, Reform der Unternehmensbesteuerung, Köln 2000

Ernst & Young, Die Unternehmenssteuerreform, 2. Aufl., Bonn/Berlin 2000

Ernst & Young/BDI, Die Unternehmenssteuerreform, 2. Aufl., Bonn/Berlin 2000

Ernst & Young/ZEW, Company Taxation in the New EU Member States, 2003

Franz Findeisen, Die Unternehmensform als Rentabilitätsfaktor, Berlin 1924

Curt Fischer, Um ein Unternehmungs-Steuerrecht, StuW 1942, Sp. 601- 622

Irving Fisher, The Nature of Capital and Income, New York 1906

Christian Flämig, Rechtsformunabhängige Besteuerung der Unternehmen?, StuW 1981, S. 160- 174

Hans Flick, Wer wird zuletzt lachen? Revolutionäre Steuervereinfachung durch die US-Finanzverwaltung: Die „Check the Box" Regeln, IStR 1998, S.110- 111

Werner Flume, Steuerwesen und Rechtsordnung, in: Rechtsprobleme in Staat und Kirche, Festschrift für Rudolf Smend zum 70. Geburtstag, Göttingen 1952

Werner Flume, Die Betriebsertragsteuer als Möglichkeit der Steuerreform, DB 1971, S. 692- 696

Werner Flume, Einige Gedanken zur Steuerreform, StBJb 1971/72, S. 31-58

Werner Flume, Gesellschaft und Gesamthand, ZHR 136 (1972), S. 177- 207

Werner Flume, Besteuerung und Wirtschaftsordnung, StbJb 1973/74, S. 53- 78

Guido Förster, Rechtsformwahl, Umwandlung und Unternehmenskauf nach der Unternehmenssteuerreform, WPg 2001, S. 1234- 1249

Ursula Förster, Problembereiche der Anrechnung der Gewerbesteuer auf die Einkommensteuer gem. § 35 EStG 2001, FR 2000, S. 866- 870

Fraunhofer Institut Systemtechnik und Innovationsforschung, Produktionsverlagerungen ins Ausland und Rückverlagerungen, Bericht zum forschungsauftrag Nr. 8/04 an das Bundesministerium der Finanzen, Oktober 2004

Anke Freisburger, Kommunale Hebesätze. – Rechtliche und tatsächliche Grenzen, KStZ 2000, S. 41- 45

Freshfields Bruckhaus Deringer, Unternehmenssteuerreform – Die Neuregelungen des Steuersenkungsgesetzes für Kapitalgesellschaften und ihre Anteilseigner, NJW Beilage zu Heft 51/2000, S. 1- 53

Walter Frenz, Unternehmensteuerkonzeptionen im Lichte des Eigentumsgrundrechts und des Leistungsfähigkeitsprinzips, StuW 1997, S. 116- 129

Thomas Freyer, Unternehmensrechtsform und Steuern – Ertragsteuerliche Optimierungsstrategien, Bielefeld 2004

Karl Heinrich Friauf, Verfassungsrechtlichen Grenzen der Wirtschaftslenkung und Sozialgestaltung durch Steuergesetze, Recht und Staat Nr. 325/326, 1966

Karl Heinrich Friauf, Die Teilhabersteuer als Ausweg aus dem Dilemma der Doppelbelastung der Körperschaftsgewinne, FR 1969, S. 27- 31

Karl Heinrich Friauf, Zur Frage der Nichtabzugsfähigkeit von Aufsichtsratsvergütungen im Körperschaftsteuerrecht, StuW 1973, S. 97- 118

Karl Heinrich Friauf, Die verfassungsrechtliche Problematik einer Diskriminierung der im Wege des Leasing angeschafften Wirtschaftsgüter gegenüber anderen Investitionsformen im Wirtschafts- und Abgabenrecht, Hamburg 1979

Karl Heinrich Friauf, Eigentumsgarantie und Steuerrecht, DÖV 1980, S. 480- 488

Karl Heinrich Friauf, Verfassungsrechtliche Anforderungen an die Gesetzgebung über die Steuern vom Einkommen und vom Ertrag, in: Steuerrecht und Verfassungsrecht, Karl Heinrich Friauf (Hrsg.), DStJG 12 (1989), S. 3- 32

Gerrit Frotscher, Die Ausgabenabzugsbeschränkung nach § 3c EstG und ihre Auswirkung auf Finanzierungsentscheidungen, DStR 2001, S. 2045-2054

Bernhard Fuisting, Die preußischen direkten Steuern, Bd. 4: Grundzüge der Steuerlehre, Berlin 1902

Wolfgang Gassner/Michael Lang, Leistungsfähigkeitsprinzip im Einkommen- und Körperschaftssteuerrecht, Wien 2001

Jörg Giloy, Reform der Unternehmensbesteuerung, DStZ 1989. S. 547- 553

Peter Glanecker, § 35 EsGt, in: Ludwig Schmidt, Einkommensteuergesetz-Kommentar, 25. Auflage, München 2006

Hans Gorski, Von der Begünstigung der Unternehmer bei der Einkommensteuer, DStZ 1993, S. 613- 620

Dietmar Gosch, Einige aktuelle und zugleich grundsätzliche Bemerkungen zur Gewerbesteuer, DStZ 1998, S. 327- 334

Dietmar Gosch, § 35 EStG, in: Paul Kirchhof (Hrsg.), EStG KompaktKommentar, 4. Auflage, Heidelberg 2004

Ernst Gossert/Ulf Knorr, Alle Änderungen im Überblick, in: Consultant – Steuern, Wirtschaft, Finanzen, Heft: 1-2/2004, S. 24- 31

Arno Graß, Unternehmensformneutrale Besteuerung, Schriften zum Steuerrecht, Band 42, Berlin 1992

Manfred Groh, Trennungs- und Transparenzprinzip im Steuerrecht der Personengesellschaften, ZIP 1989, S. 89- 95

Christoph Gröpl, Intertemporale Korrespondenz und konsumorientierte Betrachtungsweise im System des geltenden Einkommensteuerrechts, FR 2001, S. 568- 576

Christoph Gröpl, Verfassungsrechtliche Vorgaben für intertemporale Korrespondenz und konsumorientierte Betrachtungsweise im Einkommensteuerrecht, FR 2001, S. 620- 628

Siegfried Grotherr, Das neue Körperschaftsteuersystem mit Anteilseignerentlastung bei der Besteuerung von Einkünften aus Beteiligungen, BB 2000, S. 849- 861

Barbara Grunewald, Gesellschaftsrecht, 6. Aufl., Tübingen 2005

Manfred Günkl/Barbara Fenzl/Christiane Hagen, Diskussionsforum Unternehmenssteuerreform: Steuerliche Überlegungen zum Übergang auf ein neues Körperschaftsteuersystems, insbesondere zum Ausschüttungsverhalten bei Kapitalgesellschaften, DStR 2000, S. 445- 453

Georg Güroff, § 11 GewStG, in: Peter Glanegger/Georg Güroff, Kommentar zum Gewerbesteuergesetz, 5. Aufl., München 2002

Klaus Haase/Markus Diller, Optionsrecht von Personenunternehmen für die Körperschaftsbesteuerung: Vorteilhaftigkeit und Risiken, BB 2000, S. 1068- 1074

Mathias Habersack, Die Anerkennung der Rechts- und Parteifähigkeit der GbR und der akzessorischen Gesellschafterhaftung durch den BGH, BB 2001, S. 477- 483

Constanze Hacke, Unternehmenssteuerreform auf dem Prüfstand, in: Consultant – Steuern, Wirtschaft, Finanzen, Heft: 1-2/2004, S. 24- 26

Dorothee Hallerbach, Die Personengesellschaft im Einkommensteuerrecht – Zivilrechtliche Einordnung und einkommenssteuerliche Folgen, München 1999

Bernd Hansjürgens, Äquivalenzprinzip und Staatsfinanzierung, Berlin 2001

Detlef Haritz/ Thomas Wisniewski, Das Ende des Umwandlungsmodells, Erste Anmerkungen zu umwandlungssteuerlichen Aspekten der geplanten Unternehmenssteuerreform, GmbHR 2000, S. 161- 165

Jürgen Haun/Hartmut Winkler, Klarstellungen und Unklarheiten bei der Besteuerung von Beteiligungserträgen nach der Neufassung des § 8b KStG, GmbHR 2002, S. 192- 199

Gerald Heidinger, Nochmals: Für und Wider Betriebsteuer, StuW 1982, S. 268- 272

Gerald Heidinger, Österreich: Reform der Unternehmensbesteuerung in kleinen Schritten?, StuW 1985, S. 67- 75

Jens Heimann/Johannes Frei, Auswirkungen der formellen Verfassungswidrigkeit von Steuergesetzen: Die wundersame Auferstehung verläßlicher Verlustnutzungsregelungen?, GmbHR 2001, S. 171- 175

Peter Heine, Gemeindefinanzreform – Ende des Rechtsstreites bei der Reform der kommunalen Steuerbasis?, KStZ 2003, S. 145- 149

Peter Heine, Gemeindefinanzreform – Ende des Rechtsstreites bei der Reform der kommunalen Steuerbasis?, KStZ 2003, S. 183- 189

André Heinemann, „Noch Spielraum für Entlastungen", Interview, in: Consultant – Steuern, Wirtschaft, Finanzen, Heft: 1-2/2004, S. 27

Brun-Hagen Hennerkes/Peter May, Überlegungen zur Rechtsformwahl im Familienunternehmen, DB 1988, S. 483- 489

Wolfgang Heinicke, § 3c EStG, in: Ludwig Schmidt (Hrsg.), Einkommensteuergesetz, Kommentar, 25. Auflage, München 2006

Joachim Hennrichs/Ulrike Lehmann, Reform der Unternehmensbesteuerung, StuW 2007, S. 16- 21

Joachim Hennrichs, Der steuerrechtliche sog. Maßgeblichkeitsgrundsatz gem. § 5 EStG – Stand und Perspektiven-, StuW 1999, S. 138- 153

Joachim Hennrichs, Maßgeblichkeitsgrundsatz oder eigenständige Prinzipien für die Steuerbilanz, in: Besteuerung von Einkommen, hrsg. von Iris Ebling, DStJG 24 (2001), S. 301- 328

Joachim Hennrichs, Dualismus der Unternehmensbesteuerung aus gesellschaftsrechtlicher und steuersystematischer Sicht - Oder: Die nach wie vor unvollendete Unternehmenssteuerreform, StuW 2002, S. 201-216

Norbert Herzig/Uwe Lochmann, Das Grundmodell der Besteuerung von Personenunternehmen nach der Unternehmenssteuerreform, DB 2000, S. 540-545

Norbert Herzig/Uwe Lochmann, Die Steuerermäßigung für gewerbliche Einkünfte bei der Einkommensteuer nach dem Entwurf des Steuersenkungsgesetzes, DB 2000, S. 1192- 1202

Norbert Herzig/Uwe Lochmann, Steuersenkungsgesetz: Die Steuerermäßigung für gewerbliche Einkünfte bei der Einkommensteuer in der endgültigen Regelung, DB 2000, S. 1728- 1735.

Norbert Herzig/Christoph Watrin, Betriebswirtschaftliche Anforderungen an eine Unternehmenssteuerreform, StuW 2000, S. 378 -388

Norbert Herzig, Aspekte der Rechtsformwahl für mittelständische Unternehmen nach der Steuerreform, Wpg 2001, S. 253- 270

Norbert Herzig, IAS/ IFRS und steuerliche Gewinnermittlung, Düsseldorf 2004

Norbert Herzig, Reform der Unternehmensbesteuerung – Zwischenbericht zum Konzept der Stiftung Marktwirtschaft, DB 2006, S. 1- 7

Norbert Herzig, Reform der Unternehmensbesteuerung – Konzept der Stiftung Marktwirtschaft, Wirtschaftsdienst 2006, S. 151- 155

Johanna Hey, Harmonisierung der Unternehmensbesteuerung in Europa, Köln 1997

Johanna Hey, Die Brühler Empfehlungen zu Reform der Unternehmensbesteuerung, BB 1999, S. 1192- 1199

Johanna Hey, Von der Verlegenheitslösung des § 35 EStG zur Reform der Gewerbesteuer?, FR 2001, S. 870- 880

Johanna Hey, Bedeutung und Besteuerungsfolgen der verdeckten Gewinnausschüttung nach der Unternehmenssteuerreform, GmbHR 2001, S. 1- 7

Johanna Hey, Besteuerung von Unternehmensgewinnen und Rechtsformneutralität, in: Besteuerung von Einkommen, hrsg. von Iris Ebling, DStJG 24 (2001), S. 155- 223

Johanna Hey, Steuerplanungssicherheit als Rechtsproblem, Köln 2002

Johanna Hey, Gewerbesteuer zwischen Bundesverfassungsgericht und Steuergesetzgeber, FR 2004, S. 876- 881

Johanna Hey, Kommunale Einkommen- und Körperschaftsteuer, StuW 2002, S. 314-325

Johanna Hey, Perspektiven der Unternehmensbesteuerung in Europa, StuW 2004, S. 193- 211

Johanna Hey, Unternehmenssteuerreform 2008 – Die Vorschläge der Kommission Steuergesetzbuch der Stiftung Marktwirtschaft für eine wettbewerbsfähige Unternehmensstruktur, StuB 2006, S. 267- 273

Johanna Hey, Anm. Einf. KStG., in: Carl Herrmann/Gerhard Heuer/Arndt Raupach (Hrsg.), Einkommensteuer- und Körperschaftsteuergesetz, Kommentar, Köln, Stand März 2007

Jürgen Hidien, Steuerreform 2000 – Anmerkungen zum gewerbesteuerlichen Anrechnungsmodell, BB 2000, S. 485- 487

Thomas Hobbes, Leviathan oder der kirchliche und bürgerliche Staat, Bd. 1, Halle 1794

Marie Luise Hoffmann/Volker Votsmeier, Vorsicht Finanzamt, Capital,: Heft 11/2004, S. 86-101

Stefan Höflacher/Klaus Wendtlandt, Rechtsformwahl nach der Unternehmenssteuerreform 2001 – Ist die Kapitalgesellschaft wirklich die bessere Alternative, GmbHR 2001, S. 793- 797

Wolfram Höfling, Art. 9 GG, in: Michael Sachs (Hrsg.), Grundgesetz Kommentar, 3. Auflage, München 2006

Hans Hofmann, Art. 14 GG, in: Bruno Schmidt-Bleibtreu/ Franz Klein, Kommentar zum Grundgesetz, 10. Aufl., Neuwied 2004

Harald Hohlmann, Berufsfreiheit (Art. 12 GG) und Besteuerung -Eine Würdigung der Rechtsprechung des Bundesverfassungsgerichts, DÖV 2000, S. 406- 416

Stefan Homburg, Allgemeine Steuerlehre, 2. Aufl., München 2000

Stefan Homburg, Die Unternehmenssteuerreform 2001 aus der Sicht der Wissenschaft, Stbg 2001, S. 8- 16

Stefan Homburg, Die Steuerreformvorschläge der Stiftung Marktwirtschaft, BB 2005, S. 2382- 2386

Ulrike Höreth/Brigitte Stelzer/ Lars Zipfel, Die Unternehmenssteuerreform 2008 – oder was von der großen Idee übrig bleibt, ZSteu 2006, S. 458- 462

Rainer Hüttemann, Die Besteuerung der Personenunternehmen und ihr Einfluss auf die Rechtsformwahl, in: Perspektiven der Unternehmensbesteuerung, hrsg. von Siegbert Seeger, DStJG 25 (2002), S. 123- 144

Jochen Hundsdoerfer, Halbeinkünfteverfahren und Lock- In- Effekt, StuW 2001, S. 113- 125

Stefan Huster, Rechte und Ziele. Zur Dogmatik des allgemeinen Gleichheitssatzes, Berlin 1993

Monika Jachmann, Grundthesen zu einer Verbesserung der Akzeptanz der Besteuerung, insbesondere durch Vereinfachung des Einkommensteuerrechts, StuW 1989, S. 193- 206

Monika Jachmann, Ansätze zu einer gleichheitsgerechten Ersetzung der Gewerbesteuer, BB 2000, S. 1432- 1442

Monika Jachmann, Steuergesetzgebung zwischen Gleichheit und wirtschaftlicher Freiheit. Verfassungsrechtliche Grundlagen und Perspektiven der Unternehmensbesteuerung, Stuttgart 2000

Monika Jachmann, Europa- und verfassungsrechtliche Grenzen der Unternehmensbesteuerung, in: Europa- und verfassungsrechtliche Grenzen der Unternehmensbesteuerung, hrsg. von Jürgen Pelka, DStJG 23 (2000), S. 9- 65

Monika Jachmann, Freiheitsgrundrechtliche Grenzen steuerlicher Belastungswirkungen, in: Dieter Dörr, Festschrift für Hartmut Schiedermair, Heidelberg 2001, S. 391- 404

Monika Jachmann, Die Gewerbesteuer im System der Besteuerung von Einkommen, in: Perspektiven der Unternehmensbesteuerung, hrsg. von Siegbert Seeger, DStJG 25 (2002), S. 195- 252

Monika Jachmann, Gewerbesteuerreform, Hamburg 2003

Otto Jacobs/Christoph Spengel/Rico Hermann/ Thorsten Stetter, Steueroptimale Rechtsformwahl: Personengesellschaften besser als Kapitalgesellschaften, StuW 2003, S. 308- 325

Otto Jacobs, Empfiehlt sich eine rechtsformunabhängige Besteuerung der Unternehmung? – Betriebswirtschaftliche Überlegungen zum diesbezüglichen Thema des 53. Deutschen Juristentages, ZGR 1980, S. 289-319

Otto Jacobs, Steueroptimale Rechtsform mittelständischer Unternehmen, WPg 1980, S. 705- 713

Otto Jacobs, Internationale Unternehmensbesteuerung, 5. Aufl. München 2002

Otto Jacobs, Unternehmensbesteuerung und Rechtsform, 3. Aufl., München 2002

Dietrich Jacobs, Rechtsformwahl nach der Unternehmenssteuerreform: Personenunternehmung oder Kapitalgesellschaft?, DStR 2001, S. 806- 812

Hans Jarass/Bodo Pieroth, Grundgesetz Kommentar, 8. Auflage, München 2006

Lorenz Jarass, Einheitliche Unternehmensbesteuerung: Gewerbesteuer ausbauen, Körperschaftsteuer senken, Wirtschaftsdienst 2005, S. 215- 220

Hans Jarass, Art. 3 GG, in: Hans Jarass/ Bodo Pieroth, GG Kommentar, 8. Auflage, München 2006

Hans Jarass, Art. 3 GG, in: Hans Jarass/ Bodo Pieroth, GG Kommentar, 8. Auflage, München 2006

Thomas Jorde/Hellmut Götz, Maßgebende Gesichtspunkte der Rechtsformwahl unter Steuer-, Liquiditäts- und Bewertungsaspekten, BB 2003, S. 1813-1818

Holger Kahle, Bilanzierung der langfristigen Auftragsfertigung nach HGB und US-GAAP, StuB 2001, S. 1201- 1210

Hans- Joachim Kanzler, Die steuerliche Gewinnermittlung zwischen Einheit und Vielfalt, FR 1998, S. 233- 247

Hans-Joachim Kanzler, Problematik der steuerlichen Behandlung von Veräußerungsgewinnen, FR. 2000, S. 1145- 1255

Hans-Joachim Kanzler, Veranlassungszusammenhang oder Unmittelbarkeitserfordernis bei Anwendung des Abzugsverbots nach § 3c EStG auch nach der Neuregelung des Halbeinkünfteverfahrens, Kommentar, FR 2001, S. 310- 311

Michael Kempner, Art. 9 Abs. 1 GG, in: v. Mangoldt/Klein/Stark, Kommentar zum Grundgesetz, Band 1, 5. Auflage, München 2005

Thomas Keß, Verfassungsgebot rechtsformneutraler Besteuerung?, FR 2006, S. 869-871

Wolfgang Kessler/Tobias Teufel, Auswirkungen der Unternehmenssteuerreform 2001 auf die Rechtsformwahl, DStR 2000, S. 1836- 1842

Eberhart Ketzel, Teilhabersteuer – Konzeption und Gestaltungsmöglichkeit, Diss., Saarbrücken 1969

Dirk Kiesewetter, Theoretische Leitbilder einer Reform der Unternehmensbesteuerung – ein vergleichende Analyse der Reformmodelle Kroatiens, Österreichs und Skandinaviens, StuW 1997, S. 24- 34

Otto Kimminich, Art. 14 GG, in: Rudolf Dolzer/Klaus Vogel/Karin Graßhof (Hrsg.), Bonner Kommentar zum Grundgesetz, Heidelberg, Stand Februar 2007

Otto Kimminich, Das Grundrecht auf Eigentum, Jus 1978, S. 217- 222

Ferdinand Kirchhof, Der Weg zur verfassungsrechtlichen Besteuerung – Bestand, Fortschritt, Zukunft -, StuW 2002, S. 185- 200

Paul Kirchhof, Besteuerungsgewalt und Grundgesetz, Frankfurt 1973

Paul Kirchhof, Besteuerung und Eigentum, VVDStRL 39 (1981), S. 213– 285

Paul Kirchhof, Steuergleichheit, StuW 1984, S. 297- 314

Paul Kirchhof, Der verfassungsrechtliche Auftrag zur Besteuerung nach der finanziellen Leistungsfähigkeit, StuW 1985, S. 319- 329

Paul Kirchhof, Empfiehlt es sich, das Einkommensteuerrecht zur Beseitigung von Ungeichbehandlungen und zur Vereinfachung neu zu ordnen?, Bd. 1, Gutachten, Teil F: Verhandlungen des 57. Deutschen Juristentages, München 1988

Paul Kirchhof, Die Rechtsprechung des Bundesverfassungsgerichts in ihrer Bedeutung für das Steuerrecht, Die Steuerberatung 1991, S. 552- 557

Paul Kirchhof, Besteuerung im Verfassungsstaat, Tübingen 2000

Paul Kirchhof, Rückwirkung von Steuergesetzen, StuW 2000, S. 221- 231

Paul Kirchhof, Die Widerspruchsfreiheit im Steuerrecht als Verfassungspflicht, StuW 2000, S. 316 - 327

Paul Kirchhof, Verfassungsrechtliche Maßstäbe der Unternehmensteuerreform, Stbg 2000, S. 552- 558

Paul Kirchhof, Karlsruher Entwurf zur Reform des Einkommensteuergesetzes, Heidelberg 2001

Paul Kirchhof, Der Auftrag der Erneuerung des Einkommensteuerrechts, in: Besteuerung von Einkommen, hrsg. von Iris Ebling, DStJG 24 (2001), S. 1- 28

Paul Kirchhof, Erläuterungen zum Karlsruher Entwurf zur Reform des Einkommensteuergesetzes, DStR 2001, S. 913- 917

Paul Kirchhof, Der Karlsruher Entwurf und seine Fortentwicklung zu einer Vereinheitlichten Ertragsteuer, StuW 2002, S. 3- 22

Paul Kirchhof, Maßstäbe für die Ertragsbesteuerung von Unternehmen, in: Perspektiven der Unternehmensbesteuerung, hrsg. von Siegbert Seeger, DStJG 25 (2002), S. 1- 8

Paul Kirchhof, Die Reform der kommunalen Finanzausstattung, NJW 2002, S. 1549-1550

Paul Kirchhof, Die Unternehmensbesteuerung im Karlsruher Entwurf, StbJB 2002/2003, S. 7- 26

Paul Kirchhof, Einkommensteuer- Gesetzbuch, Ein Vorschlag zur Reform der Einkommen- und Körperschaftsteuer, Schriftenreihe des Instituts für Finanz- und Steuerrecht, Forschungsgruppe Bundessteuergesetzbuch, Bd. 2, Heidelberg, 2003

Paul Kirchhof, Das EStGB – ein Vorschlag zur Reform des Ertragssteuerrechts, DStR 2003, S. 1- 16

Paul Kirchhof, Der sanfte Verlust der Freiheit, München/Wien 2004

Paul Kirchhof, Die Besteuerung des Einkommens in einem einfachen, maßvollen und gleichmäßigen Belastungssystem, BB 2006, S. 71- 75

Paul Kirchhof, § 2 EStG, in: Paul Kirchhof (Hrsg.), EStG KompaktKommentar, 4. Auflage, Heidelberg 2004

Hans-Jochen Kleineidam/Daniel Liebchen, Die Mär von der Steuerentlastung durch die Unternehmensteuerreform 2008, DB 2007, S. 409- 412

Helmut Kohl, Herausforderungen und Chancen des europäischen Binnenmarktes, Bulletin des Presse- und Informationsamtes der Bundesregierung 1988, S. 1225- 1227

Peter Knief, Die Ungleichbehandlung von Personengesellschaften und Kapitalgesellschaften durch die Reform der Unternehmensbesteuerung zum 1.1.2006, DB 2005, S. 1013- 1017

Brigitte Knobbe-Keuk, Referat zum Thema „ Empfiehlt sich eine rechtsformunabhängige Besteuerung der Unternehmen“, Sitzungsbericht O zum 53. Deutschen Juristentag (17./18. 9. 1980 in Berlin), München 1980

Brigitte Knobbe-Keuk, Möglichkeiten und Grenzen einer Unternehmenssteuerreform, DB 1989, S. 1303- 1309

Brigitte Knobbe-Keuk, Gleichstellung des Mitunternehmers mit dem Einzelunternehmer? § 15 Abs. 1 Satz 1 Nr. 2 und mittelbar Beteiligte, DB 1990, S. 905- 908

Brigitte Knobbe-Keuk, Bilanz- und Unternehmenssteuerrecht, 9. Aufl., Köln 1993

Rolf König/Caren Sureth, Besteuerung und Rechtsformwahl, 3. Auflage, Herne/Berlin 2002

Leonid Korezkij, Umfang des Begriffs „gewerbliche Einkünfte" in § 35 Abs. 1 EStG, DStR 2001, S. 1642- 1644

Leonid Korezkij, Anrechnung der Gewerbesteuer nach § 35 EStG, 1. Teil: BB 2001, S. 333- 344

Leonid Korezkij, Anrechnung der Gewerbesteuer nach § 35 EStG, 2. Teil: BB 2001, S. 389- 394

Klaus Korn, Beratungsbrennpunkte zum Steuersenkungsgesetz: Rechtsänderungen, Probleme, Gestaltungsmöglichkeiten im Steuer- und Gesellschaftsrecht, Köln 2000

Helmut Krabbe, Unternehmenssteuerreform: Das Optionsmodell für Personenunternehmen im internationalen Steuerrecht, FR 2000, S. 545- 550

Anders Kraft, Rechtsformabhängige Besteuerung mittelständischer Unternehmen, Diss., Frankfurt/ a.M. 2005

Gerold Krause-Junk/Regina Müller, Nachgelagertes Verfahren bei der Besteuerung der Alterseinkünfte, DB 1999, S. 2282- 2288

Tanja Krause, Der Einfluss der Unternehmenssteuerreform 2000/2001 und ihre Fortentwicklung auf Unternehmensbeteiligungen in Deutschland, Diss., Aachen 2005

Norbert Krawitz, Betriebswirtschaftliche Anmerkungen zum Halbeinkünfteverfahren, DB 2000, S. 1721- 1727

Heinz Kußmaul, Betriebswirtschaftliche Steuerlehre, 4. Aufl., München/Wien 2005

Heinz Kußmaul/Stefan Beckmann/Stephan Meyering, Die Auswirkungen des Gesetzesentwurfs zur Reform der Gewerbesteuer auf gewerbliche Unternehmer, StuB 2003, S. 1021- 1027

Heinz Kußmaul/Rene Schäfer, Die Option von Personengesellschaften für die Besteuerung durch die Körperschaftsteuer im französischen Steuerrecht, IStR 2000, S. 161- 166

Joachim Lang/Joachim Englisch, Zur Verfassungswidrigkeit der neuen Mindestbesteuerung, StuW 2005, S. 3- 24

Joachim Lang/Joachim Englisch/Thomas Keß, Grundzüge des Kölner Entwurfs eines Einkommensteuergesetzes, DStR 2005, Beihefter 1, S. 1 - 12

Joachim Lang, Reform der Unternehmensbesteuerung, StuW 1989, S. 3 - 17

Joachim Lang, Reform der Unternehmensbesteuerung auf dem Weg zum europäischen Binnenmarkt und zur deutschen Einheit, StuW 1990, S. 107-129

Joachim Lang, Konsumorientierung - eine Herausforderung für die Steuergesetzgebung: in: Christian Smekal/Rupert Sendlhofer/ Hannes Winner (Hrsg.), Einkommen versus Konsum, Heidelberg 1999, S. 143- 166

Joachim Lang, Perspektiven der Unternehmenssteuerreform, Anh. Nr. 1 zu den sog. Brühler Empfehlungen zur Reform der Unternehmensbesteuerung, Bonn 1999

Joachim Lang, Entwurf einer Steuergesetzbuchs, BMF-Schriftenreihe, Heft 49, Bonn 1993

Joachim Lang, Notwendigkeit und Verwirklichung der Unternehmensteuerreform in der 14. Legislaturperiode, in: Harzburger Steuerprotokoll 1999, Köln 2000, S. 33-63

Joachim Lang, Die Unternehmenssteuerreform - eine Reform pro GmbH, GmbHR 2000, S. 453- 462

Joachim Lang, Konkretisierungen und Restriktionen des Leistungsfähigkeitsprinzips, in: Walter Drenseck/ Roman See, Festschrift für Heinrich Wilhelm Kruse, Köln 2001, S. 313- 338

Joachim Lang, Prinzipien und Systeme der Besteuerung von Einkommen, in: Besteuerung von Einkommen, hrsg. von Iris Ebling, DStJG 24 (2001), S. 49- 133

Joachim Lang, Konsumorientierte Besteuerung von Einkommen aus rechtlicher Sicht, in: Steuerpolitik – Von der Theorie zur Praxis, Festschrift für Manfred Rose, Michael Ahlheim/Heinz-Dieter Wenzel/Wolfgang Wiegard (Hrsg.), Berlin/Heidelberg/New York 2003, S. 325- 344

Joachim Lang, Kölner Entwurf eines Einkommensteuergesetzes, Köln 2005

Joachim Lang, Unternehmenssteuerreform im Staatenwettbewerb, BB 2006, S. 1769- 1773

Christiane Liesenfeld, Konsumorientierte Einkommensteuer und internationale Steuergesetzgebung, Frankfurt am Main, 2004

Volker Lietmeyer/Oliver Petzold, Bedingungen und Ziele für eine Reform der Unternehmensbesteuerung, Wirtschaftsdienst 2005, S. 590- 599

Dirk Löhr, Die Brühler Empfehlungen – Wegweiser für eine Systemreform der Unternehmensbesteuerung?, StuW 2000, S. 33- 44

Wolfgang Löwer, Art. 9 GG, in: Ingo von Münch/ Philip Kunig (Hrsg.), Grundgesetz-Kommentar, 5. Auflage, München 2000

Werner Lothmann/Rolf Lothmann, Unternehmenssteuerreform 2001: Ausnutzung des möglichen Thesaurierungsvorteils der Kapitalgesellschaft – einige Thesen zur steueroptimalen Rechtsformwahl, DStR 2000, S. 2153- 2158

Rudi Märkle, Von Reform zu Reform, in: Harzburger Steuerprotokoll 1997, hrsg. von Steuerberaterverband Niedersachsen, Köln 1998, S. 58- 71

Rudi Märkle, Gedanken zur Reform der Unternehmensbesteuerung, WPg. 1999, S. 901- 911

Markus Maier-Frischmuth, Unternehmensbesteuerung im internationalen Vergleich, StuB 2003, S. 7- 12

Ralf Maithert/Birk Semmler, Kritische Anmerkungen zur geplanten Substitution des körperschaftsteuerlichen Anrechnungssystems durch das so genannte „Halbeinkünfteverfahren" im Zuge des Steuersenkungsgesetzes, BB 2000, S. 1377- 1387

Ralf Maiterth, Wettbewerbsneutralität der Besteuerung, Bielefeld 2001

Ralf Maiterth, Zur sachgerechten Behandlung von Beteiligungsaufwendungen im Steuerrecht, DBW 2002, S. 169- 183

Ralf Maiterth, Der Einfluss der Besteuerung auf die internationale Wettbewerbsfähigkeit von Unternehmen, StuW 2005, S. 47- 60

Wolfgang Martens, Grundrechte im Leistungsstaat, VVDStRL 30, S. 7- 38

Karl Meessen, Vermögensbildungspläne und Eigentumsgarantie, DÖV 1973, S. 812- 818

Harald Meinhövel, § 35 EStG in der Fassung des Steuersenkungsgesetzes, StuB 2000, S. 974- 977

Annemarie Mennel/Jutta Förster, Steuern in Europa, Amerika und Asien, IBFD (Hrsg.), European Tax Handbook 2002

Thomas Mentel/Andreas Schulz, Diskussionsforum Unternehmenssteuerreform: Überlegungen zur Vorteilhaftigkeit der Option i.S. des § 4a KStG-E, S. 709- 718

John Mill, Grundsätze der politischen Ökonomie, Bd. 2, Jena 1921

Joachim Mitschke, Erneuerung des deutschen Einkommensteuerrechts, Köln 2004

Hans Mösbauer, Das Steuerrecht – Auf der Suche nach dem System, DStR 1975, S. 679- 688

Jörg Mössner, Gerechtigkeit und Moral im Steuerrecht, DStZ 1990, S. 132- 138

Jörg Mössner: Zur Auslegung von Doppelbesteuerungsabkommen, in: Grundfragen des internationalen Steuerrechts, Klaus Vogel (Hrsg.), DStJG 8 (1985) S. 146- 169

Stefan Muckel, Kriterien des verfassungsrechtlichen Vertrauensschutzes bei Gesetzesänderungen, Berlin 1989

Gert Müller-Gatermann, Aktuelles zum Unternehmenssteuerrecht, Wpg. 2004, S. 467- 476

Reinhard Mußgnug, Verfassungsrechtlicher und gesetzlicher Schutz vor konfiskatorischen Steuern, JZ 1991, S. 993- 999

Leif Mutén, Dual Income Taxation: Swedish Experience, in: Towards a Dual Income Tax?, Leif Mutén (Hrsg.), London 1996, S. 7- 21

Harald Nagel, Die Anrechnung der Gewerbesteuer auf die Einkommensteuer - Eine Analyse des § 35 EStG in der Fassung des Steuersenkungsgesetzes unter steuerpolitischen, steuergestalterischen und verfassungsrechtlichen Aspekten , Regensburg 2005

Norbert Neu, Unternehmenssteuerreform 2001: Die pauschalierte Gewerbesteueranrechnung nach § 35 EStG, DStR 2000, S. 1933- 1939

Norbert Neu/Joachim Schiffers, Steuerliche Optimierung von Outboundinvestitionene mittelständischer Unternehmen, GmbHR 2001, S. 1005- 1015

Bernd Neufang/Roland Strathmann, Privilegierung des nicht entnommenen Gewinns– Eine ökonomische Notwendigkeit, BB 2005, S. 2612- 2616

Fritz Neumark, Grundsätze gerechter und ökonomisch rationaler Steuerpolitik, Tübingen 1970

Norbert Nolte/Markus Planker, Vereinigungsfreiheit und Betätigung, Jura 1993, S. 635- 639

Thomas Northoff, Die Neuerungen des § 8a KStG aus Sicht des kommunalen Anteilseigners, Der Gemeindehaushalt, S. 145- 150

Manfred Orth, Mindestbesteuerung und Verlustnutzungsstrategien, FR 2005, S. 515-532

Lerke Osterloh, Art. 3 GG, in: Michael Sachs (Hrsg.), Grundgesetz Kommentar, 3. Auflage, München 2006

Jörg Ottersbach, Die Teilsteuerrechnung nach dem Steuerentlastungsgesetz 1999/2000/2002, DB 2000, S. 781- 786

Jörg Ottersbach, Die Teilsteuerrechnung nach dem Steuersenkungsgesetz - Änderungen der Multifaktoren und Teilsteuersätze bis 2005, DB 2001, S. 1157- 1161

Hans-Jürgen Papier, Art. 14 GG, in: Theodor Maunz/ Günter Dürig, Grundgesetz Kommentar, 48. Auflage 2007, München, Stand November 2006

Jürgen Pelka, Rechtsformneutralität im Steuerrecht- Verfassungsmäßigkeit der Steuersatzsenkungen für Kapitalgesellschaften, StuW 2000, S. 389-398

Heinz-Jürgen Pezzer, Rechtfertigung und Rechtsnatur der Körperschaftsteuer, in: Besteuerung der GmbH und ihrer Gesellschafter, hrsg. von Siegfried Widmann, DStJG 20 (1997), S. 5- 20

Heinz-Jürgen Pezzer, Rechtfertigung der Körperschaftsteuer und ihre Entwicklung zu einer allgemeinen Unternehmenssteuer, in: Joachim Lang, Die Steuerrechtsordnung in der Diskussion, Festschrift für Klaus Tipke, 1995, S. 419- 432

Heinz-Jürgen Pezzer, Kritik am Halbeinkünfteverfahren, StuW 2000, S. 144- 150

Heinz-Jürgen Pezzer, Die Besteuerung des Anteilseigners, in: Perspektiven der Unternehmensbesteuerung, hrsg. von Siegbert Seeger, DStJG 25 (2002), S. 37- 57

Bodo Pieroth/Bernhard Schlink, Grundrechte, 22. Auflage, Heidelberg 2006

Reinmar Pinkernell, Einkünftezurechnung bei Personengesellschaften, Diss., Berlin 2001

Dieter Pohmer/Gisela Jurke, Zur Geschichte und Bedeutung des Leistungsfähigkeitsprinzips, FA 1984, S. 445- 489

PricewaterhouseCoopers, Unternehmenssteuerreform 2001, Freiburg 2000

Rainer Prokisch, Von der Sach- und Systemgerechtigkeit zum Gebot der Folgerichtigkeit, in: Paul Kirchhof/ Moris Lehner/ Arndt Raupach/ Michael Rodi (Hrsg.), Staaten und Steuern, Festschrift für Klaus Vogel, Heidelberg 2000, S. 293-310

Albert Rädler, Gedanken zur deutschen Steuerreform 2006, in: Paul Kirchhof/Karsten Schmidt/Klaus vogel, Steuer- und Gesellschaftsrecht zwischen Unternehmerfreiheit und Gemeinwohl, Festschrift für Arndt Raupach, Köln 2006, S. 97- 105

Albert Rädler, Die geplante Unternehmenssteuerreform – Wirkungen bei Aktiengesellschaft , GmbH und Aktionär, DB 2006, S. 1695- 1696.

Christian Rasenack, Die Theorie der Körperschaftsteuer, Berlin 1974

Arndt Raupach, Der Durchgriff im Steuerrecht, München 1968

Arndt Raupach, Darf das Steuerrecht andere Teile der Rechtsordnung stören? Zur Eigenständigkeit des Steuerrechts und deren Grenzen, in: Joachim Lang (Hrsg.), Festschrift für Klaus Tipke, 1995, S.105- 124

Arndt Raupach, Die Neuordnung des Körperschaftsteuersystems, in: Perspektiven der Unternehmensbesteuerung, hrsg. von Siegbert Seeger, DStJG 25 (2002), S. 9- 36

Christian Reif, Reform der Besteuerung des Einkommens, Wiesbaden 2005

Wolfram Reiß, Rechtsformabhängigkeit der Unternehmensbesteuerung, in: Grundfragen der Unternehmensbesteuerung, Franz Wassermeyer (Hrsg.), DStJG 17 (1994), S. 3- 38

Wolfram Reiß, Diskussionsbeitrag: Kritische Anmerkungen zu den Brühler Empfehlungen zur Reform der Unternehmensbesteuerung, DStR 1999, S. 2011- 2019

Wolfram Reiß, Individualbesteuerung von Mitunternehmern nach dem Steuersenkungsgesetz, StuW 2000, S. 399- 412

Wolfgang Ritter, Reform der Unternehmensbesteuerung aus Sicht der Wirtschaft, StuW 1989, S. 319- 327

Wolfgang Ritter, Perspektiven für die Fortentwicklung des deutschen und internationalen Steuerrechts, IStR 2001, S. 430- 440

Wolfgang Ritter, Konzept einer kommunalen Einkommen- und Gewinnsteuer, in: Walter Drenseck/ Roman Seer (Hrsg.), FS für Heinrich Wilhelm Kruse zum 70. Geburtstag, Köln 2001, S. 457

Gerhard Robbers, Der Gleichheitssatz, DÖV 1988, S. 749- 758

Thomas Rödder, Pauschalierte Gewerbesteueranrechnung – eine komprimierte Bestandsaufnahme, DStR 2002, S. 939- 943

Thomas Rödder/Andreas Schumacher, Unternehmenssteuerreform 2001 – Eine erste Analyse des Regierungsentwurfs aus Beratersicht, DStR 2000, S. 353- 368

Thomas Rödder/Andreas Schumacher, Unternehmenssteuerreform, DStR 2000, S. 1453- 1460

Thomas Rödder/Andreas Schumacher, Erster Überblick über die geplanten Steuerverschärfungen und –entlastungen für Unternehmen zum Jahreswechsel 2003/ 2004, DStR 2003, S. 1725- 1736

Matthias Rogall, Personengesellschaften, Die Berücksichtigung von Personengesellschaften durch die Unternehmenssteuerreform, DStR 2001, S. 586- 593

Gerd Rose, Die Steuerbelastung der Unternehmung - Grundzüge der Teilsteuerrechnung, Wiesbaden 1973

Gerd Rose, Überlegungen zur Steuergerechtigkeit aus betriebswirtschaftlicher Sicht, StuW 1985, S. 330- 344

Manfred Rose, Konsumorientierte Neuordnung des Steuersystems, Heidelberg 1991

Manfred Rose, Plädoyer für ein konsumorientiertes Steuersystem, in: Konsumorientierung des Steuersystems, Berlin/Heidelberg 1991, S. 7- 34

Manfred Rose, Refrom der Besteuerung des Sparens und der Kapitaleinkommen, BB-Beilage 5/1992

Wolfgang Rüfner, Art. 3 GG, in: Rudolf Dolzer/ Klaus Vogel/ Karin Graßhof (Hrsg.), Bonner Kommentar zum Grundgesetz, Heidelberg, Stand Februar 2007

Hans Georg Ruppe, Möglichkeiten und Grenzen der Übertragung von Einkunftsquellen als Problem der Zurechnung von Einkünften, in: Übertragung von Einkunftsquellen im Steuerrecht- Möglichkeitenund Grenzen der Einkommensverlagerung durch Nießbrauch, Beteiligung und Darlehen, Klaus Tipke (Hrsg.), Köln 1978, S. 7- 40

Sachverständigenrat zur Begutachtung der gesamtwirtschaftlichen Entwicklung, Jahresgutachten 1999/2000 - Abrufbar unter: http://www.sachverstaendigenrat-wirtschaft.de/gutacht/gacontent.php?gaid=5&node=f

Sachverständigenrat zur Begutachtung der gesamtwirtschaftlichen Entwicklung, Jahresgutachten 2003/2004 – Abrufbar unter: www.sachverstaendigenrat-wirtschaft.de/download/ziffer/z584_601j03.pdf

Georg von Schanz, Der Einkommensbegriff und die Einkommensteuergesetze, Finanz-Archiv 1896, S. 1- 87

Wolfram Scheffler, Veranlagungssimulation versus Teilsteuerrechnung, WiSt 1991, S. 69- 75

Wolfram Scheffler, Besteuerung von Unternehmen - Ertrag-, Substanz- und Verkehrsteuern, Band 1, 8. Aufl., Heidelberg 2003

Thomas Scheipers/Achim Bergemann, Überlegungen zur Vorteilhaftigkeit der Option i. S. des § 4a KStG-E, DStR 2000, S. 709- 718

Matthias Schenk/Friedrich Brusch, Eine neue Kapitalsteuer für Deutschland, DStR 2005, S. 1254- 1260

Joachim Schiffers, Entlastung der Personengesellschaften, Rechtsformvergleich und Option zur Körperschaftsteuer nach dem Entwurf des StSenkG, GmbHR 2000, S. 253- 259

Joachim Schiffers, Steuersenkungsgesetz: Steuerliche Rechtsformwahl und Rechtsformoptimierung, GmbHR 2000, S. 1005- 1014

Joachim Schiffers, Leistungen zwischen Personengesellschaft und Gesellschafter, GmbH-StB 2004, S. 334- 339

Erhard Schipporeit, Grundsätze und Möglichkeiten einer Unternehmungsteuer, München 1979

Erhard Schipporeit, Ziele und Möglichkeiten einer Unternehmungsteuer- Grundzüge eines Reformvorschlags, StuW 1980, S. 190- 199

Michael Schmitt/Roland Franz, Die Umstrukturierung von Personenunternehmen im Lichte des Berichts der Fortentwicklung des Unternehmenssteuerrechts, BB 2001, S. 1278- 1287

Helmut Schnädter, Ist die Beschränkung der Gewerbesteuerpflicht auf die Gewerbetreibenden verfassungsgemäß?, KStZ 1986, S. 141- 147

Dieter Schneider, Körperschaftsteuerreform und Gleichmäßigkeit der Besteuerung, StuW 1975, S. 97- 112

Dieter Schneider, Zwei Gutachten zur Reform der Unternehmensbesteuerung, StuW 1991, S. 354- 365

Dieter Schneider, Reform der Unternehmensbesteuerung aus betriebswirtschaftlicher Sicht, StuW 1989, S. 328- 339

Dieter Schneider, Grundzüge der Unternehmensbesteuerung, 6. Auflage 1994

Dieter Schneider, Steuervereinfachung durch Rechtsformneutralität?, DB 2004, S. 1517- 1521

Uwe Schneider/Klaus Tipke, Sollten das Leistungsfähigkeitsprinzip und Steuergrenzen in die Verfassung aufgenommen werden?, StuW 1994, S. 58- 62

Helder Schnittker/Berthold Welling, 7. Berliner Steuergespräch: „Reform der Gemeindefinanzen – die Gewerbesteuer auf dem Prüfstand", FR 2003, S. 990- 995

Karsten Schmidt, Die BGB-Außengesellschaft: rechts- und parteifähig, NJW 2001, S. 993- 1003

Kurt Schmidt, Die Steuerprogression, Basel/ Tübingen 1960

Kurt Schmidt, Die BGB- Außengesellschaft: rechts- und parteifähig, NJW 2001, S. 993-1003

Ludwig Schmidt, § 15 EStG, in: Ludwig Schmidt (Hrsg.), Einkommensteuergesetz-Kommentar, 25. Auflage, München 2006

Thomas Schmidt, Die Freiheit verfassungswidriger Parteien und Vereinigungen, Berlin 1983

Bruno Schmidt-Bleibtreu/Hans-Jürgen Schäfer, Besteuerung und Eigentum, DÖV 1980, S. 489- 496

Wolfgang Schön, Der Große Senat des Bundesfinanzhofs und die Personengesellschaft, StuW 1996, S. 275- 288

Wolfgang Schön, Zur Unternehmenssteuerreform, Stbg. 2000, S. 1- 16

Wolfgang Schön, Zum Entwurf des Steuersenkungsgesetzes, StuW 2000, S. 151-159

Wolfgang Schön, Die Abzugsschranken des § 3c EStG zwischen Verfassungs- und Europarecht, FR 2001, S. 381- 392

Wolfgang Schön, Steuergesetzgebung zwischen Markt und Grundgesetz, StuW 2004, S. 62- 75

Rupert Scholz, Art. 9 GG, in: Theodor Maunz/ Günter Dürig, Grundgesetz Kommentar, 48. Auflage 2007, München, Stand November 2006

Margit Schratzenstaller, Zur Ermittlung der faktischen effektiven Unternehmenssteuerlast, in: Margit Schratzenstaller/ Achim Truger (Hrsg.), Perspektiven der Unternehmensbesteuerung, Marburg 2004, S. 43- 64

Ulrich Schreiber, Rechtsformunabhängige Unternehmensbesteuerung?, Köln 1987

Ulrich Schreiber, Die Steuerbelastung der Personenunternehmen und Kapitalgesellschaften, Wpg. 2002, S. 557- 563

Ulrich Schreiber, Gewinnermittlung und Besteuerung der Einkommen, StuW 2002, S. 110- 115

Ulrich Schreiber/Martin Finkenzeller/Claudia Rüggeberg, Reform der Einkommensbesteuerung durch die duale Einkommensteuer?, DB 2004, S. 2767-2776

Dieter Schulze zur Wiesche, Überlegungen zur Unternehmenssteuer, DB 1999, S. 350- 351

Reiner Schwinger, Konsum oder Einkommen als Bemessungsgrundlagen direkter Steuern? StuW 1994, S. 39-50

Siegbert Seeger, Die verdeckte Gewinnausschüttung und das Halbeinkünfteverfahren, StuB 2000, S. 667- 669

Roman Seer, Gewerbesteuer im Visier des Verfassungsrechts – Anmerkung zu dem Vorlagebeschluß des FG Nds. vom 24.06.1998, FR 1998, S. 1022-1024

Roman Seer, Rechtsformabhängige Unternehmensbesteuerung - Kritische Bestandsaufnahme der derzeitigen Rechtslage, StuW 1993, S. 114-140

Roman Seer, Steuergerechtigkeit durch Steuervereinfachung, StuW 1995, S. 184-193

Roman Seer, Die Besteuerung der Alterseinkünfte und das Gleichbehandlungsgebot, StuW 1996, S. 323- 336

Roman Seer, Unternehmenssteuerreform – Verfassungsrechtliche Aspekte, StbJB 2000/2001, S. 15-30

Roman Seer, Verfassungsrechtliche Grenzen der Gesamtbelastung von Unternehmen, in: Europa- und verfassungsrechtliche Grenzen der Unternehmensbesteuerung, hrsg. von Jürgen Pelka, DStJG 23 (2000), S. 87- 126

Roman Seer, Einkommensteuerreform- Flat Tax oder Dual Income Tax? BB 2004, S. 2272- 2278

Roman Seer, Reform des (Lohn-)Steuerabzugs, FR 2004, S. 1037- 1084

Frank Seifert, Auswirkungen der Unternehmenssteuerreform auf Familienpersonengesellschaften, Diss., Aachen 2002

Horst Sendler, Die Konkretisierung einer modernen Eigentumsverfassung durch Richterspruch, DÖV 1971, S. 16 - 27

Jan Sieckmann, Art. 14 GG, Karl Heinrich Friauf/Wolfram Höfling (Hrsg.), Berliner Kommentar zum Grundgesetz, Band 1, Berlin, Stand Nov. 2006

Theodor Siegel, Plädoyer für eine systemkonforme Reform der Gewerbesteueranrechnung nach § 35 EStG, BB 2001, S. 701- 703

Susanne Sieker, Möglichkeiten rechtsformneutraler Besteuerung von Einkommen, in: Perspektiven der Unternehmensbesteuerung, hrsg. von Siegbert Seeger, DStJG 25 (2002), S. 145- 177

Jochen Sigloch, Verzerrende Wirkungen von Bemessungsgrundlagen und Tarif auf Unternehmensentscheidungen nach der Steuerreform 1990, StuW 1990, S. 229- 239

Jochen Sigloch, Steuervereinfachung im Rahmen der Unternehmensbesteuerung, in: Gerold Krause Junk (Hrsg.), Steuersysteme der Zukunft, Hamburg 1997

Jochen Sigloch, Unternehmenssteuerreform 2001 – Darstellung und ökonomische Analyse, StuW 2000, S. 160- 176

Jochen Sigloch, Grundlagen der Besteuerung, in: Karl-Werner Schulte (Hrsg.), Immobilienökonomie. Rechtliche Grundlage, München/Wien 2001, S. 651-760

David Small, USA: Das neue Wahlrecht zur Klassifizierung von Kapital- und Personengesellschaften, IStR 1996, S. 280- 282

Adam Smith, Der Wohlstand der Nationen, 5. Buch, 2.Kap. 2. Teil: Steuern, Recktenwald (Hrsg.), München 1990

Helge Sodan, Das Prinzip der Widerspruchsfreiheit der Rechtsordnung, JZ 1999, S. 864- 873

Günter Söffing, Für und Wider den Maßgeblichkeitsgrundsatz, in: Gerhart Förschle (Hrsg.), Rechenschaftslegung im Wandel, Festschrift für Wolfgang Dieter Budde, 1995, S. 635- 673

Günter Söffing, Die Mängel im Entwurf zu § 35 EStG, DB 2000. S. 688- 692

Hartmut Söhn, Sonderausgaben und Besteuerung nach der Leistungsfähigkeit, StuW 1985, S. 395- 407

Hermann Otto Solms, Liberale Reform der direkten Steuern (Berliner Entwurf der FDP), August 2005

Peter Sorensen, From the Global Income Tax to the Dual Income Tax: Recent Tax Reforms in the Nordic Countries, 1994

Christoph Spengel/Maibrit Frebel, Neue Initiativen der EU-Kommission für die Besteuerung grenzüberschreitend tätiger Unternehmen in Europa, StuB 2003, S. 786- 792

Christoph Spengel/Wolfgang Wiegart, Deutschland ist ein Hochsteuerland für Unternehmen, DB 2005, S. 516- 520

Christoph Spengel/Wolfgang Wiegart, Duale Einkommensteuer: Die Pragmatische Variante einer grundlegenden Steuerreform, Wirtschaftsdienst 2004, S. 71- 76

Christoph Spengel/Timo Reister, Die Pläne zur Unternehmenssteuerreform 2008 drohen ihre Ziele zu verfehlen, DB 2006, S. 1741- 1747

Christoph Spengel, Perspektiven für die Weiterentwicklung der Unternehmensbesteuerung in Deutschland, Mannheim 2003

Christoph Spengel, Ermittlung und Aussagefähigkeit von Indikatoren der effektiven Steuerbelastung, in: Margit Schratzenstaller/Achim Truger (Hrsg.), Perspektiven der Unternehmensbesteuerung, Marburg 2004, S. 15- 42

Hartwig Sprau, § 714 BGB, in: Palandt, Bürgerliches Gesetzbuch- Kommentar, 65. Auflage, München 2006

Thomas Stapperfend, Die Unternehmensbesteuerung in den Entwürfen zur Reform des Einkommensteuerrechts, FR 2005, S. 74- 82

Stiftung Marktwirtschaft, Kommission „Steuergesetzbuch“, Steuerpolitisches Programm, Berlin 31. 1. 2006 - Abrufbar unter: www.neues-steuergesetzbuch.de/module/Steuerpolitisches_Programm30.1.06.pdf

Gerd Stuhrmann, Unternehmenssteuerreform: Einkommensteuerminderung durch Berücksichtigung der Gewerbesteuerbelastung, FR 2000, S. 550-553

Gerd Stuhrmann, § 15 EStG in: Walter Blümich, Einkommensteuergesetz, Körperschaftsteuergesetz, Gewerbesteuergesetz-Kommentar, 92. Auflage, München 2006, Stand Oktober 2006

Jens Tartler, Ausreisser der Woche: Schlanke deutsche Steuerliteratur, in: Financial Times Deutschland (2005), Nr. 05/01, 07./08./09.01.2005, S. 16

Tobias Teufel, Steuerliche Rechtsformoptimierung, Diss., Freiburg 2002

Jochen Thiel, Die Ermäßigung der Einkommensteuer für gewerbliche Einkünfte, StuW 2000, S. 413- 420

Jochen Thiel, Einheitliche Unternehmenssteuer, StbJb. 2002/2003, S. 27- 48

Jochen Thiel, Wollen habe ich wohl, aber vollbringen das Gute finde ich nicht, Stuw 2005, S. 335- 345

Klaus Tipke, Steuerrecht und bürgerliches Recht, JuS 1970, S. 149- 154

Klaus Tipke, Steuerrecht - Chaos, Konglomerat oder Steuersystem?, StuW 1971, S. 2- 17

Klaus Tipke, Die dualistische Einkünfteermittlung nach dem Einkommensteuergesetz. Entstehung, Motivation und Berechtigung, in: Heinrich Kruse (Hrsg.): Festschrift für Heinz Paulick, Köln-Marienburg 1973, S. 391- 401

Klaus Tipke, Über die Einheit der Steuerrechtsordnung, in: Rudolf Wendt (Hrsg.), Staat, Wirtschaft, Steuern, Festschrift für Karl Heinrich Friauf, S. 741- 758

Klaus Tipke, Zur Problematik einer rechtsformunabhängigen Besteuerung der Unternehmen, NJW 1980, S. 1079- 1084

Klaus Tipke, Steuergerechtigkeit in Theorie und Praxis, Köln 1981

Klaus Tipke, Zur Methode der Anwendung des Gleichheitssatzes unter besonderer Berücksichtigung des Steuerrechts, FS für Stoll, Steuern im Rechtsstaat, Wien 1990, S. 229- 253

Klaus Tipke, Die Steuerrechtsordnung, Band I, 2. Aufl., Köln 2000

Klaus Tipke, Die Steuerrechtsordnung, Band II, 1. Aufl., Köln 1993

Klaus Tipke, Die Steuerrechtsordnung, Band II, 2. Aufl., Köln 2003

Klaus Tipke/Joachim Lang, Steuerrecht, 18. Aufl., Köln 2005

Frank Tischer, Rechtsformwahl nach der Unternehmenssteuerreform im Endwert-Modell, FR 2000, S. 1009- 1013

Peter Ulmer, Die höchstrichterlich «enträtselte» Gesellschaft bürgerlichen Recht, ZIP 2001, S. 585- 599

Peter Ulmer, Die Haftungsverfassung der BGB-Gesellschaft, ZIP 2003, S. 1113- 1122

Tanja Utescher/Kay Blaufus, Unternehmenssteuerreform 2001: Begrenzung des. Betriebsausgabenabzugs bei Beteiligungserträgen, DStR 2000, S. 1581- 1586

Ingo Van Lishaut, Die Reform der Unternehmensbesteuerung aus Gesellschaftersicht, StuW 2000, S. 182- 196

Timo Viherkenttä, Die Steuerreform in den nordischen Staaten – ein neuer Ansatz der Einkommensbesteuerung, IStR 1994, S. 414- 419

Michael Vituschek, Die Steuerbelastung von Personenunternehmen und Kapitalgesellschaften, Dissertation, Mannheim 2003

Klaus Vogel, Steuergerechtigkeit und soziale Gerechtigkeit, DStZ 1975, S. 409- 415

Klaus Vogel/Hannfried Walter, Art. 105 GG, in: Rudolf Dolzer/ Klaus Vogel/ Karin Graßhof (Hrsg.), Bonner Kommentar zum Grundgesetz, Heidelberg, Stand Februar 2007

Horst Vogelgesang, Die Ursachen für den chaotischen Zustand des Steuerrechts in der Bundesrepublik Deutschland, ZSteu 2004, S. 186- 188

Jürgen Vogt, Neutralität und Leistungsfähigkeit, Eine verfassungsrechtliche und europarechtliche Untersuchung der Unternehmensbesteuerung nach dem StSenkG, Mannheim 2002

Roland Wacker, § 15 EStG, in: Ludwig Schmidt (Hrsg.), Einkommensteuergesetz, Kommentar, 25. Auflage, München 2006

Franz Wagner, Grundsätzliche Anmerkungen zu Irrtümern und Mängeln steuerlicher Rechtsformvergleiche, DStR 1981, S. 243- 246

Franz Wagner, Neutralität und Gleichmäßigkeit als ökonomische und rechtliche Kriterien steuerlicher Normkritik, StuW 1992, S. 2- 13

Franz Wagner, Korrektur des Einkünftedualismus durch Tarifdualismus – Zum Konstruktionsprinzip der Dual Income Taxation, StuW 2000, S. 431- 441

Franz Wagner/Hans Dirrigl, Die Steuerplanung der Unternehmung, Stuttgart/ New York 1980

Christoph Watrin, Rechtsformneutrale Unternehmensbesteuerung: Heilmittel oder Sündenfall?, DStZ 1999, S. 238- 242

Rainer Walz, Empfiehlt sich eine rechtsformunabhängige Besteuerung der Unternehmen?, Gutachten F zum 53. Deutschen Juristentag, Berlin 1980

Rainer Walz, Steuergerechtigkeit und Rechtsanwendung. Grundlinie einer relativ autonomen Steuerrechtsdogmatik, 1980

Christa Wamsler, Körperschaftsteuerliche Integration statt Anrechnung?, Diss., Lohmar/Köln 1998

Franz Wassermeyer, Außensteuerliche Probleme der Unternehmensbesteuerung, in: Perspektiven der Unternehmensbesteuerung, hrsg. von Siegbert Seeger, DStJG 25 (2002), S. 103- 117

Harald Weber, Grundgesetz, Gesellschaftsrecht und die Besteuerung der selbständigen Unternehmen, Frankfurt 1971

Harald Weber, Zu einigen rechtspolitischen Grundfragen der Besteuerung selbständiger Unternehmen – zugleich eine Stellungnahme zum Gutachten von Prof. Rainer Walz zum 53. Deutschen Juristentag 1980, JZ 1980, S. 545- 553

Heinrich Weber-Grellet, Steuern im modernen Verfassungsstaat, Köln 2001

Christian Weinelt, Rechtsformneutralität der Unternehmensbesteuerung, Regensburg 2006

Michael Wendt, Steuersenkungsgesetz: Pauschale Gewerbesteueranrechnung bei Einzelunternehmen, Mitunternehmerschaft und Organschaft, FR 2000, S. 1173- 1182

Michael Wendt, § 35 EStG, in: Carl Herrmann/Gerhard Heuer/Arndt Raupach (Hrsg.), Steuerreform 1999/2000/2001, Kommentar, Stand 2001

Rudolf Wendt, Spreizung von Körperschaftsteuersatz und Einkommensteuerspitzensatz als Verfassungsproblem, in: Festschrift für Karl Heinrich Friauf zum 65. Geburtstag, Staat, Wirtschaft, Steuern, Heidelberg 1996, S. 859- 888

Rudolf Wendt, Besteuerung und Eigentum, NJW 1980, S. 2111–2118

Rudolf Wendt, Eigentum und Gesetzgebung, Hamburg 1985

Rudolf Wendt, Zur Vereinbarkeit der Gewerbesteuer mit dem Gleichheitssatz und dem Prinzip der Besteuerung nach der Leistungsfähigkeit, BB 1987, S. 1257- 1265

Rudolf Wendt, Der Gleichheitssatz, NVwZ 1988, S. 778- 786

Rudolf Wendt, Empfiehlt es sich, das Einkommensteuerrecht zur Beseitigung von Ungleichbehandlungen und zur Vereinfachung neu zu ordnen?, DÖV 1988, S. 710- 723

Rudolf Wendt, Reform der Unternehmensbesteuerung aus europäischer Sicht, StuW 1992, S. 66- 80

Rudolf Wendt, Tarifbegrenzung für gewerbliche Einkünfte als Rechtsproblem, FR 1993, S. 1- 8

Rudolf Wendt, § 104, Finanzhoheit und Finanzausgleich, in: Josef Isensee und Paul Kirchhof (Hrsg.), Handbuch des Staatsrechts der Bundesrepublik Deutschland, Bd. IV: Finanzverfassung- Bundesstaatliche Ordnung, 2. Aufl., Heidelberg 1999

Rudolf Wendt, Art. 14 GG, in: Michael Sachs (Hrsg.), Grundgesetz Kommentar, 4. Auflage, München 2007

Rainer Wernsmann, Verfassungsrechtliche Anforderungen an die Einführung und Ausgestaltung von Steuervergünstigungen, NJW 2000, S. 2078-2080

Claudia Wesselbaum-Neugebauer, Die Vereinbarung von Leistungsvergütungen zwecks Steueroptimierung nach Einführung des Halbeinkünfteverfahrens, GmbHR 2002, S. 47- 54

Claudia Wesselbaum-Neugebauer, Finanzierungsfreiheit und Gesellschafter-Fremdfinanzierung in den EU-Mitgliedstaaten, GmbHR 2004, S. 1319- 1329

Wolfgang Wiegard, Jahresgutachten 2003/04: „Staatsfinanzen konsolidieren - Steuersystem reformieren", Wiesbaden 2003

Joachim Wieland, Freiheitsrechtliche Vorgaben für die Besteuerung von Einkommen, in: Besteuerung von Einkommen, hrsg. von Iris Ebling, DStJG 24 (2001), S. 29- 47

Joachim Wieland, Art. 14 GG, in: Horst Dreier (Hrsg.), Grundgesetz-Kommentar, Bd. 1, 2. Auflage, Tübingen 2004

Ekkehart Wilk, Anforderungen an Reformvorschläge zur Unternehmensbesteuerung, BB 2006, S. 245- 248

Wissenschaftlicher Beirat beim Bundesministerium der Finanzen, Gutachten zur einkommensteuerlichen Behandlung von Alterseinkünften, BMF-Schriftenreihe Heft 38, 1986

Wissenschaftlicher Beirat des Fachbereichs Steuern bei Ernst & Young AG, BB 2005, S. 1653- 1660

Günter Wöhe, Der Einfluß der Besteuerung auf die Wahl der Rechtsform, ZfbF 1980, S. 519- 538

Stefan Wotschofsky, Teilsteuerrechnung – Eine Idee mit Erfolg, WPg 2001, S. 652-655